北大马克思主义研究

主　编／郭建宁
副主编／程美东

社会科学文献出版社
SOCIAL SCIENCES ACADEMIC PRESS (CHINA)

发刊词

在学界朋友和社会各界的支持下，《北大马克思主义研究》终于面世了！

北京大学是中国最早传播和研究马克思主义的发源地。早在20世纪初，李大钊等北京大学的师生就在北大开始了学习传播马克思主义的活动，并把马克思主义理论纳入现代大学教育和课程体系。北京共产主义小组在中国共产党正式成立前的12名成员中，有10人来自北大。出席或列席中共一大的13人中，有5人曾是北大的学生或员工。在一定的意义上说，是北大人在中国最早树立起了马克思主义这面大旗。北大这块神圣的沃土培养了中国最早的一批马克思主义者。

古人云：世异事异，事异则备变。历史走到了21世纪，马克思主义早已由昔日的星星之光变成了燎原中国大地的圣火。面对新的时代、新的生活、新的实践，我们该如何对待马克思主义，如何立足今天的实践，研究、发展和弘扬马克思主义，如何把学界同仁学习和研究马克思主义的成果及时地呈现出来，嘉惠士林，泽及人类，是时代赋予马克思主义理论工作者义不容辞的使命。北京大学中国文化发展研究中心和马克思主义学院联袂推出的《北大马克思主义研究》将在这一方面尽自己的绵薄之力。

马克思主义是关于人民群众的自由、发展和解放的科学。马克思主义的基本原理就是围绕这一主题展开的。如何实现以无产阶级为代表的人民群众的自由、发展和解放是马克思主义的理论和实践主题。这一意义上的马克思主义不是死板的教条，而是解决现实社会中所存在的具体问题的理论。160年前，马克思和恩格斯用他们的理论分析和研究了当时的历史和世界，今天的中国马克思主义者必须接过马克思和恩格斯手中的接力棒，用马克思主义的科学理论分析认识当代世界和中国的实际问题，这就要求我们不能简单地回到马克思的文本那里去，而是在扎扎实实研究马克思主义文本的基础上，立足中国实际，对当代中国和世界的实际问题作出马克思主义的解读和阐释，寻找时代问题的科学解答。这一工作也就是要实现马克思主义的中国化、时代化和大众化。只有中国化、时代化和大众化了的马克思主义才能化为我们认识和改造世界的强大物质力量，才能真正推进中国特色社会主义的伟大实践。简言之，立足中国社会实际，坚持马克思主义基本理论，实现马克思主义中国化、时代化和大众化，促进中国特色社会主义文化的繁荣和发展，是我们创办这一刊物的宗旨所在。

蔡元培先生主政北大时，提出“循思想自由原则，兼容并包”的办学方针，认为无论何种学派，苟其言之成理，持之有故，尚未达到自然淘汰之命运，即使彼此相反，也听他们自由发展。《北大马克思主义研究》将恪守思想自由之原则，充分发扬学术民主，坚持真理，明辨是非，弘扬思想，服务社会。我们相信，有学术自由，才会有学术创新；有学术争鸣，才会有学术发展。

一个人的学术成就和历史贡献，是同他的社会责任感和历史使命感紧密的联系在一起的。北大人之所以能够在中国百年社会历史的进程中起到开风气之先的重大历史作用，爱国和进步的光荣传统，民主和科学的深厚思想，是其中最根本的原因。今天的广大理论工作者，今天的北大人，应当秉持爱国、进步、民主、科学的光荣传统，为中国社会的发展，为中华民族的伟大复兴，为人类发展和进步的伟大事业做出自己的贡献。

为了这一伟大的使命，让我们携手奋斗吧！

北京大学马克思主义学院

北京大学中国文化发展研究中心

2011年10月1日

目录

发刊词 / 1

思想纵横

坚持马克思主义的过程论思想 李忠杰 / 3

关于举旗问题的理论思考 侯惠勤 / 14

缘何重提“中国化”
——马克思主义发展的困境与任务 薛广洲 / 27

马克思的方法论初探 黄瑞祺 / 38

特色理论

刘少奇对建设马克思主义学习型政党的理论贡献 仝　华 / 85

国情观察

中国价值、普世价值和历史主义批判
——一场大争论：“中国国民性”与“普世价值” 大卫·凯利 / 99

美国反恐危机管理体系建设对于中国应对突发事件的启示 梅建明 / 115

思政教育

从说理教育到心理疏导
——思想政治教育方法的发展 佘双好 / 143

生态社会主义

经济危机背景下的中国可持续发展战略：绿色左翼视角　郇庆治 / 157
超越“绿色资本主义”　维克多·沃里斯 / 176
新政还是全球化滥调　艾瑞尔·萨勒 / 192
当今世界经济危机：一种生态社会主义分析　萨拉·萨卡 / 203

国外毛泽东研究摘录

毛泽东的文化革命理论与实践　莫里斯·迈斯纳 / 227
1966～1969年的中国　卡尔·瑞贝卡 / 239

青年视野

马克思主义社会发展理论的中国化探索与全球化议题　漆　思 / 251

思想纵横

北大马克思主义研究

（第1辑）

坚持马克思主义的过程论思想

李忠杰

摘　要：马克思、恩格斯认为，整个世界，无论自然物质，还是人类自身，无论社会生活，还是意识观念，说到底，都是作为一种过程而存在的。从诞生、发展，到成熟、鼎盛，再到衰落、消失，任何事物，无不经历着这样一个发展演化的过程。马克思、恩格斯的过程论思想，从根本上界定了世间一切事物的历史方位，为我们在许许多多问题上解疑释惑提供了科学的方法和依据。从过程论思想出发，马克思、恩格斯分析了大量事物，指明了我们应如何对待的科学态度：一是正确对待共产主义和社会主义进程；二是正确对待自己创立的理论；三是正确对待时代和社会的发展变化。对于中国共产党来说，一定要按过程论思想看待党的历史和中国特色社会主义进程，按照过程论思想，将90年、60多年特别是30多年这一过程的现时状态与初始状态相比较，可以明显地看出中国社会的巨大变化。两次革命、三件大事、两次飞跃，从根本上改变了中国人民的命运，决定了中国历史的发展方向，在世界上也产生了广泛而深刻的影响。按照过程论思想，我们也可以看到，党的发展和党领导的事业，同时也是一个探索的过程。

关键词：马克思　恩格斯　过程论　中国共产党　中国特色社会主义

作者简介：李忠杰（1952～），江苏丹阳人，中共中央党史研究室副主任、教授、博士生导师。

中国共产党走过了90年的历程，新中国走过了60多年的历程，改革开放走过了30多年的历程。回望过去，如何看待这90年、60多年、30多年的成就、探索和经验教训？面对现实，如何看待当今社会生活中的各种困难、问题、任务和挑战？展望未来，如何解放思想、实事求是、与时俱进，继续开创新的更加光辉的未来？不同的人从不同的角度观察和思考，也许会见仁见智。但如果按照马克思主义的过程论思想，把我们所经历的一切、把我们将要继续的一切，都当做一个不断发展的过程来看待，我们很可能会立即有一种登高望远、豁然开朗的感觉，我们的思路也许能打得更开，许多复杂的问题也就可能变得不那么复杂了。

一　马克思、恩格斯的过程论思想

当年，恩格斯在《费尔巴哈论》里面论述马克思对黑格尔辩证法所作的变革的时候，曾经指出："世界不是既成事物的集合体，而是过程的集合体，其中各个似乎稳定的事物同它们在我们头脑中的思想映象及概念一样都处在生成和灭亡的不断变化中，在这种变化中，尽管有种种表面的偶然性，尽管有种种暂时的倒退，前进的发展终究会实现。"恩格斯认为这是一个"伟大的基本思想"[①]。在这种思想面前，"不存在任何最终的东西、绝对的东西、神圣的东西；它指出所有一切事物的暂时性；在它面前，除了生成和灭亡的不断过程、无止境地由低级上升到高级的不断过程，什么都不存在"。[②]

马克思、恩格斯的这一思想告诉我们，整个世界，无论自然物质，还是人类自身，无论社会生活，还是意识观念，说到底，都是作为一种过程而存在的。从诞生、发展，到成熟、鼎盛，再到衰落、消失，任何事物，无不经历着这样一个发展演化的过程。无数事物，其内涵、特点、生存的周期会有无数的差别，表现出不同的特点，但归根结底，都是无数个发展演化的过程。一个过程在发展，另一个过程又在酝酿。一个过程完结了，另一个新的过程又接着开始。无数的过程相互交织，此伏彼起；无数的过程前后相继，推陈出新。世界就在这无数过程的演化中，完成着无限的新陈代谢的生命运动。

这样一个过程，从短暂的现时状态来看，也许不很明晰，但如果从漫长的历史眼光，甚至从天文学的眼光来看，一切就非常浅显明白了。按照大爆炸理论，宇宙诞生在（137±2）亿年前。而在50亿年前，太阳系还是一团弥漫的缓慢转动的气体云。至于人类赖以生存的地球，它在约47亿年前诞

① 《马克思恩格斯选集》第4卷，人民出版社，1995，第244页。

② 《马克思恩格斯选集》第4卷，人民出版社，1995，第217页。

生，由原始的太阳星云分馏、坍缩、凝聚而形成，经过早期分异阶段，地幔固结，原始地壳和大陆发育，形成大洋和大气圈。45亿年前，地球在受过无数的彗星和陨石撞击之后，开始出现生命。而人类，根据目前的研究，出现在200多万年之前。至于人类文明，出现的时间还不到1万年。再从空间来说，宇宙的大小为120亿～150亿光年，由大约1000亿个星系组成。不要说与宇宙相比，就是与太阳系相比，地球都只是一个微不足道的小天体。人类社会发展至今，从人类个体的眼光来看，似乎经历了多么漫长的时间，但从天文学的宏观、宇观角度来看，其实不就是微不足道的短短一瞬吗！连地球都并非永久，其他一切，包括人类、社会、国家、思想，更何来永久？一切的一切，都是一个过程！

所以，马克思、恩格斯的过程论思想，从根本上界定了世间一切事物的历史方位，为我们在许许多多问题上解疑释惑提供了科学的方法和依据。

既然一切都是过程，世界上就不可能有任何绝对的东西、永恒的东西、达于顶峰而至高无上的东西。对任何物质来说是如此，对任何社会和国家来说是如此，对任何政治力量来说也是如此，对任何思想理论来说当然也同样如此。

在这样一个无限发展的过程面前，我们有可为之处，也有不可为之处。可为之处，在于可以发挥人类自身的主观能动性，不断由浅入深地认识事物、认识世界，积极主动地改造事物、改造世界，使外部世界朝着人类所需要和期望的方向发展，并尽可能地延长某些事物的生命周期。不可为之处，在于我们无法追求任何终结的东西、最终的东西，也不可能守护任何固定不变的东西、停止在任何所谓至善至美的水准。一切都在发展变化之中，一切也需要不断地发展变化。一个党也好，一个国家也好，一个民族也好，我们的生命，不在于静止，不在于停滞，不在于故步自封，不在于畏缩不前，而在于始终解放思想、实事求是、与时俱进，勇于变革、勇于创新，永不僵化、永不停滞，始终保持生命的动力和活力。

当然，过程论是与阶段论结合在一起的。任何事物都是一个发展演化的过程，但在这过程变迁中，随着事物的出现、发展、成熟，及至走向衰落，一般都会表现出一定的阶段性来。在不同的阶段上，事物的成熟程度，以及它们的特点，甚至在某些质的规定性上，是会有不同甚至很大差别的。从宏观甚至宇观的角度来看，这些特点和差别几乎可以忽略不计，但在现实中需要处理和解决这些问题时，就不能大而化之，忘记了它们的阶段性。如果忽略了这种阶段性，有时候会造成本质认定上的错乱，有时候会造成阶段区分上的混淆，在实践中都会造成不应有的错误和损失。因此，当我们坚持马克思主义的过程论思想时，还必须同时坚持马克思主义的阶段论思想。

二　马克思、恩格斯对过程论思想的实际运用

从过程论思想出发，马克思、恩格斯分析了大量事物，指明了我们应如何对待的科学态度。

一是正确对待共产主义和社会主义进程。

正是基于无限发展的过程论思想，马克思、恩格斯坚信："历史同认识一样，永远不会在人类的一种完美的理想状态中最终结束；完美的社会、完美的'国家'是只有在幻想中才能存在的东西；相反，一切依次更替的社会状态都只是人类社会由低级到高级的无穷发展进程中的暂时阶段"。① 社会主义、共产主义是人类历史发展的一个重要阶段，它们具有无可争辩的优越性，但依然是一个不断发展的过程。因此，马克思、恩格斯认为："共产主义对我们说来不是应当确立的状况，不是现实应当与之相适应的理想。我们所称为共产主义的是那种消灭现存状况的现实的运动。"② "共产主义现在已不再意味着凭空设想一种尽可能完善的社会理想，而是意味着深入理解无产阶级所进行的斗争的性质、条件以及由此产生的一般目的。"③

1886年1月，英国费边社的一位领导人爱·皮斯，请求恩格斯为该社准备出版的小册子《什么是社会主义?》写一篇文章，简要地叙述一下社会主义者提出的经济、社会和政治的基本要求。恩格斯回信表示难以承担这一任务。他强调指出："我所在的党并没有任何一劳永逸的现成方案。我们对未来非资本主义社会区别于现代社会的特征的看法，是从历史事实和发展过程中得出的确切结论；不结合这些事实和过程去加以阐明，就没有任何理论价值和实际价值。"④ 恩格斯明确表示："我认为，所谓'社会主义社会'不是一种一成不变的东西，而应当和任何其他社会制度一样，把它看成是经

① 《马克思恩格斯选集》第4卷，人民出版社，1995，第216~217页。
② 《马克思恩格斯全集》第3卷，人民出版社，1995，第40页。
③ 《马克思恩格斯选集》第4卷，人民出版社，1995，第197页。
④ 《马克思恩格斯选集》第4卷，人民出版社，1995，第676页。

常变化和改革的社会。”①

二是正确对待自己创立的理论。

正是基于无限发展的过程论思想，恩格斯一再强调：“马克思的整个世界观不是教义，而是方法。它提供的不是现成的教条，而是进一步研究的出发点和供这种研究使用的方法。”② 他认为，用马克思主义作为指导思想，就是“应该像马克思那样思考问题，只有在这个意义上‘马克思主义者’这个名词才有存在的理由”③。他还强调指出，把马克思主义教条化的“马克思主义”其实并不是真正的马克思主义。“关于这种马克思主义者，马克思曾经说过：‘我只知道我自己不是马克思主义者。’马克思大概会把海涅对自己的模仿者说的话转送给这些先生们：‘我播下的是龙种，而收获的却是跳蚤。’”④

所以，对自己创立的理论，马克思、恩格斯始终采取科学的态度，从来不认为自己的思想具有绝对、神圣的意义。他们在自己的理论创立以后，总是不断地分析历史条件的变化，用实践来检验理论的科学性。在《共产党宣言》出版25周年之际，马克思、恩格斯充分肯定：“不管最近25年来的情况发生了多大的变化，这个《宣言》中所阐述的一般原理整个说来直到现在还是完全正确的。”与此同时，他们也毫不隐讳地承认：“这个纲领现在有些地方已经过时了。”⑤ 他们强调：《宣言》中一般原理的实际运用，随时随地都要以当时的历史条件为转移。1850年时，马克思、恩格斯对革命形势的估计曾经发生过一次失误。但他们正确对待并及时纠正了这次失误，并与坚持错误的一些所谓“革命者”进行了必要的斗争。直到45年后，恩格斯还认真总结当初的教训，写下了他的最后一篇文章——《卡尔·马克思〈1848~1850年的法兰西阶级斗争〉一书导言》，十分严格地剖析了发生失误的原因，从中得出了一些重要的经验和结论。在正确处理这一曲折失误的过程中，他们深化了对历史发展以及革命斗争规律的认识，使马克思主义的科学理论得到了进一步的丰富和发展。

三是正确对待时代和社会的发展变化。

正是基于无限发展的过程论思想，马克思、恩格斯总是不断关注社会现

① 《马克思恩格斯选集》第4卷，人民出版社，1995，第693页。

② 《马克思恩格斯选集》第4卷，人民出版社，1995，第742~743页。

③ 转引自叶·斯捷潘诺娃《恩格斯传》，人民出版社，1961，第236页。

④ 《马克思恩格斯选集》第4卷，人民出版社，1995，第695页。

⑤ 《马克思恩格斯全集》第40卷，人民出版社，1979，第289~290页。

实的发展变化，力求推动理论和实践的创新。马克思逝世以后，资本主义逐渐向垄断阶段过渡，欧美各国的政治经济生活出现了一系列新现象。恩格斯紧密结合各国工人政党和工人运动的实际，以敏锐的眼光把握时代的变动，从哲学、政治经济学和科学社会主义等方面，对这些新现象进行深入研究，作出了一系列新的理论概括。他在马克思主义史上第一次研究了原始社会问题，揭示了家庭、私有制和国家的起源及实质；他在《路得维希·费尔巴哈和德国古典哲学的终结》中，论述了马克思主义哲学产生的革命意义，第一次阐明了哲学的基本问题和历史唯物主义的许多原理；他考察资本积累加速发展的情况，指出自由竞争被垄断所代替是资本主义发展的必然趋势，无限制的竞争产生垄断，而垄断又产生竞争；他研究了股份公司、信用制度、交易所等新的经济现象，揭示了资本主义的新变化，指出："由股份公司经营的资本主义生产，已经不再是私人生产，而是由许多人联合负责的生产。如果我们从股份公司进而来看那支配着和垄断着整个工业部门的托拉斯，那么，那里不仅没有了私人生产，而且也没有了无计划性。"① 这些紧跟时代所进行的研究，进一步把马克思主义推向了前进。

三　按过程论思想正确对待马克思主义理论

1888 年，恩格斯携家人到美国旅行和疗养，其间以及回到欧洲后，写了几篇文章和几封信件，汇总起来，称为《美国旅行印象》。因为是恩格斯生前最后的几篇文章和书信，涉及对美国及资本主义的一些评价，所以具有重要的价值。

多年来，一些学者或领导人都认为，恩格斯在这些文章和书信中积极肯定了美国民族的务实和创新精神，值得学习和研究。所以，若干年前，中央党校在为领导干部学习编写的教材《马克思主义基本问题》中，专门介绍了《美国旅行印象》。但印发后，有同志提出疑问，认为教材的解释不符合恩格斯的原意。于是在正式出版前，我接受任务，负责对这篇著作的内容进行核查研究。我认真查阅了马克思、恩格斯当年有关的文章和书信，作了认真研究，发现教材最初对这个问题的表述确实不太准确，以往人们对恩格斯有关思想的理解也确实存在偏差。

---

① 《马克思恩格斯选集》第 4 卷，人民出版社，1995，第 408 页。

恩格斯在《美国旅行印象》一开始，就说了很长一段话。大意是说，美国是一个新世界，不仅就实践而言，而且就其制度而言，藐视一切继承和传统的东西，远远超过他们这些旧式的、沉睡的欧洲人。还说，美国人对每一个新的改进方案，会马上从其实际出发，进行实验，如果认为好的，差不多第二天就会付诸实施。在美国，一切都应该是新的，一切都应该是合理的，一切都应该是实际的，一切都跟他们不同。这段话，通常便认为是对美国民族特点的一个肯定。

发生解读和理解偏差的关键是，恩格斯在文章开头，即说这段话之前，首先写了一句非常重要的话，即“我们通常都认为……”这句话，实际埋下了对随后内容加以否定的伏笔。但以前，人们阅读恩格斯这篇文章时，只注意到对美国这一段接近一页的很长的肯定性评价，却没有注意到开头这样一句非常重要的概括和提示。结果，人们就把恩格斯的原意理解反了。

实际上，恩格斯是说“我们通常都认为”美国民族有很多好的特点，但他自己到美国走了一趟后，发现所看到的与原来认为的并不一样，甚至完全不是那么一回事。所以，他在文章开头说了“我们通常都认为”，意在引出后面他与此不同的实际观感。

那么，他所看到的美国究竟是什么情况呢？在有关文章和书信里，恩格斯说了很多评论性意见。概括起来，主要是认为，美国民族是一个暴发户，一下子有钱了，得意扬扬，但是有很多毛病，缺乏教养，缺少绅士的风度。对所有这些，恩格斯都很鄙视，大不以为然。他甚至还作了一个很形象的比喻，说“美国人与欧洲人比较，就像外省人和巴黎人一样”。也就是说，在他看来，欧洲人就像巴黎人，比较文明；而美国人只是乡下人，缺乏教养。所以，总体上，恩格斯对美国民族的一些基本特点的评价是否定的。他认为，美国并没有“我们通常都认为”的那些长处。他引述这些通常的“认为”，只是为了否定这些“认为”。

所以，教材最初的评述，以及长期以来人们对恩格斯这些文章和书信的理解，与恩格斯的原意是不相符的。为了尊重恩格斯的原意，我对教材作了一些修改和处理，强调恩格斯到美国后，实际看到了两种矛盾的现象：既有一些充满活力的现象，也有一些非常落后的地方，不要误以为恩格斯对美国民族、美国社会给予了高度评价。这样一种改动，虽然还是有点牵强，但照顾到了方方面面，避免了对恩格斯原著原意的较大误解。

这样一件事说明，对马克思主义的经典著作，首先要尊重原意，准确理解，而不要发生误解或随意曲解。扩而大之，对马克思主义，首先要“搞清楚”，即首先认识和掌握“老祖宗”的基本思想；以老老实实的态度，认真阅读原著，真正掌握“老祖宗”的原意，搞清楚“老祖宗”讲了哪些话，有哪些思想观点，有哪些基本原理，体现了什么样的思想方法；包括翻译，必须准确，符合原意；要在真正搞清楚原意的基础上，准确把握马克思主义的基本观点和思想方法。不要因己所好，各取所需；不要断章取义，割裂肢解；不要牵强附会，任意曲解；不要越俎代庖，层层传销。中央组织马克思主义理论研究和建设工程的一个重要目的，就是要搞清楚到底什么是马克思主义、“老祖宗”们各种论述的原意到底是什么。

但是，仅仅到此为止，还是不够的。恩格斯作过的评价和论述，是不是就完全正确呢？按照过程论思想，这需要用发展中的实践来加以检验。如果用一百多年来的实际情况加以检验，我们可以发现，恩格斯《美国旅行印象》中对美国民族特点的否定性评价，并不是完全科学、准确的。一百多年来的历史事实已经说明，美国一贯趾高气扬、为所欲为，奉行帝国主义和霸权主义的政策。但作为美国民族而不是作为一种社会制度，它又确实是一个新兴的民族，比较务实，比较富于创新精神。对此，列宁等人都做过肯定，世界上也几乎都有公认。这些特点，正是世界其他民族和国家可以学习的。因此，按照实践标准，不准确的不是恩格斯所否定的“我们通常都认为”的那些观点，而恰恰是恩格斯自己对于美国民族的那些否定性评价。

作这样的结论，不是否定恩格斯的一生功劳，更不是否定马克思主义。恩格斯不是神，而是人。当时恩格斯去美国，主要是去治病、疗养的，走马观花，看了一些现象，但考察还是比较粗，比较表面，对美国的了解还不是那么深入，所以，对美国的评价不是非常全面、客观。这是可以理解的，并没有什么可以大惊小怪的地方。

最重要的是，我们必须充分认识到，按照马克思主义的过程论思想，人类社会始终是一个不断发展变化的过程。生活在变动，社会在发展，人类的实践活动一刻也不会停止。特别是当今世界，无论是科学技术、生产力状况、物质文明与精神文明的发展水平，还是社会阶级结构、组织管理体系、政治上层建筑等，其变动、发展的程度和烈度，都达到了前所未有的水平。面对这种发展变化，我们有必要，也有条件，站在当今时代发展的高度，用实践这样一个最根本的标准，来检验马克思、恩格斯的各种思想和观念，看其是否经受住了一百多年社会实践的检验。或者，哪些经受住了检验，被证

明是科学的、正确的，哪些是不科学、不正确的，在此基础上，再确定对“老祖宗”著作中的思想，哪些要继续坚持，哪些不必再继续坚持，哪些应该进一步发展和创新。

这也就提示我们，搞清楚马克思、恩格斯著作的原意，不是要再搞“句句是真理”，不是要再搞新的“两个凡是”，认为“老祖宗”的每一句话都是正确的，每一句话都要不折不扣地执行，认为今天搞改革开放和社会主义现代化建设，每一件事都要到书本上去找根据，书本上有的，就干；书本上没有的，就不干；书本上说的，就是对的；书本上没说的，就是错的。用这样的态度来对待马克思主义，那就大错特错了。

因此，对待马克思主义理论，一定要用过程论的方法和观点来看待。坚持用科学的态度对待马克思主义，始终把马克思主义当做科学，而不要当成宗教；坚持用与时俱进的态度对待马克思主义，始终与时代同行，与实践相伴，使马克思主义始终充满青春的活力；坚持用实践的态度来对待马克思主义，始终把理论与时代和实践相结合，解放思想，实事求是，勇于变革，勇于创新，不断随着实际生活的变动开拓马克思主义发展的新境界。

四　按过程论思想看待党的历史和中国特色社会主义进程

中国共产党成立已经90年，执政已经62年，改革开放已经33年。中国共产党90年的历史，是领导全国各族人民为实现民族独立、人民解放和国家富强、人民幸福而不懈奋斗的历史；是坚持把马克思主义基本原理同中国实际相结合、不断探索适合中国国情的革命、建设和改革道路，推进改革开放和社会主义现代化建设，推进马克思主义中国化、实现理论创新和飞跃的历史；是不断加强和改进自身建设、经受住各种风险和挑战考验、保持和发展党的先进性、提高领导水平和执政能力的历史。用过程论思想来看，这样一部历史，就是一段为期已经90年的奋斗的过程、探索的过程、自身建设的过程。

在这样一段恢弘壮阔、艰难曲折的过程中，中国共产党团结全国各族人民，领导了两次革命，干了三件大事，实现了两次飞跃。

第一次革命，把一个半殖民地半封建的旧中国变成了一个社会主义新中国。第二次革命，正在把一个经济文化比较落后的社会主义中国变成一个富强民主文明和谐的社会主义现代化中国。

与此相应的第一件大事，是在新民主主义革命时期，经过 28 年艰苦卓绝的斗争，推翻了帝国主义、封建主义、官僚资本主义的反动统治，实现了民族独立和人民解放，建立了人民当家做主的新中国。第二件大事，是在社会主义革命和建设时期，确立了社会主义基本制度，建立起独立的、比较完整的工业体系和国民经济体系，使古老的中国以崭新的姿态屹立在世界的东方。第三件大事，是在改革开放和社会主义现代化建设时期，开创了中国特色社会主义道路，坚持以经济建设为中心、坚持四项基本原则、坚持改革开放，建立起社会主义市场经济体制，大幅度提高了我国的综合国力和人民生活水平，为全面建设小康社会、基本实现社会主义现代化开辟了广阔的前景。

两次飞跃，是以波澜壮阔的实践为基础，把马克思主义基本原理与中国实际相结合所实现的两次历史性飞跃。第一次飞跃形成了毛泽东思想，第二次飞跃形成了包括邓小平理论、“三个代表”重要思想和科学发展观的中国特色社会主义理论体系。

按照过程论思想，将 90 年、60 多年特别是 30 多年这一过程的现时状态与初始状态相比较，可以明显地看出中国社会的巨大变化。两次革命、三件大事、两次飞跃，从根本上改变了中国人民的命运，决定了中国历史的发展方向，在世界上也产生了广泛而深刻的影响。这一过程取得的成就，是客观的，也是巨大的。它既是我们的宝贵财富，也是强大的精神力量，是能够对全党和全国人民产生巨大激励作用的重要资源。

按照过程论思想，我们也可以看到，党的发展和党领导的事业，同时也是一个探索的过程。在中国这样一个经济文化比较落后的发展中大国搞革命、建设和改革，没有现成的道路好走，必须在实践中不断地进行探索。探索，有成功，也必然有失误，有曲折。所以，党在这一过程中也走了一些弯路。这是不必讳言的，也是不奇怪的，关键是要正确地认识它，特别是科学地总结它的经验教训，进一步提高我们的理论和实践水平，避免重犯过去的错误，力求使我们在未来的道路上走得更好一点、更顺一点。

经过 90 年、60 多年特别是 30 多年革命、建设、改革的过程，我们最大的收获，是走出了一条中国特色社会主义的道路，形成了中国特色社会主义理论体系。鲁迅先生说：“什么是路？就是从没有路的地方践踏出来的，从只有荆棘的地方干出来的。”人类的历史发展，在很大程度上，是与路联系在一起的。千年沧桑，百年岁月，走出一条正确的道路，很不容易，甚至

非常艰难。探索这样一条道路的过程，给了我们三个深刻的启迪：一是，无论革命、建设还是改革，都要独立自主走自己的路，照抄照搬别国经验、别国模式从来不能成功；二是，要敢于和善于把马克思主义基本原理同新的实际和时代条件结合起来，坚决走充满生机活力的新路，绝不走实践证明是封闭僵化的老路，也绝不走那种改旗易帜、放弃共产党领导、放弃社会主义的邪路；三是，在道路问题上，中央领导集体要坚定不移，全党同志要坚定不移，全国人民要坚定不移。

经过 90 年、60 多年特别是 30 多年的奋斗、探索和自身建设，我们取得了辉煌的成就。这种成就，不仅使我们倍感自豪，也引起了世界的赞叹和热议，各种赞誉之声蜂拥而至。在这种形势下，保持冷静的头脑就格外重要。按照无限发展的过程论以及阶段论思想，我们迄今走过的，仅仅是漫长过程中一个很小的阶段。总体上，我们处在社会主义初级阶段这个基本的国情还没有根本改变。历史、现实，目标、任务，都表明，我们党未来的路还很长很长，建设中国特色社会主义的路还很长很长。1949 年，毛泽东曾经说，我们仅仅是万里长征走完了第一步。从 1921 年到 1949 年，28 年，是第一步，从那以来 62 年，翻了一番多，算两步，合起来，就算走了三步。万里长征才走了三步，可以自豪，但实在不能骄傲。用把尺子量一量，三步距离是万里长征的多少分之一？微不足道。所以，我们的整个事业，“好像只是一出长剧的一个短小的序幕。剧是必须从序幕开始的，但序幕还不是高潮。中国的革命是伟大的，但革命以后的路程更长，工作更伟大，更艰苦”。

因此，我们切不可骄傲、懈怠。按照过程论思想，我们一定要倍加珍惜、长期坚持和不断发展党历经艰辛开创的中国特色社会主义道路和中国特色社会主义理论体系；一定要坚持解放思想、实事求是、与时俱进，勇于变革、勇于创新，永不僵化、永不停滞，不为任何风险所惧，不被任何干扰所惑；一定要沿着中国特色社会主义道路，不断开创新的更大的辉煌。

责任编辑：程美东

关于举旗问题的理论思考

侯惠勤

摘　要：关于“普世价值”和“中国模式”的争论，就旗帜问题而言，引发了两大挑战：一是中国特色社会主义旗帜与共产主义旗帜的关系，另一是中国特色社会主义旗帜与“自由、民主”旗帜的关系。从共产主义文明必然取代资本主义文明上看，不存在共产党向所谓“现代”政党转型问题；共产主义作为党的最高旗帜，和不同历史阶段的旗帜具有内在一致性，不能割裂；建设马克思主义学习型政党，是坚持和改善党的领导，开创社会主义新型民主的关键之举。

关键词：旗帜　文明　民主自由　马克思主义　共产主义

作者简介：侯惠勤（1949～），男，安徽安庆人，中国社会科学院马克思主义研究院党委书记、副院长，教授，博士生导师。

旗帜对党而言是其思想路线、奋斗目标、战略策略等的综合标示，因而是立党的头等大事。党的十七大最为重要的成果，是确立了中国特色社会主义这“一面旗帜、一条道路、一个理论体系”；十七大以来的实践表明，旗帜问题至关重要，它是决定党和国家前途命运的头等大事。虽然中央一再强调全党在道路、方向、旗帜问题上要坚定不移，要坚持高举中国特色社会主义伟大旗帜不动摇，但是，近年来的思想斗争证明，旗帜问题依然是当前意识形态斗争的聚焦点。关于“普世价值”和“中国模式”的争论，就旗帜问题而言，引发了两大挑战：一是中国特色社会主义旗帜与共产主义旗帜的关系，另一是中国特色社会主义旗帜与“自由、民主”旗帜的关系。

一

旗帜引领道路，道路支撑旗帜。关于中国特色社会主义道路，胡锦涛作了深刻的解读。他指出："一是，无论革命、建设还是改革，都要独立自主地走自己的路，照抄照搬别国经验、别国模式从来不能成功。二是，要敢于和善于把马克思主义基本原理同新的实际和时代条件结合起来，坚决走充满生机活力的新路，决不走实践证明是封闭僵化的老路，也决不走那种改旗易帜、放弃共产党领导、放弃社会主义的邪路。三是，在道路问题上，中央领导集体要坚定不移，全党同志要坚定不移，全国人民要坚定不移，引领中国特色社会主义伟大事业的航船沿着正确航向不断乘风破浪、乘胜前进。"① 这一解读值得注意的地方有二：一是我们党在道路问题上的主张是一脉相承和不断创新的高度统一，即无论革命、建设还是改革，我们都坚持把马克思主义和新的历史条件相结合，开创出符合中国实际的新路；二是在道路问题上要防止两种倾向，即封闭僵化的老路和改旗易帜的邪路。这两条对于我们理解旗帜问题至关重要。

毫无疑问，我们之所以能够不断地开辟引领中国前进的新路，就在于党在指导思想上始终坚持把马克思主义基本原理运用到中国的具体实际中，这就是说，指导思想上的一脉相承和与时俱进相统一，决定了中国道路的成功。从旗帜上看，就是高举马克思主义的旗帜和高举不同历史时期马克思主义中国化伟大成果旗帜的内在一致性。"我们既没丢老祖宗、又发展老祖宗，既坚持马克思主义基本原理、又根据当代中国实践和时代发展不断推进马克思主义中国化"②。在改革开放的历史条件下，我们之所以强调坚持高举中国特色社会主义伟大旗帜，是因为"在当代中国，坚持中国特色社会主义道路，就是真正坚持社会主义；坚持中国特色社会主义理论体系，就是真正坚持马克思主义"③。但是，这个本来十分清晰的命题，在一些人那里就成了否定马克思主义旗帜的托词。比如，随着关于如何确立党的历史方位的讨论，"革命党"和"执政党"的相互关系凸显出来，提出了是否可以以

① 《十七大以来重要文献选编》（上），中央文献出版社，2009，第98页。

② 《十七大以来重要文献选编》（上），中央文献出版社，2009，第102页。

③ 《十七大以来重要文献选编》（上），中央文献出版社，2009，第811页。

及在何种意义上可以谈论党的“转型”的问题。讨论中，出现了把党的转型视为根本否弃“革命党”的一切的倾向，在它看来，“对于取得政权后的革命党，其在革命的特定历史条件下形成的一系列关于党自身建设的思想、思路，包括党的目标、指导思想、性质、任务等一套东西，必须改变，以适应执政后的新形势。这个革命向执政的转变过程，其实就是传统政党向现代政党的转型。……现代政党的一个根本标志是民主和开放”①。按照这一逻辑，由“革命党”向“执政党”的转型，就是改旗易帜、改弦更张，就是“全盘西化”。但谁都能够看出，这种“转型”其实就是“自我毁灭”。

把革命党向执政党转型作“告别革命”解读的倾向，潜藏的前提就是，中国的改革开放就是全面向“欧美现代文明”回归，因而必须实行包括政党建设在内的全面转型。这就牵涉一个根本问题，即共产党究竟是高于和优于西方议会政党的新型政党，还是落后于现代政党的所谓“传统政党”？再进一步，共产主义究竟是引领当代人类文明的先进旗帜，还是偏离人类文明大道的宗派情绪？说到底，谁代表了人类历史和人类文明的未来，这不取决于自我的标榜，而取决于客观的历史必然性。“在资产阶级社会里，活的劳动只是增殖已经积累起来的劳动的一种手段。在共产主义社会里，已经积累起来的劳动只是扩大、丰富和提高工人的生活的一种手段。因此，在资产阶级社会里是过去支配现在，在共产主义社会里是现在支配过去。”② 西方自由主义意识形态几百年来蓄意制造的一个公式，就是“占有财富 = 个性 + 自由”。可是，它始终回避的一个问题是，当财富的占有转化为对于他人劳动的占有，从而变成主宰人类命运的资本王国时，自由、个性又从何说起？两年多的世界性金融危机，使不少西方人士产生了对于资本主义的幻灭感，甚至作出了“物质文明的彻底崩溃”和“伦理的颓废”一类的判断③，再次证明资本主义社会的自由、个性不外是“资产者的个性、独立性和自由”，而“共产主义并不剥夺任何人占有社会产品的权力，它只剥夺利用这种占有去奴役他人劳动的权力”④。可见，从引领人类文明发展的先进性上看，谈不上党的转型问题。

---

① 邓聿文：《中共向现代政党的制度转型》，2010年7月9日《联合早报》。

② 《马克思恩格斯选集》第1卷，人民出版社，1995，第287页。

③ 〔日〕《文艺春秋》2009年5月号，RobertMitani有限责任公司创始人神谷秀树题为《“贪婪国家”美国的破产之日》一文，载《参考资料》2009年5月20日。

④ 《马克思恩格斯选集》第1卷，人民出版社，1995，第288页。

共产党和所谓西方“现代政党”的根本区别在哪里？这个问题可以从很多方面来谈，但最为根本的就是指导思想、理论旗帜上的区别，因为思想理论是决定政党性质（先进性和阶级性）的首要因素。如果仅从“合法性”类型、组织方式、成员结构等去区分所谓的传统与现代，可能会把问题搅浑。我们党的名称最为集中、鲜明地表明了它的思想旗帜，就是为共产主义而奋斗。因此，列宁特别指出：“我们应该像马克思恩格斯那样称自己为共产党。我们应该重复说，我们是马克思主义者，我们是以《共产党宣言》为依据的。”① 为共产主义而奋斗的历史使命决定了中国共产党是最先进、最有前途的现代政党，也决定了任何形式的向西方的所谓议会式政党靠拢，都不是进步的转型，而是蜕变、是彻头彻尾的变质。

但是，要说清楚指导思想决定政党性质，首先要弄清如何从唯物史观出发看人类文明的进化，因为决定指导思想的先进与否，与其所立足的文明类型直接相连。正如马克思指出的：“旧唯物主义的立脚点是市民社会，新唯物主义的立脚点是人类社会或社会的人类。”② 在唯物史观看来，文明的基本类型是生产力和生产关系相统一的社会形态，因此，原始社会、奴隶社会、封建社会、资本主义社会和共产主义社会等又是基本的人类文明类型。毫无疑义，人类文明的基础在于生产力的状况，用马克思的话来说，“社会关系和生产力密切相连。随着新生产力的获得，人们改变自己的生产方式，随着生产方式即谋生的方式的改变，人们也就会改变自己的一切社会关系。手推磨产生的是封建主的社会，蒸汽磨产生的是工业资本家的社会”③。

但是，西方学者对此提出的质疑，（就是）认为资本主义和封建主义（等）是两种独立的经济结构，而无产阶级和资产阶级则共处于同一个经济结构中。例如贝尔就认为，同马克思的看法相反，“资产阶级社会是在封建土地结构之外、在不再是封建领主附庸的自由公社或城镇之中出现的，这些自治的小公社成了未来欧洲重商主义和工业社会的基石”④。也正因为如此，资本主义的进一步发展才能够并且有必要打破与之对立的封建经济结构。米尔斯也提出了类似的理由。他说：“和处在封建的土地结构之外的资产阶级不同，资本家和工资劳动者则是同一个经济和社会结构的组成部分；在资本

---

① 《列宁全集》第29卷，人民出版社，1985，第178页。

② 《马克思恩格斯文集》第1卷，人民出版社，2009，第502页。

③ 《马克思恩格斯选集》第1卷，人民出版社，1995，第141～142页。

④ 丹尼尔·贝尔：《后工业社会的来临》，商务印书馆，1984，第415页。

主义内部，工资劳动者不代表任何独立的经济制度。”正因为如此，资本家和工资劳动者所争的是产品分配，而不是资本主义生产制度本身。他们的意思很清楚，其他文明的替代阶级是该经济结构“体制外”的力量，而工人阶级是资本主义经济结构“体制内”的因素。

对于这一质疑，我们可以从两方面加以澄清：其一，生产力本身就是“跨体制”的。因此，对任何经济结构的否定都是由内而外的过程，不能在体制内外做绝对的划分。我们在前面说过，生产工具和生产关系的统一并不是简单的一一对应关系，而是对立统一的矛盾关系，就是说，生产力之所以总是要突破相应的生产关系，说到底是因为某一生产力的最佳状态并不是在现有的生产关系中而是在新生产关系的萌芽中达到的，从而预示着革命的趋势。与此相应，新生产关系的代表也从原有的经济结构中分化出来，成为社会变革的领导力量。正如“手推磨”的最大生产力并不是封建式手工作坊，而是资本主义工场手工业一样，机器大工业的最佳生产力也不是资本主义大工业，而是社会主义大生产；正如在工场手工业的发展中，作为新生产关系代表的资产阶级才得以发展并从中分化出来一样，而只有在机器大工业的充分发展中，社会主义生产关系的代表工人阶级才得以壮大并与资产阶级社会决裂。从迫使工人适应机器的运转（加大劳动强度）、造成剩余劳动大军等方面看，机器大工业确实满足了资本主义最大限度地节约劳动成本和无限扩大生产的需要，因而在机器大工业的初期普遍出现了“工人和机器之间的斗争”；但是，这种实际运用并不是符合机器大工业本性的状态，因而造成了深刻的“经济学悖论”，“即缩短劳动时间的最有力的手段，竟变为把工人及其家属的全部生活时间转化为受资本支配的增殖资本价值的劳动时间的最可靠的手段”①。因此，在马克思看来，“工人要学会把机器和机器的资本主义应用区别开来，从而学会把自己的攻击从物质生产资料本身转向物质生产资料的社会使用形式”②。由机器大工业开创的社会化大生产，归根到底是资本主义自我否定的内在力量，本质上属于社会主义和共产主义。

其二，工人阶级（即现代无产阶级）的一大本质特点，就是它是唯一与生产资料没有直接联系的阶级，因而其解放不能通过个人直接占有生产

① 《马克思恩格斯文集》第5卷，人民出版社，2009，第469页。

② 《马克思恩格斯文集》第5卷，人民出版社，2009，第493页。

资料的方式，而必须通过“联合起来的个人”重新拥有生产资料的方式，这就决定了它必须与传统的私有制决裂，代表社会化占有的生产关系发展的趋势。毫无疑义，历史上所有的剥削阶级都直接占有生产资料，而被剥削阶级也不同程度地与生产资料有直接的联系。奴隶作为“会说话的工具”而与其他劳动工具直接结合；农民阶级也因拥有少量生产资料而与生产资料有着直接的联系。其他阶级的阶级意识（如果有的话）都是巩固和扩大本阶级的利益，而只有无产阶级的阶级意识是“消灭阶级”，马克思也因而称无产阶级为“非市民社会阶级的市民社会阶级”[①]。不与生产资料发生直接联系而又是社会化大生产的实际承担者的无产阶级的大量出现，表明了社会化占有的生产关系发展的趋势，更表明了“私有制和阶级社会的解体”。

可见，从马克思主义的观点看，完全撇开社会形态，单从产业结构或消费方式上去谈论人类文明的进化是不能被接受的。从“传统社会”向“现代社会”、“农耕文明”向“商贸文明”转变一类的说法，如果没有明确的社会性质界定，就只能制造混乱。虽然由于历史发展的曲折性，社会主义文明与资本主义文明由理论逻辑上的历时态，成为现实历史中的共时态，但这并不影响马克思主义关于人类文明进步的基本判断。换言之，真正适应社会化大生产的社会形态，不是资本主义社会，而是社会主义和共产主义社会。共产主义代替资本主义仍然是人类文明进步不可阻挡的历史潮流。因此，不能用“现代文明”一类的含混字眼抹杀两条不同的现代化道路，不能用“转型”问题掩盖道路的选择和旗帜的辨识。

二

我们必须坚定不移高举的“中国特色社会主义”旗帜，具有双重意义，其一它是在今天唯一能够“发展中国、发展社会主义、发展马克思主义”的思想指导，因而是全中国各族人民的共同理想，也是真正有别于资本主义的另一种现代化类型；其二它又是共产主义思想旗帜的同义语，高举中国特色社会主义也就是高举共产主义，因为中国特色社会主义就是马克思主义基本原理和中国具体国情及时代特征相结合的产物，而“马克思主义的另一

① 《马克思恩格斯选集》第 1 卷，人民出版社，1995，第 14 ~ 15 页。

个名词就是共产主义。我们多年奋斗就是为了共产主义，我们的信念理想就是要搞共产主义”①。

虽然高举中国特色社会主义就是高举共产主义，但是我们今天却要突出地强调前者，这是为什么？这是因为今天中国的基本国情是，我们仍然处在并将长期处在社会主义初级阶段；基于这一国情的中心任务是，力争在21世纪中叶基本实现现代化，实现中华民族的伟大复兴。实现这一现实的奋斗目标，不仅为共产主义的实现铺垫了坚实的台阶，而且是共产党履行自己的历史责任、实现自己领导作用的基本条件。因此，我们必须以经济建设为中心，通过改革开放发展社会主义，高举中国特色社会主义旗帜。正如毛泽东在民主革命时期所指出的：共产党人必须为现阶段的反帝反封建的目标而奋斗，“对于任何一个共产党人及其同情者，如果不为这个目标奋斗，如果看不起这个资产阶级民主革命而对它稍许放松，稍许怠工，稍许表现不忠诚、不热情，不准备付出自己的鲜血和生命，而空谈什么社会主义和共产主义，那就是有意无意地、或多或少地背叛了社会主义和共产主义，就不是一个自觉的和忠诚的共产主义者。”②

但是，毋庸讳言，作为阶段性目标的旗帜既然具有过渡性质，因而也就必然具有一定的策略性质，它要随时随地根据实际情况进行调整。这就是说，一方面，作为党的阶段性目标的旗帜，必须以共产主义的创造性去开创，而不是简单地抓过来一些现成的旗帜。中国共产党一直赞同孙中山所说的“三民主义和共产主义是好朋友”，一直认同党实践自己的民主革命纲领就是真正实践三民主义。但是，中国共产党也不是简单地抓起三民主义旗帜，而是根据党的历史使命，发展出更进步、彻底、全面的新民主主义，并以其作为自己在民主革命时期的思想旗帜。另一方面，对于同一时期人类文明的优秀成果，我们都要紧紧抓住不放，因为这是共产主义的生命力所在。“孙中山的确做过些好事，说过些好话，我在报告里尽量把这些好东西抓出来了。这是我们应该抓住死也不放的，就是我们死了，还要交给我们的儿子、孙子。”③ 我们今天对待自由、民主等资产阶级思想遗产，也应取同样的态度，就是说，要从中剥离出好东西（正如从中国民族资产阶级民主思

---

① 《邓小平文选》第3卷，人民出版社，1993，第137页。
② 《毛泽东选集》第3卷，人民出版社，1991，第1059页。
③ 《毛泽东文集》第3卷，人民出版社，1996，第321页。

想中剥离出孙中山的三民主义）而死死抓住（这些好东西在资产阶级古典学说中更多一些），再就是根据共产主义原理创造出新理论，绝不能照搬当代西方的民主理论。这个新理论，就是中国特色社会主义，它吸收了当代西方文明发展的成果，但本质上属于共产主义思想体系。

显然，我们在今天不会丢弃民主、自由的旗帜，但是，这是经共产主义创新的，更为进步、彻底、全面的自由和民主理念。换言之，这是以“消灭阶级”、实现真正平等为基础的自由，这是以“国家消亡”、实现公共权力真正由人民行使的民主，而不是无平等实质的“自由”、纯形式化的“投票民主”。因此，正如当年我党高举新民主主义旗帜不意味着丢弃社会主义、共产主义一样，今天我党高举中国特色社会主义旗帜，同样不意味着丢弃共产主义，而是始终以共产主义为最高纲领。“我们共产党人从来不隐瞒自己的政治主张。我们的将来纲领或最高纲领，是要将中国推进到社会主义社会和共产主义社会去的，这是确定的和毫无疑义的。我们的党的名称和我们的马克思主义的宇宙观，明确地指明了这个将来的、无限光明的、无限美妙的最高理想。”[①] 在今天，当共产主义被西方意识形态严重妖魔化的时候，强调中国特色社会主义旗帜和共产主义旗帜的一致性就尤为必要。中国特色社会主义绝不仅是有别于资本主义的另一现代化类型，它的最终目标是取代资本主义文明的共产主义社会。正是从这个意义上说，不存在中国共产党向所谓“现代政党”的转型问题。

在今天有人说，中国共产党利用“自由民主”的旗帜打倒了蒋介石，而取得政权后就丢弃了这一旗帜；还有人说，中国特色社会主义旗帜的真正内涵就是“自由民主”，舍此就是狭隘的民族主义或专制主义；还有人甚至丢弃了对于斯大林的深刻厌恶，引用他主张共产党举起“民主自由”大旗的言论，[②] 论证自由民主人权是不可抗拒的“普世价值”；一些人还津津乐道地引述恩格斯转引摩尔根的话，“这将是古代氏族的自由、平等和博爱的复活，但却是在更高级形式上的复活”[③]，证明自由是人类的终极价值；如此等等。因此，我们必须直面中国特色社会主义旗帜和自由民主旗帜的关系。但首先必须说明，恩格斯和斯大林的话帮不了这些人的忙，因为恩格斯

① 《毛泽东选集》第 3 卷，人民出版社，1991，第 1059 页。

② 这些人最喜欢引用的证据，就是斯大林在苏共十九大报告中关于“共产党必须举起民主自由旗帜”的相关论断。见《斯大林文选》（合订本），人民出版社，1962，第 651～652 页。

③ 《马克思恩格斯选集》第 4 卷，人民出版社，1995，第 179 页。

所引述的摩尔根的话，恰恰是没有阶级的原始共产主义社会的共同价值，因而平等、博爱和自由是密不可分的，而对于那些力图维护资本主义的阶级划分和不平等的现实而空谈自由的人，显然是风马牛不相及。而斯大林讲的是阶段性的奋斗目标，当然必须抓住民主自由的旗帜，但并不能以此证明这就是高于共产主义的人类终极价值。

毫无疑义，我党在民主革命时期把建立一个“自由民主的新中国”作为自己的奋斗目标，因为它体现了党在民主革命时期的最低纲领。但即便在当时，我党也没有用这一旗帜取代共产主义旗帜，而是把两者统一起来，统一的前提是确立共产主义是党的最高和最终的奋斗目标。这就是说，我党从来没有脱离共产主义大目标去空谈民主自由。尤其在今天，人类文明面临着何去何从的十字路口，如果离开共产主义的根本价值（消灭阶级、劳动解放）去谈民主自由，只能落入资产阶级价值观的陷阱，被其“西化”、“分化”。

在马克思主义看来，民主是国家的统治方式，自由是社会交往关系平等化的结果，它们都是具体的历史范畴，而不是抽象的普世价值。说到底，只有在“消灭阶级”、“国家消亡”的前提下才能谈论“自由”，而在这一历史过程中，“民主”要经历三种形态，这就是“作为少数人统治多数人的最后形式的资产阶级民主共和国”、“作为大多数人享有民主而对少数剥削者实行专政的‘民主转型’”[①] 以及共产主义社会的“民主消亡”。道理很清楚，这就是列宁曾反复引用恩格斯的一个观点：“一到有可能谈自由的时候，国家本身就不再存在了。”“只有在共产主义社会中，当资本家的反抗已经彻底粉碎，当资本家已经消失，当阶级已经不存在（即社会各个成员在同社会生产资料的关系上已经没有差别）的时候，——只有在那个时候，‘国家才会消失，才有可能谈自由’。只有在那个时候，真正完全的、真正没有任何例外的民主才有可能，才会实现。也只有在那个时候，民主才开始消亡，道理很简单：人们既然摆脱了资本主义奴隶制，摆脱了资本主义剥削制所造成的无数残暴、野蛮、荒谬和丑恶的现象，也就会逐渐习惯于遵守多少世纪以来人们就知道的、千百年来在一切行为守则上反复谈到的、起码的

① 列宁的原话是：“人民这个大多数享有民主，对人民的剥削者、压迫者实行强力镇压，即把他们排斥于民主之外，——这就是民主在从资本主义向共产主义过渡时改变了的形态。”见《列宁选集》第2卷，人民出版社，1995，第782页。

公共生活规则，而不需要暴力，不需要强制，不需要服从，不需要所谓国家这种实行强制的特殊机构。”①

主张把民主自由作为人类终极价值的人，在世界观历史观上是矛盾的：一方面，他们反对将民主自由与阶级统治相联系，求助于纯粹的人性诉求和全人类普遍利益，将其装扮成“普世价值”；而另一方面，他们又把个人权力和公权力的对立，不同利益集团间的博弈以及统治和被统治的关系永恒化，因而丢弃实质民主而将其形式化为“投票的民主”、否弃平等而将自由抽象化为“不受强制”，实际上是把资本主义的统治视为人类“历史的终结”。这种世界观历史观上的矛盾，使得他们极力回避并贬低历史观，习惯于抽象地谈论价值观，从而暴露了其理论上的虚弱和不彻底。

三

值得注意的是，主张西式民主自由及其制度设计具有终极性的人，在今天已不采取福山“历史的终结”那种直露的方式，而是采用了一种“非终极的终极表述”。我们常常可以听到这种论调：“西方议会民主制是现在可以找到的最好的政治体制、民主形式”，“当然将来哪一天也许会出现比议会民主制更好、更高级的政治制度，但那是将来的事情，现在还没有。”他们因此而否定现存的区别于西方议会民主制的其他民主形式，公然污蔑中国特色社会主义民主政治为“极权政治”、“党国体制”、“党主政治”，其前途不是向西方议会民主制变革，就是遭历史的唾弃而“崩溃”，因此，有必要就此多说几句。

当马克思主义指认西式民主是少数人统治多数人的最巧妙方式时，就蕴涵着下述意味：西式议会民主制表象上是民意决定，实质上是民意操纵；西式议会政党表象上是大众政党，实质上是精英政党。一般地说，当少数剥削者凭借经济上的统治地位而获得国家统治权后，就拥有了经济、政治和思想三种统治方式，使被统治者处在“自发”状态、使其成为政治上经济上思想上的附庸，从而认同这种统治。尤其在资产阶级民主形式下，“有产阶级是直接通过普选制来统治的。只要被压迫阶级——在我们这里就是无产阶级——还没有成熟到能够自己解放自己，这个阶级的大多数人就仍将承认现

① 《列宁选集》第2卷，人民出版社，1995，第782页。

存的社会秩序是唯一可行的秩序，而在政治上成为资本家阶级的尾巴，构成它的极左翼。”[①] 因此，无产阶级要自己解放自己，必须“让思想冲破牢笼”，提出不同于剥削阶级的阶级要求，这就需要接受先进理论武装。

这一自我意识集中表现在对于资产阶级普选制的破解上。资产阶级普选制并不是真正的人民民主，更不是人类理智的极限和历史的终点，而是资产阶级统治的完备形式，是适应资产阶级经济发展要求的政治形式，本质上仍然是阶级对立社会中作为统治工具的国家制度。但是，它表现出来的却是不依赖于任何阶级的独立和普遍性外观，“正是国家制度、法的体系、各个不同领域的意识形态观念的独立历史这种外观，首先迷惑了大多数人。……而自从出现了关于资本主义生产永恒不变和绝对完善的资产阶级幻想以后，甚至重农主义者和亚当·斯密克服重商主义者，也被看作纯粹的思想胜利；不是被看作改变了的经济事实在思想上的反映，而是被看作对始终普遍存在的实际条件最终达到的真正理解。”[②] 因此，工人阶级的根本利益，就不是跟在资产阶级后面空喊“自由、平等、博爱”，而是提出与资本自由扩张根本不同的阶级要求，形成本阶级的核心价值观，就是“消灭阶级”。但是，工人阶级要作为一个阶级来行动，必须要有自己的政治组织，即把自身组织成为政党，这就是作为工人阶级先锋队的共产党。

因此，和资产阶级政党相反，作为“先锋队组织”的共产党，看起来不是“全民党”，而是由先进分子（“精英”）所组成，但惟其如此，才真正能够成为人民群众自己解放自己的政治形式，开辟出人民群众自我教育、自我管理的当家做主之路，因为这是群众由“自发”转向“自觉”的唯一通道。这样，共产党就必然“一身而二任”：它既是执政党，执掌着虽然性质已经发生了根本变化但仍具有凌驾于社会之上可能的国家权力，同时它又是人民群众中的最觉悟部分，成为人民历史主体的有机构成。这一特点决定了党在我国社会生活中必然发挥着全面的作用，中国特色社会主义事业关键在党。我们必须理直气壮地坚持中国共产党在国家中的领导地位，因为只有坚持这一领导体制，才可能走出一条通过“国家消亡”而实现人民当家做主的新型民主之路。那种“坚持党的领导不等于社会主义”的主张，如果不是对于马克思主义的无知，就必然是对于马克思主义的蓄意反叛，因而其

---

① 《马克思恩格斯选集》第 4 卷，人民出版社，1995，第 173 页。

② 《马克思恩格斯选集》第 4 卷，人民出版社，1995，第 727 页。

“社会主义”也就必然不是马克思主义意义上的科学社会主义。

同时，也必须看到，共产党所担负的这一特殊历史责任，对于自身建设提出了空前艰巨的任务。我们需要的不是一般的拒腐防变，而是要在保持权力健康运作的前提下，探索国家权力向社会复归的现实道路；我们需要的不是一般的顺应民意，消极地满足人们的当下利益诉求和需求，而是要在不断改善民生的基础上，积极引领需求的健康增长，促进每一个人的自由全面发展。这就不仅需要面对现实，更需要把握未来。在改造客观世界的同时改造主观世界是解决这一难题的基本路径，而在今天，它集中在建设马克思主义学习型政党的要求上。引领现实、开创未来的党，一定是对于探索未来、了解未来有着无限热情的党，因而必然是保持着浓厚理论兴趣的党。从马克思主义的观点看，一个党、一个阶级是否具有理论兴趣，归根到底取决于其能否和历史规律相一致，是否以超越现状、改变世界为己任，能否有追求真理的胆略及远大的前途。恩格斯曾经指出，德国资产阶级在其革命时期，也有理论兴趣，并提出了德国古典哲学这样的宝贵理论财富。但是，随着其掌握权力，对于金钱和名利的追逐就完全取代了理论兴趣。“在包括哲学在内的历史科学的领域内，那种旧有的在理论上毫无顾忌的精神已随着古典哲学完全消失了；取而代之的是没有头脑的折中主义，是对职位和收入的担忧，直到极其卑劣的向上爬的思想。”① 恩格斯的话今天读来令人尤为震撼。理论兴趣和理论学习绝不是如同一些人想象的“作秀”、卖嘴皮，而是检验政党先进性、生命力和能力的试金石。那种淡化世界观、历史观，虚化价值观、止步于实用性的所谓学习，是对马克思主义学习型政党建设的严重偏离。

一般地说，旗帜上的鲜明和坚定，是我们不为干扰所惑、不为艰难所惧的精神保障；特殊地说，在西方加紧对我进行核心价值观的渗透、试图根本动摇我们信念的今天，在旗帜上的明辨和坚定就更为重要。就在我们一些人对于中国特色社会主义的基本制度、基本经验和基本道路还心存疑虑的时候，西方一些有识之士已经看到了我们这一制度的生命力所在。“奈斯比特认为，中国没有以民主的名义使自己陷入政党争斗局面，而是以一党体制实现现代化，发展出一种独特的纵向民主，形成稳定关键，到 2050 年中国将成为世界中心。奈斯比特还预测，在未来几十年中，中国不仅将改变全球经济，而且也将以其自身的模式来挑战西方的民主政治。……在更早的今年 6

---

① 《马克思恩格斯选集》第 4 卷，人民出版社，1995，第 258 页。

月，英国人马丁·雅克的《当中国统治世界》未上市就被西方媒体热炒。雅克预测，20 年以后，中国就会成为世界第一大经济体，‘随着中国的崛起，中国将取代西方国家在各个领域的主导地位——西方将丧失文明操纵权，世界将按照中国概念重新塑造’。”① 毫无疑问，我们必须在坚定共产主义信念的基础上高举中国特色社会主义的伟大旗帜，在超越资本主义文明、开创人类文明新形态的高度上推进中国特色社会主义的伟大事业。

本文已发表于《安徽大学学报》（哲学社会科学版）2011 年第 1 期，并被马克思主义研究网、新华网等各大网站转载

责任编辑：刘军

① 《国际先驱导报》记者金微发自北京，2009 年 11 月 24 日 11：28，新华网。

缘何重提“中国化”

——马克思主义发展的困境与任务

薛广洲

摘　要：马克思主义中国化既是一个实践命题也是一个理论命题。马克思主义中国化既是马克思主义发展的一种内在要求，也是马克思主义发展过程中面临着的重大历史难题，其原因在于：首先，马克思主义面临的发展难题对“中国化”提出了要求；其次，中国社会发展对“中国化”提出了新的需求；再次，现代科学技术的发展也对“中国化”提出了需求；复次，“中国化”是中国哲学和文化走向世界的需要；最后，“中国化”也是建构当代中国哲学的需要。马克思主义中国化存在这么几个比较重要又明显的难题：其一，马克思主义中国化的科学界定尚不明晰；其二，现有的研究大多是从形式上强调马克思主义的中国化；其三，研究中忽视了马克思主义中国化是一个双向的过程。

关键词：哲学　马克思主义　中国化　共产党

作者简介：薛广洲（1955～），祖籍安徽淮南，哲学博士，中共中央党校教授。

一

人类历史的灵魂在于创造，而创造是思想和实践的结晶。任何一种历史，没有了创造也就没有了生命；任何一种理论，没有了创造也就丧失了存在的价值。马克思主义的产生无疑是人类思想史上的一大创举，它不仅顺应历史趋势，在深刻剖析资本主义社会以及前资本主义社会历史的基础上，提出了唯物史观这一人类思想史上崭新的革命哲学，而且反思了人类行程，以批判的目光审视人类数千年的思想认识历程，从而全面地、历史性地提升了全人类的思想认识水平。这使得它不仅成为思想史上的一座丰碑，而且具有了永恒的现实性。这一现实性即是，它将为人类认识和改造世界提供一种基本的立场、观点和方法，这一基本的立场、观点和方法的正确性，并不因时势的变迁而有存废，但却需要以人类的整体智慧去不断充实、完善和发展。于是，在马克思主义的进一步发展中，不断的创造，便成为它的生命力得以延续的动力和标志。这一点已为中国革命和建设的实践所证实。

马克思主义以其创造性启动了中国革命的历史车轮，而中国革命的进程也以其创造性，丰富并发展了马克思主义。马克思主义中国化是在中国革命的历史实践中产生出来的，没有中国革命和建设的实践，就不可能提出马克思主义中国化的要求；没有对于中国革命和建设实践的历史经验和教训的概括与总结，就不可能完成马克思主义中国化的任务。因此说，马克思主义中国化既是一个实践命题也是一个理论命题，它首先是一个实践的命题，只有首先是实践的命题，其次才可能有理论的命题。同时，马克思主义中国化既是一个历史命题也是一个现实命题，它首先是一个现实的命题，只有首先是现实的命题，才有可能是历史的命题。所谓历史的命题，马克思主义理论界对此进行探讨也已近七十年了，在这一“中国化”的过程中，已经取得了辉煌的成果，这就是毛泽东思想。但是马克思主义中国化的过程并不是可以一劳永逸的，马克思主义的本质和中国社会主义的实践决定了“中国化”将是一个长期的任务，在每时每刻都是十分具体的和现实的。伴随着中国社会主义实践的发展，“中国化”的要求将会愈来愈迫切，标准将会愈来愈高，意义也会愈来愈重要和深远。因而，马克思主义中国化的命题将始终都是一个现实的命题。

二

马克思主义中国化作为中国共产党在中国革命斗争实践中对马克思主义发展的一种创造性贡献，今天我们重新给予高度的重视并做深入的研究，既是马克思主义发展的一种内在要求，也是马克思主义发展过程中面临着的重大历史难题。

首先，马克思主义面临的发展难题对“中国化”提出了要求。

马克思主义的发展历程中，曾经经历过多次历史性的难题，如19世纪

70 年代初巴黎公社起义的失败，对于马克思主义从理论走向实践提出的挑战；如 19 世纪末资本主义社会的长期稳定和发展，对于马克思主义关于如何从资本主义走向社会主义的发展道路的挑战，等等，但这些挑战是在马克思主义不断地传播和发展过程中所遇到的。在这个发展过程中，我们不仅正确解决了马克思主义从理论走向实践的问题，而且解决了在比较落后和十分落后的国家里如何从资本主义向社会主义转变的问题。因而，这些挑战是马克思主义及其社会主义事业向上发展时期所面临的，它只是资本主义等反动势力逐步退却时的一种反弹的反映。然而，20 世纪 80 年代末 90 年代初所发生的东欧剧变和苏联解体，则使马克思主义的发展面临从未遇到的考验和挑战。这一挑战和考验的严峻性，不仅在于如此强大的社会主义阵营顷刻之间土崩瓦解所引起的社会主义陷入其存在的艰难困境，而且在于人们对已有七十余年历史的现实社会主义发展道路的科学性提出了质疑，由此就迫使人们去重新审视一个半世纪以来，尤其是十月革命首创社会主义国家以来，马克思主义由理论向实践转变的历史。这一严峻的挑战也对马克思主义理论的发展提出了新的要求，即必须加强马克思主义由理论向实践转变的基本原则和依据的研究与论证。这一研究首先就包含着马克思主义的“元典”的确认，同时还包含着对马克思主义发展中的主题转换的条件、根据和趋势的解析。

马克思主义是一个开放的体系，它在形成之初即宣称，没有结束真理，只是为真理开辟了道路。但马克思主义产生之后，如何发展却是一个十分艰难的课题，因为它的发展面临着两个难题：一是要坚持马克思主义的基本立场、观点和方法，另一是要从具体的实际出发。从马克思主义的基本立场、观点和方法出发，必然涉及对基本立场的把握和认识，而任何对“元典”的坚持都存在着创立人与后继者在社会氛围与个人理论素养之间的区别，因而后继者们常会因对马克思主义坚持和发展的正确性问题展开论战。同时还涉及后继者所面临的社会主题、历史任务的不同，这种不同的社会主题和历史条件对于马克思主义的基本原则的坚持也提出了不同的要求。在这种情况下，马克思主义的发展就需要变换思路，即它的发展应该也只能是在与不同地区、民族、国家的具体实际的结合中，获得创造性的发展，中国化是其发展的最突出表现。

为此，研究马克思主义的中国化，将有助于探讨马克思主义发展的新途径和新规律。

其次，中国社会发展对“中国化”提出了新的需求。

我国进入改革开放以来，社会发生了极大的变动，由此而引发出许多新的问题，如改革开放的目标是什么？社会主义与市场经济的内在联系是什么？社会主义的本质是什么？如何理解社会主义所有制的主体地位及实现形式？如何看待及处理贫富差距与共同富裕？等等，而这些从根本上说又是社会价值体系的问题，即一切社会变革（改革）的目的是什么。这个问题不能解决，整个社会的价值体系就会处于一种失衡状态，精神空虚、信仰危机就会出现，并深刻地影响社会的全面发展。

中国的改革开放是社会主义的，是社会主义完善自身的必然性使然。邓小平指出："改革是社会主义制度的自我完善，在一定的范围内也发生了某种程度的革命性变革。"① 作为社会主义制度自我完善的改革，其根据当然在马克思主义的理论之中，因而，只有坚持马克思主义才可能使改革开放保持正确的方向。但是，如何在新的社会条件下坚持马克思主义，如何实施这种坚持，尤其是如何使马克思主义真正成为全体人民的精神支柱，成为社会思想的主导形式，就成为当代中国社会面临的重大理论课题。

马克思主义在中国社会主义社会意识形态中的主导地位是早已确定了的，但是人们在思想上对某种社会意识、理论的认同并不能依靠强制性的政权的力量。理论是依靠其科学性和真理性征服人的，理论对人的这种征服必须是与其对社会实践的不断地正确认识相关联的。对于马克思主义来说，即必须不断地以社会实践为自己理论发展的生长点。中国社会的改革实践一方面向马克思主义提出了新的挑战，另一方面为马克思主义的发展提供了契机。马克思主义必须依据中国社会的改革实践获得在中国的发展，这种新发展不仅表现为对改革开放实践经验的概括和总结，而且表现为对改革开放实践中所提出的一系列理论难题给予科学的解答，其中关于社会的价值体系的重新确立将是马克思主义理论发展尤为要注意的。而这一切，无疑都是对马克思主义中国化的现实要求。

为此，研究马克思主义中国化及其历程和根据，将有助于解决当代中国社会改革开放中所面临的诸多现实的理论难题，将有助于确立当代中国社会的科学价值体系，有助于推动社会的全面发展。

再次，现代科学技术的发展也对"中国化"提出了需求。

自20世纪中叶以来，发端于发达资本主义国家并迅速波及整个世界的

① 《邓小平文选》第3卷，第142页。

现代新科技革命，不仅对社会经济的发展、人的思维方式和生活方式产生了极大的影响，而且对整个社会的结构以及社会价值体系也产生了强烈地冲击。面对新科技革命所引起的变化，人们做出了各种反应，其中一些借机对马克思主义提出了种种责难。这些责难体现在两个方面：一是技术乐观论，一是技术悲观论。两种不同的观点，其出发点和理论根源都是一致的，即技术决定论。技术决定论从根本上否认马克思主义关于经济基础对于上层建筑的决定作用，但现代科学技术的发展又使生产力是社会发展的最终动力获得了新的证明，这便需要马克思主义对这样一种两难矛盾作出正确的解答。

我国自改革开放以来，一方面以经济建设为中心的基本国策使科学技术在实现社会主义现代化建设中的重要作用获得高度重视；另一方面随着国际交流的扩大而使我们直接处身于现代科技革命所引发的大变化、大发展的现实之中，从而使自身面临如何发展马克思主义的难题。现代新科技革命向马克思主义的社会发展观提出了挑战，要求马克思主义给予科学的回答。这一挑战，最主要表现在现代科学技术革命与社会发展的动力之间的关系，还表现在现代科技革命与社会革命之间的关系，还表现在现代科技革命与社会发展阶段和社会类型的关系，以及与社会意识形态的关系等方面。恩格斯说过：“随着自然科学领域中每一个划时代的发现，唯物主义也必然要改革自己的形式。”① 面对新科技革命，马克思主义必然要求改变原有的表现形式，这种形式不只是体系形态上的，还包括在内容上的丰富与发展，亦即要在新的社会与科技发展的历史背景下，提出新课题，解决新问题。这些绝不能只停留于马克思主义哲学原有的形态，必须根据新科技革命的发展及其影响作出相应的改变。当代中国社会的现代化事业是与现代新科技革命的作用联系在一起的，新科技革命在促进中国现代化事业发展的同时，也伴随着对马克思主义在中国如何发展的影响。

因而，一方面要求马克思主义作出相应的改革，另一方面要求结合新科技革命对中国社会的影响和作用，使得马克思主义的中国化成为必要。

复次，“中国化”是中国哲学和文化走向世界的需要。

近代以来，中国与世界的关系主要体现为西方文明对中华文明的冲击和传播。无疑，这一冲击推动了中国哲学和文化的更新与变革，但与此同时，也存在着西方文化对中国的侵略和殖民现实。而西方近代资本主义文化因

① 《马克思恩格斯选集》第4卷，人民出版社，1995，第228页。

其内在局限性，既无法解决中国社会所面临的一切问题，也无法解决自身的一切问题，反而力求能从中国传统哲学和文化中寻找到解救的良方。随着人类社会的发展，不同国家、民族的交往日益频繁，从而为中国文化接受西方文化以及走向世界创造了可能和条件。“越是民族的才越是世界的”已被人们所普遍认同。这也是中国哲学和文化走向世界的又一动因和根据。

中国哲学和文化要走向世界，绝不能是原封不动地把传统的一套移植过去，中国走向世界是人类社会历史发展的必然。近代以来西方文化对整个世界的影响如此强大，以至于一方面其推动了人类文明的进步，另一方面也日益摧毁着人类社会已经建立起来的一切价值秩序。现实世界的发展趋势引发了人们对自己的选择的困惑和疑问。于是，从中国于一百多年前开始“中国向何处去”而寻觅真理至今，又出现了西方社会以及整个人类世界对于“人类向何处去”的问题答案的寻觅。伴随着这一人类文化现象的变化，中国文化在某种程度上似乎恢复了生机，理论界对于中国哲学和文化能否拯救人类文明似乎充满了信心。当然，中国文化要走向世界也是其自身发展的必要，这种必要性在于中国文化要生存、要发展，只有走向世界才有可能。现代社会的密切交往和联系，使得任何一种文化只有在同他种文化的接触中才能得到发展。作为从传统而来的文化，中国文化要获得更新，既需要外来文化的碰撞，也需要对自身的自我批判。要完成这样的双重任务，依靠中国文化本身是无法达到的。

马克思主义传入中国之后，迅速地赢得了先进的中国人的信任，随之在新中国成立后又成为中国社会的主导思想意识，其根本的原因当然是因为它的科学性和真理性，是因为它比任何其他的哲学和文化都更能解决中国社会所面临的历史难题。同样，它对于中国文化的存在和发展也具有积极而科学的推动作用，主要体现为以辩证的方法批判地继承其优秀成分，既丰富了自身，一定程度上也拯救了中国文化。

为此，研究马克思主义中国化，一方面可以对中国文化本身的优劣进行选择，另一方面可将西方文化中的有益成分融合进中国文化的精华中，从而使中国文化走向世界的过程成为对人类作出的真正贡献。

最后，“中国化”也是建构当代中国哲学的需要。

每一个社会都应有自己的哲学，“因为任何真正的哲学都是自己时代精神的精华，所以必然会出现这样的时代：那时哲学不仅从内部即其内容来

说，而且从外部即其表现来说，都要和自己时代的现实世界接触并相互作用。”① 这样的哲学应该是扎根于现实社会的土壤之中的。当代中国源于现代中国，源于近代和古代中国，因而两千多年的历史传统以各种各样的形式对今天的中国产生着或大或小的影响。近代以来，在中国社会占主导地位两千余年的儒家学说丧失了它原有的地位，社会原有的精神和价值的陨落源自于社会本身的无序和动荡，而社会的秩序又因社会原有精神和价值的衰落而更加失衡。伴随着封建专制社会的衰败而失去其地位的中国传统哲学和文化，既无力解决中国社会进一步发展的要求，又无力抵御西方近代学说的冲击，总之，它自身已丧失了进一步更新的内在动力。但是，社会的存在总是客观的，这种存在同时就要求相应的社会意识的产生。近代以来中国社会所发生的大变动，在重组新的社会秩序之时，也对新的社会意识的重构提出了迫切的需求，这样，中国新哲学的建构问题便提上了日程。

近代以来，尤其是五四运动以来，曾经出现过对中国新哲学建构的不同尝试，尽管都未能获得成功，但又都作为现实中国的文化土壤而沉淀下来了，都对现实中国的哲学重构产生着不同的影响。马克思主义及其哲学传入中国之后，尽管在指导中国革命的实践中曾经历过各种曲折，但一方面它不断地被调整，从而适应中国革命的具体实际；另一方面它又体现了中国社会发展的必然趋势，因而，只有它最终指导中国革命取得了胜利，成为现实中国的主导意识形态。但是马克思主义哲学的主导地位并不能被理解为是把马克思主义哲学的基本原理直接搬来，而必须作出适当的转化。事实上，马克思主义哲学之所以能在中国社会意识形态中占居主导地位，正是因其在实践中已经作了适当的转化。然而，当代中国的新哲学还并未能完全地建立起来，这主要在于一种社会的新哲学，不仅是指其在社会中占据意识形态的主导地位，不是被规定了的主导地位，而是其主导地位被社会全体成员（或至少是大多数成员）所认同和主动、自觉接受了的，而且是指其应渗透到社会生活的各个方面，并能对全社会进行整体的哲学解释。马克思主义哲学作为中国共产党的指导思想，是已被全体党员所认同的，但它要成为全体人民共同的精神信仰，则还需要做更多的转化工作。这种转化一方面是更贴近人民，即解决社会现实的诸多问题；另一方面是要消化传统，将其精神实质渗透到社会生活的各个方面，只有这样，才能说，中国社会的新哲学已被建

① 《马克思恩格斯全集》第1卷，第121页。

构起来了。马克思主义哲学所实现的上述转化，也就是中国化。作为人类思想发展的优秀结晶，马克思主义哲学应该在中国新哲学的建构中发挥主导的、核心的作用。

为此，研究马克思主义哲学的中国化，将有助于确立当代中国哲学建构的基本原则和方法，将有助于马克思主义哲学的进一步发展。

以上可见，在马克思主义哲学传入中国整整一个世纪的今天，在马克思主义中国化命题公开提出70年后的今天，再次提出“中国化”问题，不仅是迫切的现实需求，而且具有重要和深远的理论意义。在中国进行现代化建设的事业中，如何坚持马克思主义哲学的理论指导地位，如何在重建中国的新文化和新哲学中坚持马克思主义及其哲学的主导地位，如何在中国社会及中国哲学和文化走向世界的过程中不断融合人类精神的优秀结晶，都向我们提出了重视和推进马克思主义及其哲学中国化的任务。

三

那么，从今天的角度看，马克思主义哲学的中国化面临着什么样的任务，还存在什么问题呢？

从实践角度看，首先面临的是马克思主义哲学今天如何中国化的任务。我们说，“中国化”绝不是一次性的，绝不是可以在某一阶段画一句号的。“中国化”是一个长期的过程，只要中国的社会主义事业还在继续，马克思主义哲学的指导思想地位还继续存在，“中国化”的任务就不会终结。我们说，“中国化”即是马克思主义哲学的普遍真理和中国的具体实际相结合的理论概括。随着中国社会的发展，中国的具体实际也会发生相应的变化，于是也就决定了“相结合”的新发展。马克思主义哲学中国化是一个长期过程的根据，正是存在于这一“相结合”的发展过程中。而所谓马克思主义今天如何中国化的问题，正是如何以马克思主义基本立场、观点和方法为指导，解决在中国如何进行社会主义革命和建设的问题；正是如何认识、揭示社会主义的本质和发展规律，如何建构当代中国的新哲学和新文化的问题。

从理论角度看，尽管马克思主义中国化的命题早已提出，然而从理论上对这一命题进行剖析，仍然是一个薄弱环节。虽然我们总是强调马克思主义要中国化，总是认为只有“中国化”，马克思主义才能在中国获得发展，中国革命和建设事业才能取得胜利，但是至今对于何为中国化？中国化要化什

么？如何中国化？能否中国化？化的出路何在等问题都还需要认真、全面、深入地研究与探讨。至于那种把“中国化”命题视为不证自明的公理的看法，则必然无助于对这一命题的深入探讨。

具体来说，存在这么几个比较重要又明显的难题。

其一，马克思主义中国化的科学界定尚不明晰。什么叫中国化？或中国化指的是什么？都还未能给以专门的探讨。我们说要把马克思主义中国化，但马克思主义是一个十分宏大的体系，有着丰富的内容，因而把它的哪些东西中国化，尚未引起理论界的足够注意。我们说“相结合”是把马克思主义的普遍真理与中国具体实际相结合，这里的普遍真理只能是马克思主义的基本立场、观点和方法，那么“中国化”是否也是指把马克思主义的基本原理，即基本立场、观点和方法中国化呢？如果是肯定的话，又存在着我们对于这些基本立场、观点和方法的把握与认同的问题。因为马克思主义作为真理，同样具有真理的一般特性，即任何真理都是具体的，它的每一观点、思想都是对特定对象的反思，其基本的立场、观点和方法只能是存在于这些具体观点和思想之中，需要我们去认识、总结和概括。对此，在马克思主义发展史上就出现了众多的分歧，不同的人会因其不同的背景、角度和立场而有不同的解读。因而，理解和把握马克思主义的本质曾经是、仍然是、还将是理论界的一大难题。另外，马克思主义理论体系的一系列具体原理是否也存在着中国化的可能和必要呢？如果答案是否定的，又怎样解释真理的普遍性与具体性的统一及如何处理其在现实中的体现呢？再就是马克思主义的本质的东西，精华的部分，最重要的内容又是否都存在着中国化的必要呢？又是否都能够中国化呢？不回答这些问题，马克思主义中国化的命题就始终是一个在理论上不清楚的问题。

其二，现有的研究大多是从形式上强调马克思主义的中国化，以为“中国化”就是马克思主义哲学在中国表现形式的民族化、大众化、通俗化、时代化，就是具有中国作风和中国气派（专指中国老百姓所喜闻乐见的形式）。而事实上，马克思主义中国化应从建构一种不同于延续了两千余年的传统中国哲学和文化的全新的宇宙观角度出发。历史已经表明，对马克思主义的教条主义态度，只会导致革命和建设事业的失败，正确的态度则是使之与中国的具体实际相结合，这种结合当然不是马克思主义的理论内容和中国的民族形式的简单结合，而应该是一种具有自身独创性的思想理论。然而，通过“相结合”所产生的新思想理论不可能是只重形式而没有内容的转化，马克思主义的中国化必然包括内容和形式两个方面的统一。因而，在对“中国化”的现有研究中，较多的注重了马克思主义如何改变自身形式以便易于为中国人民所接受，相比之下，马克思主义如何在理论内容上中国化，即不仅使普遍真理（基本立场、观点和方法）与中国社会的发展、中华民族的需求相一致，而且对于普遍真理本身如何具体的中国化则研究得不够。

其三，研究中忽视了马克思主义中国化是一个双向的过程。现有的研究大多只注意马克思主义如何向中国传播的趋向，没有注意到，也没能坚持“中国化”的过程同时应是不断地吸取中西方思想发展中的优秀成果的过程。“中国化”的成果应是对中西哲学和文化精神融合的体现。马克思主义是西方思想文化发展的优秀成果的结晶，但西方思想文化在不断地发展，因而，马克思主义对西方思想文化的合理成分的吸取也应随之进行，不能截止到19世纪中叶。同样，马克思主义要中国化，是形式和内容相统一的中国化，这种形式和内容并不是空中楼阁，而是深受传统中国哲学和文化影响的，于是就存在着对中国传统文化与哲学的精华与糟粕、精华与精髓的鉴别问题。另外，研究的双向性还包括对中国革命和建设实践经验的理论概括与总结，这种概括与总结由于是在马克思主义基本立场、观点和方法指导下进行的，因而其本身即是中国化的一种具体体现。再就是在马克思主义中国化的具体实践中产生的毛泽东思想，又对马克思主义的发展产生着影响，又丰富和完善着马克思主义理论，它们是一种双向的互动。这些也是现有研究中的薄弱环节。

总之，从理论上研究马克思主义中国化的命题还存在很多方面的空白。以往的研究多是从马克思主义中国化的历史进程入手，没有对命题本身的理论剖析给予较多的关注，而这正是理论界的研究更应该注重的重点和方向。

为此，马克思主义中国化必须关注这么几个问题：

第一，马克思主义中国化的实质是什么？包括对“中国化”的科学界定，“中国化”的本质内涵，以及与此相关的和应注意的一些问题。

第二，马克思主义中国化的根据是什么？为什么要把马克思主义中国化？它的实践根据和理论根据何在？马克思主义能否中国化等。

第三，马克思主义中国化的逻辑结构是什么？即马克思主义的中国化要化什么和化成什么的问题，包括对马克思主义本质的传统和现代的不同解读，包括对中国化的不同解释的分析等。

第四，马克思主义中国化的途径和机制是什么？主要是探讨如何中国化的问题，具体指出从理论研究角度应该采取什么方法和步骤。

应该说，对马克思主义中国化作理论的剖析是一个非常必要的任务，也是一个异常艰巨的任务，它包含着众多的方面、角度和内容。上述所列几点，实际上本身也构成了一个比较合理的逻辑联系，这就是何为中国化？为何中国化？能否中国化？以及化什么？如何化等一系列问题。希望上文所论能为这些问题的深入研究奠定一个良好的基础。

责任编辑：程美东

马克思的方法论初探

黄瑞祺

摘　要：马克思的方法论深具特色，把握它是理解马克思的实质学说的必要途径。研究对象与所用的方法关系密切，马克思政治经济学的研究对象是“资本主义的生产关系或社会关系”。马克思的研究方法是从具体对象着手，渐及于抽象的概念；透过对象的表现形式（表象），以揭示对象的本质，从部分入手，以求掌握整体。其表述或铺陈的程序则是从（真实的）具体细绎得到抽象概念，再以抽象概念重建（思维的）具体；掌握本质之后，进行由本质而表象、由里及表，以及由部分而整体的重建，其进行的方式主要乃回溯推理法。实践观是马克思的方法论的一大特色。“实践”是概念与实在、理论与历史以及研究者与研究对象之间的中介，借此上述三种区分可以有互动和转化。

关键词：方法论　实践　具体　抽象　社会关系

作者简介：黄瑞祺，男，台北中研院欧美研究所研究员。

真理是整体的。——黑格尔

真理是具体的。——黑格尔

如果事物的表现形式和事物的本质会直接合而为一，一切科学就都成为多余的了。——马克思

引　言

在古典社会学三大家——马克思、韦伯、涂尔干之中，韦伯与涂尔干都

有方法论或探讨方法的专著。韦伯在他的方法论著作中提出的“价值中立”、“理解法”、“理念型”（ideal type）、“思维实验”、“意义适当性”与“因果适当性”等似乎已成为现代社会科学的基本知识了。韦伯在他的其他著作中实践他的方法论并且获得可观的成果。涂尔干在他的《社会学方法论》一书中，也提出作为社会学研究对象的“社会事实”（social fact）的概念，以及功能说明与因果说明的意义、分际和必要性。此外，涂尔干的《自杀论》和《宗教生活的基本形态》在方法上都有所创新，例如前书运用许多统计数字来消除一些错误的关联（如遗传与自杀）以及证明一些正确的关联（如婚姻状况与自杀），后书则立基于一项方法论的信念之上，即要理解一种制度（例如宗教）必须研究它的基本（即原始）形态（澳洲土著的图腾信仰）。

韦伯和涂尔干的方法论对社会学乃至整个社会科学都有重要的贡献，也构成欧美社会科学传统的一个重要部分。所以社会学理论或社会学史的许多经典专书都有专节讨论二者的方法论。相对而言，马克思并没有方法论的专著，他在这方面的见解散见于他的著作及手稿中。因此，除了所谓的“辩证法”一词之外，社会科学界对于马克思的方法或方法论似乎还没有什么理解或共识。这似乎意味着在这一方面，社会学界乃至社会科学界对马克思学说的理解和取用还是很少的，更谈不上拓深发展了。古语说“大海不捐细流，故能成其大”，更何况马克思的方法论还是深具特色，自成一家之言呢！

根据恩格斯的说法，“马克思的整个世界观不是教义，而是方法。它提供的不是现成的教条，而是进一步研究的出发点和供这种研究使用的方法。”[①] 卢卡奇（Georg Lukács）也认为马克思主义的核心是“方法”，尤其是“辩证法”。由此可见，马克思的学说是以方法见长，这就更值得一探他的方法的究竟了。

再者，对马克思的方法及方法论的理解和对他的实质学说的掌握关系密切。他的研究结论乃他的方法运用的一个结果，理解他的方法自然有助于对他的结论的掌握，有时甚至是必要的理解途径。例如，若不理解马克思的研究方法与表述方法的区分，以及“从抽象上升到具体”的方法，则对《资本论》的表述方式及结构（章节安排）的理解还是不够透彻。这从本文的

① 《马克思恩格斯全集》第39卷，人民出版社，1974，第406页。

论述自然就可以明白了。

本文主要是在现代社会科学的脉络中来诠释、比较及评价马克思的方法论，从一个比较宽广及长远的角度来理解及评价马克思的学说，把他和其他有关的重要思想家相提并论，必要时互相比较。再者，本文也试图兼顾马克思之后的思想家或学者对于他的方法的诠释及发展。毕竟马克思同其他的思想家一样，并不是孤立的，而是在历史社会里生活、思考以及写作，受其他人影响，也影响其他人。他的学说如果还是活的，必定不断地被后世的学者所研究、诠释乃至于评论。对他的学说的理解及诠释不能也不应全然不顾后世的研究、诠释、批评及发展。

一　黑格尔辩证法思想

影响马克思方法论最大的大概是黑格尔的辩证法了。而且马克思自己说过：在《资本论》中，比在《政治经济学批判》中，方法将更加隐讳得多。[①] 列宁在《哲学笔记》中说："不钻研和不理解黑格尔的全部逻辑学，就不能完全理解马克思的《资本论》，特别是它的第一章。因此半个世纪以来，没有一个马克思主义者是理解马克思的!!"[②] 普列汉诺夫也说过："现在关于黑格尔哲学的知识传播得不广，而没有这种知识，就很难领会马克思的方法。"[③]

马克思在《资本论》的第二版《跋》中同一页上，一方面说："我的辩证方法，从根本上来说，不仅和黑格尔的辩证方法不同，而且和他截然相反。"另一方面又说："我要公开承认我是这位大思想家的学生，而且在关于价值理论的一章中，有些地方我甚至卖弄起黑格尔特有的表达方式。"[④] 马克思对黑格尔一方面肯定他的辩证法，另一方面否定他的唯心主义。他总结说："辩证法在黑格尔手中神秘化了，但这决不妨碍他第一个全面地有意识地叙述了辩证法的一般运动形式。在他那里，辩证法是倒立着的。必须把他倒过来，以便发现神秘外壳中的合理内核。"[⑤] 所以他对待黑格尔也是很辩证的！马克思对辩证法有一个简洁的解释："辩证法在对现存事物的肯定

---

① 《马克思恩格斯全集》第 30 卷，人民出版社，1974，第 210 页。

② 《列宁全集》第 55 卷，人民出版社，1990，第 151 页。

③ 转引自见田石介《〈资本论〉的方法》，沈佩林译，山东人民出版社，1992，第 3 页。

④ 《马克思恩格斯全集》第 23 卷，人民出版社，1972，第 24 页。

⑤ 《马克思恩格斯全集》第 23 卷，人民出版社，1972，第 24 页。

的理解中同时包含对现存事物的否定的理解，即对现存事物的必然灭亡的理解；辩证法对每一种既成的形式都是从不断的运动中，因而也是从它的暂时性方面去理解；辩证法不崇拜任何东西，按其本质来说，它是批判的和革命的。”[①] 他在给恩格斯的一封信中提到黑格尔的《逻辑学》在材料加工的方法上帮了他很大的忙，他未来如果有时间，愿意把黑格尔所发现但同时又加以神秘化的方法中所存在的合理的东西阐述一番，使一般人都能够理解。马克思这个愿望后来没有实现。

黑格尔的辩证思想集西方以往辩证思想之大成，是第一位有意识地阐述辩证法之一般形式的思想家。他又系统地阐述辩证法的一些重要范畴，诸如，质量互变规律、对立统一规律、否定之否定规律，以及本质与现象、原因与结果、同一与差别、可能与现实、必然与偶然、必然与自由等诸多辩证法范畴，建立了庞大的唯心辩证法的体系。他第一次把世界描述为一个过程，认为“一切事物本身都自在地是矛盾的”，无论是自然的、历史的和精神的世界都是充满矛盾的过程，并且正是矛盾引起了运动、变化和发展。他说：“天地间绝没有任何事物，我们不能或不必在它里面指出矛盾”，我们“可以在一切种类的对象中，在一切的表象、概念和理念中发现矛盾。认识矛盾并且认识对象的这种矛盾特性就是哲学思考的本质”。[②] 他还说，矛盾是一切运动和生命力的根源；事物只因为自身具有矛盾，它才会运动，才具有生命力。黑格尔所说的自然界或历史，都是绝对观念的外化或异化，他所说的运动不过是绝对观念的自我运动。但是，他把事物描述为不断运动的过程，并且在揭示种种内在矛盾时，把矛盾同运动发展联系起来，深刻地说明了运动发展的动力或源泉在于过程内部的矛盾性，这是对辩证法学说的重要贡献。列宁认为这是“黑格尔主义的本质”。

黑格尔在唯心主义的形式下反复说明了对立统一的思想，他认为一切现象都是对立物的统一，“无论什么可以说得上存在的东西，必定是具体的东西，因而包含有差别和对立于自己本身内的东西”。[③] 他反对“抽象的同一性”，认为“抽象的同一性”是“形式的”，因而是不真实的。“具体的同一性”则必定包含矛盾于自身，只有“具体的同一性”才是辩证法所说的

① 《马克思恩格斯全集》第23卷，人民出版社，1972，第24页。

② 黑格尔：《小逻辑》，贺麟译，商务印书馆，1980，第132、200页。

③ 黑格尔：《小逻辑》，贺麟译，商务印书馆，1980，第258页。

同一性。黑格尔认为，对立的任一方只有在它与对方的联系中才能获得自身的本质规定。既然两个对立面任一方都在自身那里包含着对方，没有这一方也就不可能设想另一方，那么，其结果就是：这些规定，单独看来都没有真理，唯有它们的统一才有真理。这是对它们的真正的、辩证的看法，也是它们的真正结果。[①] 黑格尔还反复阐述了对立面互相转化的思想，他认为一切现象都因其内部矛盾而处于不断发展的过程中，对立面在一定条件下向相反的方向转化，标志着渐进过程的中断，意味着新的质态的产生。黑格尔的整个哲学体系就是绝对观念不断转化的过程。在黑格尔那里，“绝对观念”的发展从逻辑开始，经过自然历史阶段最后发展到精神阶段而回到自身。在这个发展过程中，概念之间不断地发生转化，一切逻辑范畴如质、量、度、同一、差别、矛盾、肯定、否定、否定之否定、必然和偶然、原因和结果等等，都是互相转化的。黑格尔的唯心主义体系决定了他的辩证法不可能是彻底的，当他的“绝对观念”经过了种种发展阶段和矛盾运动之后，终于完成了自我认识时，过程也就终结了，不再发展了。过度茂密的唯心主义体系窒息了他的辩证法。

二　方法及方法论释义

由于“方法”一词在不同的学者眼中或不同的思想传统里有种种不同的用法，因而演变成一个相当含糊的概念，指涉的范围从研究工具（如量表、问卷）的设计或使用，到研究成果的表述方式，到理论建构的程序，甚至到非常抽象的认识论的反思。本文不拟涉入这个基本问题的争议中。针对本文的需要，在此暂时约定“方法”一词，主要指涉对研究对象的探究途径（approach），以及研究成果的表述方式。而“方法论”则主要是指研究对象的界定以及研究方法的阐明或评估。所以，方法或方法论应该是具有针对性的，要把研究对象（其范围及性质）一并考虑进去。否则，若只管方法本身的研讨，甚至追求一种普遍有效的“科学方法”，可能会流于无的放矢或向壁虚构。

在此，方法及方法论也可以包括从事科学研究时所应遵循或注意的一般原则。所以，即使如费耶阿本（Paul Feyerabend）“反对方法”的论调，其

① 黑格尔：《逻辑学》上卷，杨一之译，商务印书馆，2003，第208页。

实也是一种方法论。他提倡一种理论上或方法论上的无政府主义，意即科学研究没有固定有效的方法或原则，完全看情况而定。这其实很像列宁所说的“具体情况的具体分析”，无怪乎他十分推崇列宁的政治策略，认为可以运用到科学研究上了。① 所以，他也提出了一条他认为唯一不会阻碍进步的方法论原则：“科学无定规”②。谈方法并不必然意味有一套固定的程序，照此程序即可以得到确定的结果。这样的方法及方法论的概念一方面比较具包容性，另一方面可以避免僵硬的、错误的“方法万能论”。

再者，在马克思主义的传统中，方法及方法论固然是用来认识世界的，不过也和改变世界有关。当然这必须通过实践，意指社会群体发挥其主体能动性，有目标、有方法地去改造或创造世界，以满足他们的需求。由于本文是在社会科学的脉络之中撰写的，所以主要是针对马克思的认识方法，不过必要时也把实践的问题纳入讨论。在马克思主义的传统中，认识世界和改变世界在很多时候是不能分开来谈的。世界之变易性或可塑性就是它的一种重要性质，对于世界的认识自然也包括这种性质，这一种认识和通过实践改变世界有密切关联。这和韦伯学派主张“价值中立”，绝口不谈“改变世界”的立场有很大的距离。

在今日世界，期待一个社会科学的工作者有意识地去改变世界或社会是不切实际的，因为按照它的制度环境来说，这不是现代社会科学工作者这个角色的一部分。一个人是否会集社会科学工作者、社会改革者或革命者于一身纯属偶然，可遇不可求。这种说法并非完全否定马克思的认识论，也非完全肯定价值中立或超然（不介入）的立场。社会科学的研究成果，和自然科学一样，常常会影响现实或“改变世界”。核物理学家的研究成果固然大大改变了现代世界，凯恩斯的经济学何尝没有影响第二次世界大战后的世界。马克思的认识论提醒我们社会科学与其研究对象之间的辩证关系。这种关系在现代复杂的社会，经常是通过政策的制定及实施而发生的，亦即必须透过社会改革者，政治领袖、立法者、行政人员等的配合，而不是研究者及其学说可以直接促成的。现代社会科学是否应该采取马克思在《关于费尔巴哈的提纲》中所说的“重要的是改变世界”的实践立场，还是一个开放性的问题。不过可以肯定的是在现代社会，从思想学说到“改变世界”的

---

① Feyerabend, Paul, *Against Method* (London: Verso, 1988), pp. 9 - 10.

② Feyerabend, Paul, *Against Method* (London: Verso, 1988), p. 14.

过程是越来越复杂、越间接（亦即越多中间环节）了。想要根据一种学说思想直接对社会现状作一种翻天覆地（彻底）的变革，换言之，想要透过思想家和革命家的结合来改变社会，是越来越不可能了。在当代的变迁中，现实利益妥协和政治协调的倾向越来越明显了，而意识形态的面貌则越来越模糊，革命的呼声越来越遥远了，马克思的革命学说和当代世界似乎越来越不相应了（没有了革命，马克思的学说还剩下什么呢?）。这是否意味着意识形态时代的终结？亦即没有一个人或一方可以根据其思想、意志和行动来塑造历史，任何的政策都必须照顾到大众或各方的意愿和利益，以协调（而非革命）的方式来制定政策，因而冲淡了意识形态的色彩。这是否为西方民主政治和民主化的必然结果呢？

三 马克思的研究对象

研究对象或题材的界定在谈论任何的学问及方法时都是一件很根本的事情。譬如韦伯在论述社会学时，首先就界定社会学的研究题材或对象为“社会行动”。按照他的说法，凡是行动者赋予主观意义的动作都称之为“行动”，而若此主观意义考虑到他人的行为时，则称之为“社会行动”。针对此种题材，主要的方法就是韦伯常说的理解（understand/*verstehen*）或诠释（interpretation/*deutung*），即根据行动的动机——信仰、理由、欲望、意图、目的、价值及原则——来理解或说明该行动。[①] 所以韦伯在《经济与社会》中开宗明义就写道：“社会学是一门对于社会行动作诠释性的理解，以及对其过程及结果作一种因果说明的科学。”[②] 涂尔干在他的《社会学方法论》开宗明义也试图界定他的方法所适用的研究对象——社会事实。社会事实乃人们行为、思维以及感觉的方式，这些方式一方面外在于而且独立于个人的意识，另一方面对于个人具有强制约束力。法律、风俗、道德、宗教、语言、货币等都是常见的社会事实的例子。这类现象不同于生物现象，也不同于心理现象，而是独树一帜，作为社会学的研究对象。

由此可见，研究题材在一门学问里是很基本的东西，和它所用的方法有

① Oakes, Guy, “Introductory Essay” in Max Weber, *Roscher and Knies* (The Free Press, 1975), p. 36.

② Max Weber, *Economy and Society* (University of California Press, 1978), p. 4.

着密切的关系。方法主要是根据研究题材来设计的，其效度也因此而有所限制。所以在探讨马克思的方法及方法论时，应该先理解一下他的研究题材或对象。马克思的主要著作《资本论》及其有关的手稿，系针对资本主义的生产方式，研究这一种生产方式的诞生、运作、危机及灭亡的规律。所以，马克思在《资本论》第一卷第一版序言中写道："我要在本文研究的，是资本主义生产方式以及和它相适应的生产关系和交换关系。"① "本文的最终目的就是揭示现代社会的经济运动规律。"② 至于马克思用"生产方式"一词，在不同的场合有不同的意思：通常是指生产力与生产关系辩证统一的系统，这和"社会经济形态"或"社会经济结构"的意思大致相同。"《政治经济学批判》序言"里提到"大体说来，亚细亚的、古代的、封建的和现代资产阶级的生产方式可以看做是社会经济形态演进的几个时代。"③ "生产方式"有时指劳动者与生产工具的结合方式，及其所体现的生产力。④ 结合方式随着人的发明和历史实践而有许多种，例如，一座造纸工厂作为一种生产工具，可以是国有的、私有的、合股的，或其他种形式；又如，木材等原料可以是国家统购统销，或私有私营；再如，山地或森林对造纸厂而言，是一种劳动（或生产）条件，正如同江河、海洋对捕鱼业而言，是一种劳动条件一样。而这类劳动（生产）条件同样可以是公有的（"公海"）、国有的或私有的。总言之，劳动者与生产工具的结合方式可能造成不同之质与量的生产力。

"生产方式"有时就直接指生产关系。在分析商品的拜物教性质及其秘密时，马克思写道："这种种形式恰好形成资产阶级经济学的各种范畴。对于这个历史上一定的社会生产方式即商品生产的生产关系来说，这些范畴是有社会效力的，因而是客观的思维形式。"⑤ 这可能是在一种生产方式中，生产关系或社会关系占关键地位。生产力本身并不是政治经济学的研究对象，而是自然科学或工程技术的研究对象。恩格斯也有类似的意见，"经济学所研究的不是物，而是人和人之间的关系，归根到底是阶级和阶级之间的关系；可是这些关系总是同物结合着，并且作为物

---

① 《马克思恩格斯全集》第 23 卷，人民出版社，1972，第 8 页。

② 《马克思恩格斯全集》第 23 卷，人民出版社，1972，第 11 页。

③ 《马克思恩格斯全集》第 13 卷，人民出版社，1962，第 9 页。

④ 周治平：《〈资本论〉的研究对象是资本主义生产方式》，陈征、严正编《〈资本论〉的对象、方法和结构》，福建人民出版社，1982，第 48 页。宋涛主编《〈资本论〉辞典》，山东人民出版社，1988，第 529、551 页。

⑤ 《马克思恩格斯全集》第 23 卷，人民出版社，1972，第 93 页。

出现。”[①] 对生产关系的重视以及认为生产力必须摆在特定的生产关系之中来理解，在马克思学说里相当明显。马克思在《雇佣劳动与资本》一文中写道：

> 黑人就是黑人。只有在一定的关系下，他才成为奴隶。纺纱机是纺棉花的机器。只有在一定的关系下，它才成为资本。脱离了这种关系，它也就不是资本了，就像黄金本身并不是货币，砂糖并不是砂糖的价格一样。[②]

一个物只有在一定的关系底下，才能成为一种“生产力”，否则就只是单纯的一个物，和生产没有关系。生产力必须根据生产关系来界定，所以，在马克思的理论结构里，生产关系是一个比较基本或原始的概念，由生产关系来界定生产力。这种说法并不否定社会生产关系是随着生产力的发展而改变的。这是两个不同层次的问题。因此，马克思的政治经济学的研究对象可以说是“资本主义的生产方式”，也可以说是“资本主义的生产关系或社会关系”。后者一方面是根据上文所引的文本证据，另一方面则是根据概念分析的结果。究其实，马克思强调生产关系或社会关系可以溯至他在1845年所写的《关于费尔巴哈的提纲》：

> 费尔巴哈把宗教的本质归结于人的本质。但是，人的本质并不是单个人所固有的抽象物，实际上，它是一切社会关系的总和。[③]

所以，社会关系（不只是资本主义的生产关系）的范畴，在马克思思想中具有普遍的重要性。在人的各种存在中，马克思最重视的是“社会存在”，[④] 而

---

① 《马克思恩格斯选集》第2卷，人民出版社，1995，第44页。

② 《马克思恩格斯选集》第1卷，人民出版社，1995，第344页。

③ 《马克思恩格斯全集》第3卷，人民出版社，1960，第5页。

④ 如果就人存在的四个主要面向——人与自我、人与人、人与自然、人与天——而言，马克思最重视的是人与人的关系，把人的社会存在或社会性看做人的本质。人与自然的关系在《1844年经济学哲学手稿》等著作中也有相当深刻的分析，这就是现在所谓的“生态学”。然而人与自我、人与天两个面向却被忽略了。由于受费尔巴哈的影响，马克思在1843年发表的“《黑格尔法哲学批判》导言”对宗教有激烈的批判，“宗教是被压迫生灵的叹息，是无情世界的心境……宗教是人民的鸦片”（《马克思恩格斯选集》第1卷，第2页）。他将人类的宗教需求当做一种异化的表现，抹杀了人与天的关系。而他的历史唯物论也由于欠缺一种相应的心理学或社会心理学（亦即对人格或自我，以及社会结构影响人格或自我的机制及过程的分析）而显得抽象而空洞。法国马克思主义者阿尔杜塞（L. Althusser）或许就因为这个缘故才援引法国弗洛伊德主义者拉冈（Lacan）的学说来阐释他的意识形态的理论。

社会存在主要是由社会关系所构成的，确切而言，是由内在关系（internal relation）所构成的。

所谓的“内在关系”乃互相依存、互相规定或参照、互相预设、以及互相蕴涵的必然关系。最简单的一个例子莫如主人和奴隶之间的关系，在此主人和奴隶二者构成了一个整体，没有主人就没有奴隶，反之亦然。主人的定义必须参照主人与奴隶之间的关系，反之亦然。主人之所以为主人乃相对于奴隶而言的，主人的概念预设或蕴涵奴隶的概念，反之亦然。马克思所说的“阶级关系”就是一种典型的内在关系。例如，地主和佃农，或资本家和劳工之间虽然有互相对立的利益，但其实相反相生，二者在概念上互相蕴涵，互相规定。地主之所以为地主乃相对于佃农而言的，反之亦然。地主的概念蕴涵佃农的概念，因为地主的概念之所以能成立，必须要有佃农的概念，反之亦然。在资本主义社会中，资本家和劳工之间的关系也是如此。①

假若如上文所引，古代社会、封建社会和资本主义社会都是各自的生产关系的总和，而此总和构成为社会关系，构成为历史上特定的诸社会。② 又如上文所引，人的本质乃“一切社会关系的总和”，则（按马克思之意稍加推演）在不同的社会（如古代、封建、资本主义等）由于有不同的生产关系和社会关系，人的本质也会随之而不同。这样的结论是否和“人的本质”

---

① 内在关系可分为“对称性的内在关系”与“非对称性的内在关系”。前者指像正文所述的互相依存、互相蕴涵的关系。后者则指单向的依存或蕴涵的关系，例如货币和银行的关系，银行的存在预设了货币的存在，反之却不然。再者，和“内在关系”相对的是“外在关系”。外在关系如统计学上的关联，及偶然的集合或联系，例如电影院的观众或如并排停放的汽车。内外在关系二者的差别在阶级概念上表现得很明显。马克思的阶级概念蕴涵一种内在关系，例如佃农位于封建社会生产过程中一定的位置，他们和地主也因而有一定的关系。相对而言，社会学中有些阶级概念是以某些客观的社会属性（例如收入、教育、职业或社会地位）来划分阶级的。一个阶级就是一群共享同样社会属性的人。然则，阶级与阶级之间的关系就是一种外在的、偶然的关系了，没有内在互相依存、互相蕴涵的必然关系。当然，上述两种阶级概念不一定互斥。关于内在关系可参阅 B. Ollman, *Alienation*, (Cambridge: Cambridge University Press, 1976) pp. 26 - 40; A. Sayer, *Method in Social Science*, (London: Hutchinson, 1984) pp. 82 - 84；伊斯雷尔（J. Israel）:《辩证法的语言和语言的辩证法》，王路等译，商务印书馆，1990，第 83 ~ 89 页。

② 这里讲的生产关系和社会关系也包括“关系的关系”，例如在资本主义社会中劳资关系与地主/佃农关系之间的关系。这一层的分析可以将关系的分析推展到一个比较复杂精致的程度。英国学者帕斯卡尔（R. Bhaskar）指出马克思的研究题材乃社会关系，同时也认为社会学的研究题材不是行为本身，而应该是持续的社会关系，个人及团体之间的关系以及这些关系之间的关系，见帕斯卡尔所著 *The Possibility of Naturalism*, 1979, pp. 36 - 39。

(human essence) 的概念相矛盾呢？“人的本质”似乎蕴涵人的普遍性或共同性。这样的主张不但在概念上有疑问，而且在理论上有偏颇，在实践上也有流弊。因为如此一来人性就被化约为“人的社会性”了，亦即被窄化了。人性或人生有许多需求或面向，知识、宗教、美学等等，这些面向可否化约为社会性还是大有疑问的事。再者，这种化约或窄化可能导致高估或夸张人性的可变易性，因为改变一社会的生产关系及社会关系也就改变了“人的本质”。这可能就是马克思认为革命不但可以改变社会，也可以改变人本身的一个理由了。这是对马克思文本的一个比较强的解释版本（strong version)。当然，马克思的意思也可能是比较一般地说：革命改变社会环境，从而使人有所改变，这几乎是常识。这是比较弱的一种解释版本（weak version)。不过笔者认为从以上的论述脉络看来，马克思的断言其实相当强，对于革命的功效有很高的估计，这种高估一方面造成革命的狂热，忽略了其他的解决途径；另一方面“革命”的结果不如预期，也让人质疑革命的功效乃至革命的理论。

四　马克思的方法及方法论

马克思的方法，用最概括、最抽象的词语来说，就是辩证法。他虽然批评过黑格尔辩证法的神秘面，却自认为是黑格尔的学生。[①] 他和黑格尔之间的关系就像这样，同中有异，异中有同。过度强调他们之间的同或异都是不恰当的，必须同时把握二者。马克思虽然没有留下阐述辩证法的专著，但他的《资本论》可看做实际运用辩证法的一个成果。当然，他的方法及方法论还有一些比较具体的规定和分辨，例如从抽象上升到具体的方法以及研究方法与论述方法的区分，在下文都会一一加以说明和评论。而这些比较具体的规定和分辨都是可以关联或统合到马克思的辩证法，这从下文的论述即可明了。

（一）辩证法

在本文中“辩证法”一词意指辩证方法（dialectical method)，以别于辩证逻辑（dialectic)。[②] 前者是一种思想或探究的方法，属于方法论或认识

---

① 《马克思恩格斯全集》第23卷，人民出版社，1972，第24页。

② 马克思在《资本论》的行文中也有这样的区别，只不过没有明确加以讨论而已。

论范畴的东西；后者则是研究对象的一种运动规律，属于本体论范畴的东西。前者也可以称为“主观辩证法”，后者称为“客观辩证法”，如果这种方法确实有效的话，上述二者之间必定有某种对应关系。不过，在语意上或概念上二者有必要加以分辨，以保障论述上的清晰及一致。

辩证法是马克思方法及方法论的一个总纲领，或者说是大框架，可以统摄其他的东西。因此本文虽然只有在本节专论辩证法，其实其他章节所论都直接、间接与辩证法有关。再者，诚如前文所言，一提到马克思的方法，一般论者首先想到的就是辩证法，所以这方面的论述颇丰。基于“略人之所详，详人之所略”，本文直接在辩证法上着墨较少，而是在此总纲领或大框架之下论述其他比较细部的东西。这也是由于马克思没有专论辩证法的著作，主要是散见于各种著作中的评论和实际运用。

在马克思学说中运用辩证法的例子相当多，在此无法一一列举，以下试举生产力与生产关系，以及经济基础与上层建筑为例。基本上生产力的发展阶段决定生产关系的形式，而生产关系则可以促进生产力的进一步发展；再者，基本上经济基础决定与其相适应的上层建筑的性质，而上层建筑则可以稳定及合法化经济基础。其间并非片面的、机械的决定关系，而是有互动或交互作用，而在此互动中，又有基本的作用和次要的反作用之分。又如历史演化阶段——古代社会、封建社会、资本主义社会——也是有辩证发展的关系，下一阶段一方面继承上一阶段的成果（主要是生产力），另一方面否定或扬弃上一阶段的生产关系，其间同时有肯定和否定、继承和扬弃，这也是所谓的“有限的否定”为辩证法的重要原则。再如马克思在《资本论》第三卷分析利润率趋向下降的规律时，也分析起反作用的各种原因，“来阻挠和抵消这个一般规律的作用，使它只有趋势的性质”①，而未能下降得更大、更快。这也是要避免一种片面的观点，试图比较全面地掌握对象。

按恩格斯的说法，辩证法是自然、社会、历史和思维的规律，意即它是贯通方法、方法论、认识论、本体论的一个东西。按恩格斯的说法，它们实质上可归纳为下面三个规律②：量转化为质和质转化为量的规律；对立的相互渗透的规律；否定的否定的规律。从这里看得很清楚马克思和恩格斯的实

① 《马克思恩格斯全集》第 25 卷，人民出版社，1972，第 258 页。

② 《马克思恩格斯选集》第 4 卷，人民出版社，1995，第 310 页。

在主义（realism）倾向。

马克思曾区别过他的辩证法与黑格尔的辩证法："在黑格尔看来，思维过程，即他称为观念而甚至把它变成独立主体的思维过程，是现实事物的创造主，而现实事物只是思维过程的外部表现。"[①] 然而在马克思看来，"观念的东西不外是移入人的头脑，并在人的头脑中改造过的物质的东西而已。"[②] 这个区别或许可用"唯物辩证法"和"唯心辩证法"来表示。所以，确切而言，二者所争的只是物质和观念何者为第一性，而不是肯定其一，否定其余，否则就和辩证法的本质不一致了。因为辩证法（不管是什么辩证法）本身蕴涵了物质和观念（或精神）之间有某种关系或有某种形式的交互作用。由此看来，"唯物辩证法"和"唯心辩证法"等用语的确有误导之嫌。不过，这些名词都是后世为了方便区别黑格尔与马克思的学说而沿用的。

（二）整体观

马克思非常重视整体性，正如在他之前的黑格尔所说的，以及在他之后的阿多诺所呼应的，"真理是整体的"。不管是他的研究对象，或者是他的著作，他都视之为一个整体。在谈到《资本论》一书时，他说过"不论我的著作有什么缺点，它们却有一个长处，即它们是一个艺术的整体；但是要达到这一点，只有用我的方法，在它们没有完整地摆在我面前时，不拿去付印"[③]。《资本论》一书旨在重建资本主义生产的总过程，他试图在思维上再现这个整体。而资本主义社会里的国家、法律、文学、哲学，以及宗教等部分，都必须关联到这个整体，或者说摆在这个整体的脉络中来理解。从研究过程来看，固然必须从各个部分着手来重建整体；不过若从说明（explanation）的逻辑来看，在马克思的学说中，相对于部分而言，整体还是具有优越性的。整体与部分的上述二重关系在后文论"回溯推理法"一节还会进一步加以论述。

在人文社会现象里，我们谈的整体经常是"隐形的整体"（hidden totality），我们无法直接观察到整体，整体表现在各个部分中，同时也是通过各个部分而察知整体的。语言是一个很好的例子，我们说的语句背后其实

---

① 《马克思恩格斯全集》第23卷，人民出版社，1972，第24页。

② 《马克思恩格斯全集》第23卷，人民出版社，1972，第24页。

③ Marx，Karl，*Capital*，Volume 1，Penguin Books，1976，p. 196.

有一个整体（例如中文或英文的文法结构）存在，个别语句必须摆在这个整体中才能解读其意义。部分和整体二者不可须臾分离，甚至是互为表里的。[①] 虽然马克思的学说通常被称为“唯物论”，他的研究对象——资本主义生产方式——乃理论概念所界定及指涉的整体，无法直接观察掌握，必须通过各个部分，以及各种作用或效果来察觉及掌握该整体。

辩证法预设了一个整体或统一体。将两个“关联物”（所谓“二元”：身/心、主体/客体、观念/物质等等）重新摆在一个比较大的整体中，从而超越了一元论和二元论的对立。这个整体具有如下几个特性：（1）复杂性——这不是一个同质和谐的整体，而是一个同（identity）中有异（difference）、异中有同的整体。一方面保有它的同一性或统一性，另一方面也包含许多差别性。整体的统一和部分的分化乃相反相成的过程，从而发展出一个复杂的整体。（2）矛盾性——上述的差别性在某些条件底下可能发展成矛盾或冲突，所以这也是一个包含自相矛盾及冲突的整体。（3）延展性——由于自相矛盾及冲突，这个整体并不是一个静态的整体，而是一个变动不居、不断发展的整体。矛盾及冲突乃变迁发展的主要来源。

按照阿尔杜塞的说法，关于整体有两种不同的概念，一种是“表现性的整体”（expressive totality），这是由于在种种表象的背后有一本质关系或结构存在，通过某种机制及过程，决定表象的形式。黑格尔、卢卡奇的整体属于这一种，这种整体也可以说是具有一个中心的结构。而依阿尔杜塞之意，马克思的整体却是一种多层次的、去中心化的结构（亦即没有一个中心的结构），由经济实践、政治实践以及意识形态实践所构成。这些构成元素在某一时候有一个是“主导结构”，其余的则是“从属结构”。政治、宗教等都可以成为（或曾经是）主导结构，不过经济还是最终决定在某一时刻何者为主导结构的因素。这是阿尔杜塞对“上层建筑是相对自主的，但经济则是最终的决定因素”这一命题的诠释。[②] 阿尔杜塞把后一种整体（“马克思式的整体”）与其元素或部分之间的关系称之为“结构因果”（structural causality），相对于一般的“线性因果”（linear causality）。前者指称“一个结构的效力决定了该结构的诸元素、那些元素之间的结构关系，

---

① 这个概念是1987年笔者在剑桥大学吉登斯教授的“现代社会理论的发展”课堂上获悉的，笔者似乎尚未在他的著作里看到有进一步的论述。吉登斯对语言学家索绪尔（F. Saussure）极为重视，经常举语言为例。

② Althusser, Louis, *For Marx* (London: Verso, 1979), pp. 254 - 255.

以及那些关系的所有效果”[①]。后者则是指诸元素之间的关系。

社会结构或关系究竟有没有因果效力（亦即改变事态的力量）？还是只有行动者及行动才具有因果效力？这是个备受争议的问题。从社会学的观点及传统来看，行动者及行动固然具有因果效力，所以马克思说人创造历史，不过我们也不能否认社会结构或关系具有因果效力。例如齐美尔（G. Simmel）关于团体人数对成员行为的影响、涂尔干关于自杀和社会整合的研究、布劳（Peter Blau）关于结构影响（structural effect）的研究等等，都证明了社会结构具有因果效力。何况马克思所重视的整体其实预设了一种结构因果的概念，如此才能凸显整体（相对于部分或元素）的优越性和影响力。

阿尔杜塞对“上层建筑的相对自主性和经济的终极决定”此一理论两难式的解决相当巧妙，“结构因果”的提出也颇具巧思。不过阿尔杜塞不能否认马克思在《资本论》及有关的著作中使用了表象/本质的概念区分进行分析。马克思的方法及方法论预设了本体论上的表象/本质的区分。当然，这种不合潮流或时宜的诠释需要详加论证，而且这对概念区分若要在科学论述中使用，必须厘清它们的意义、分际及关系。所以下文会有专节（十）讨论表象/本质的区分。

马克思的整体观到当代有了进一步的发展。华勒斯坦（Immanuel Wallerstein）认为资本主义只能用来称呼一个整体性的世界体系，所谓“资本主义的世界体系”。他认为马克思对资本主义的论断只有摆在这个世界体系中来理解才恰当，例如“普罗化”必须是在世界范围内才能证明，在任一国家或地区都未必有这种趋势。[②] 马克思的整体观在这里达到了高峰。

（三）整体与部分（或个体）

由上所述可知，马克思要达到的是资本主义生产方式作为一个整体的重建，以此整体来理解资本主义社会里的阶级、法律、国家、意识形态等等。所以在此一个概括性的整体可说是历史演化中的社会经济形态，其中马克思最关注的当然是资本主义社会。

在马克思思想里，相对于部分或个体，整体是拥有优越性的，不管是在

① Benton, Ted, *The Rise and Fall of Structural Marxism* (London: Macmillan, 1984), p. 64.

② 柯志明：《伊曼纽·华勒斯坦访问录》，《当代》1986年第4期。

本体论上、认识论上或方法论上。资本主义社会里的法律、国家、意识形态等的性格决定于此社会的生产方式和阶级关系。个人基本上也由此社会所决定，整体形塑部分及个人。

而另一方面，马克思也关注个体性的发展，共产主义的目标即个人充分而自由的发展或者全面发展。[①] 他也提过要避免把社会当做和个人相对立的抽象物，历史所包含的也只不过是人们追求他们的目标的活动罢了。因此有些评论者以个体主义或方法论上的个体主义来诠释马克思。不过笔者在此认为，不能把马克思的整体观或他对个体性的关注加以绝对化，必须从二者之间的辩证关系上来把握，才能超越两个极端。若把他的整体观加以绝对化，他就成为一位整体主义者；若把他对个体性的关注加以绝对化，他就成为一位个体主义者。但马克思既不是整体主义者，也不是个体主义者，整体和个体在他的思想里都有位置，也互相有关系。

（四）过程论或发展论

辩证法把研究对象看做一个发展的过程。恩格斯在《自然辩证法》中对这一方面有简洁的表述，他提到“自然界不是存在着，而是生成着和消逝着”[②]，“一切僵硬的东西溶解了，一切固定的东西消散了，一切被当做永恒存在的特殊的东西变成了转瞬即逝的东西，整个自然界被证明是在永恒的流动和循环中运动着”[③]。按马克思的说法，过程论和发展论是辩证法的批判性和革命性之所寄，也是辩证法的合理形式与其神秘形式之间的分际。相对而言，神秘形式的辩证法却替现存事物搽脂抹粉，使现存事物显得光彩美丽。再者，把任一社会经济形态看做永恒不变的美好世界，乃是“形而上学”或者意识形态的特性。辩证法的过程论或者发展论因而具有反神秘化或意识形态批判的作用。

恩格斯曾称赞黑格尔具有“伟大的历史感”。马克思的社会经济研究乃是立基于这种历史感之上的，所以马克思赞同一位评论者对他的描述，说他否认历史有普遍的规律存在，每个历史时期都有它自己的规律。[④]《资本论》就是要探究资本主义社会的运行规律（如“利润率递减律”），不同于封建

---

① Elster, Jon., *Making Sense of Marx* (Cambridge: Cambridge University Press, 1985), p. 8.

② 《马克思恩格斯选集》第 4 卷，人民出版社，1995，第 267 页。

③ 《马克思恩格斯选集》第 4 卷，人民出版社，1995，第 270 页。

④ 《马克思恩格斯全集》第 23 卷，人民出版社，1972，第 23 页。

社会或古代社会的规律。如此历史才有新意可言，以对应于人类的创造性，否则人类历史只是不断重复而已。

（五）矛盾论

形式逻辑里的矛盾意指一命题（P）与其否定（-P）之间的关系（P&-P）。一命题（P）与其否定（-P）二者之中，只能有一个为真，二者的矛盾（P&-P）必定为假。马克思所说的矛盾主要是指在真实世界中，事物之间相克相伤、互为消长的关系。例如马克思学说中的生产力和生产关系之间，在历史上的某一时期，二者互相适应，生产关系有助于生产力的发展；在另一时期，由于生产力的继续发展，原来的生产关系无法配合，遂变成生产力发展的障碍，这时候可以说二者互相矛盾。由此可见，在马克思思想里，矛盾关系是有条件性、时间性的或者是动态发展的。再如阶级之间利益的对立及权力斗争，也可以说是阶级矛盾。按马克思的说法，资本家固然是在剥削工人的剩余劳动或剩余价值，然而剩余价值也被分成利润（产业利润及商业利润）、地租、利息，分别为产业资本家、商业资本家、地主及银行资本家所瓜分，这些阶级的利益因而是互为消长的或互相矛盾的。由此可见，矛盾的极点不限于两个（二元矛盾），可以是三个或多个（多元矛盾）。由于经验世界的复杂性，若辩证法或矛盾论只限于二元矛盾，则要运用到经验世界中将窒碍难行。

矛盾论可以说是辩证法的灵魂，因为辩证法正是要从事物的内部矛盾来掌握其运动变化。从辩证法的观点看，没有内部矛盾就没有运动变化，即使是外因也是要通过内因（内部矛盾）而发生作用。马克思派的社会学在研究社会文化变迁时，主要是着眼于生产力与生产关系的矛盾以及阶级斗争，外部因素被看做次要的或扮演类似触媒剂的角色。在此，内外是相对的，相对于分析的单位（马克思的“整体”或现代社会科学的“系统”）而言。

这种把运动变化和对立矛盾关联起来的观点其实古今中外都有，只是名称或概念有所不同。在中国古代的思想中，这种观点也相当丰富，比较著名的例如，老子的“反者道之动”，宋朝张载的“动非自外”，[①] 王安石的事物运动的原因在于事物之中的“耦”、“对”。[②] 这些都是形而上学的说

---

① 《正蒙·参两篇》。

② “洪范传”，《临川集》，卷六十五。

法，意即是对于所有存在的领域（不管是自然、历史、社会或思想）作一个统一的论断。形而上的论断自然有它的必要性和启发性，因为一方面，人对于存在有一种统一解释的需要；另一方面，此统一解释也有助于个别领域或各种现象的理解。不过就社会科学而言，除此之外还需要一些比较具体的、针对社会现象的原则和研究。马克思的辩证法的重要性主要是在这里。

传统上从列宁开始就用“对立面的统一（或同一）”来解释辩证矛盾，只要不应用得太过简化或太过僵硬，这倒是可以当做一个起点来理解辩证矛盾。列宁在他的《谈谈辩证法问题》的短文中，认为辩证法的本质乃是对于统一物之分为两个部分（对立面），以及它们之间关系的认识。对立面的关系最主要的当然是矛盾、互斥及对立的关系，其次，也蕴涵对立面的相互依存（所谓的“同一”）。[①] 从这里可以进一步推论出辩证法的发展观，发展（或进化）是统一物的“自己运动”或对立面的斗争。列宁在此似乎比较强调“一分为二”的过程。其实辩证法还有一面就是矛盾的（暂时）解决或“合二而一”。列宁并未完全忽略这一面，不过他说：“对立面的统一（一致，同一，均势）是有条件的、暂时的、易逝的、相对的。相互排斥的对立面的斗争是绝对的，正如发展、运动是绝对的一样。”[②] 由此可见二者之间显然有主从之别。

这一点如果和德国社会学者达伦道夫（R. Dahrendorf）的主张作一个比较，可以发现两人的论调很相像（连马克思和达伦道夫之间也没那么相像）。达伦道夫阐明了社会同时具有两大面向：一个是稳定、和谐及共识，另一个是变迁、冲突及强制。强调前者的观点称为“均衡模型”，强调后者的观点称为“冲突模型”。而众所周知，达伦道夫采取的是冲突模型，这是因为他认为冲突及变迁是普遍而正常的，平静和谐反而是值得进一步研究的问题了。[③] 达伦道夫和列宁都同时观照到均衡和冲突（或斗争）两个面向，也都强调冲突或斗争的优越性。

现在我们可以比较周延地来说明矛盾的观念。事物内在矛盾关系似乎有两个不可分离的方面或环节：一事物要有内在矛盾产生，一定要有分化及对立（“对立面”），这是所谓“一分为二”（二在这里是个比喻，也可以是

---

① 《列宁全集》第55卷，人民出版社，1990，第305～311页。

② 《列宁全集》第55卷，人民出版社，1990，第306页。

③ Dahrendorf, Ralf, *Essays in the Theory of Society* (Stanford University Press, 1968), pp. 107 - 128.

三、四、五……）、“铁一块”是不可能产生矛盾的。矛盾产生之后会继续发展，以解决这个矛盾，这就是“合二而一”或统合。统合之后再“一分为二”……这里面似乎不断有“正—反—合”的插曲。在辩证矛盾的发展中，片面强调一分为二，容易流于无政府主义，耽于分裂与斗争，忽视辩证过程中统合的环节；相反的，如果片面强调合二而一，则整体化的趋势过强，可能妨碍个体或部分的个性或自主性。辩证法试图结合二者并在二者之间找寻一个平衡点。

《资本论》从分析资本主义的细胞——商品开始，马克思指出商品具有二重性——使用价值（自然形式）和交换价值（价值形式），前者代表商品的质，后者代表商品的量，二者迥异，而且似乎没有什么关联。例如钻石的交换价值极高，使用价值却不高；水的使用价值很高，交换价值却不高；使用价值和交换价值对立统一在商品上。再者，对交换价值的探究发现了抽象人类劳动及其体现的价值。在此，人类劳动力凝结的价值实体和交换价值所代表的价值形式对立统一起来。而对人类劳动的进一步探究也发现了劳动的二重性——与使用价值对应的有用劳动和与价值对应的抽象劳动，二者统一在人类劳动上。[①]《资本论》也常用“对立”及“统一”的语词来表述。“这两种循环（按即 G—W—G 和 W—G—W，G 代表货币，W 代表商品）都分成同样两个对立阶段：W—G（卖）和 G—W（买）。其中每一个阶段上，都是同样的两个物的因素——即商品和货币——互相对立，都是扮演同样两种经济角色，即买者和卖者互相对立。这两种循环都是同样两个对立阶段的统一，这种统一在这两种情形下都是通过三个当事人的登场而实现的：一个只是卖，一个只是买，一个既买又卖。”[②] 正如马克思所说的，他有时候会卖弄起黑格尔特有的表达方式，上引的一段话就是一个例子，只是这样的表述方式到底有没有助于理解买卖的现象（且不要说其他的现象）还是一个问题。不过马克思的用意主要是想分析出资本主义的矛盾和危机（或裂缝）——例如生产过剩，此时上述的对立/统一的流程就无法顺利进行了。

（六）内在批判法

马克思学说是一种批判理论，不但如他所宣称的，是对古典政治经

① 《马克思恩格斯全集》第23卷，人民出版社，1972，第47～75页。

② 《马克思恩格斯全集》第23卷，人民出版社，1972，第169页。

济学的批判，也是对资本主义社会的批判。这里所谓的批判乃是一种“内在批判”（immanent critique），其意义在阐明了辩证法、整体性、过程论或发展论、矛盾论等概念之后，就相当明显了。内在批判法是从一个社会整体的内部揭示其矛盾之处（尤其是社会现实与理念之间的不一致），以探测它的可能动向。这里所说的理念，乃研究之对象本身的宣示或价值观，所以真正是“以子之矛攻子之盾”。[①] 根据阿多诺的诠释，一个社会整体不应当看成一个在时空上固定不变的对象，而应看成“一个包含着可能性与现实性的紧张场域，二者（可能性和现实性）互相依存。”[②]

马克思一方面检视资产阶级所标榜的理念——自由、平等、正义，绝不轻易加以否定；另一方面对照资本主义的现实，看二者符不符合。以工人的状况为例，在资本主义社会，工人拥有选择雇主以及订立契约的自由，从事自由劳动，因而被称为“自由工人”。[③] 他只是出卖自己的劳动或劳动力，不像奴隶连同他自己一起出卖。但从另一方面来看，除了劳动力之外，工人“自由”得一无所有。工人要生存就得劳动，要劳动就得将劳动力卖给资本家，使用资本家的生产工具，接受资本家的指挥调度以及条件。“工人是以出卖劳动（力）为其工资的唯一来源的，如果他不愿意饿死，就不能离开整个买者阶级即资本家阶级。工人不是属于某一个资产者，而是属于整个资产阶级；至于工人给自己寻找一个雇主，即在资产阶级中间寻找一个买主，那是工人自己的事情了。”[④] 所以若从阶级关系来看，工人阶级一定要将劳动力卖给资产阶级，因而是没有选择自由的。

再者，工人与资本家之间的交易是否如资本家或其理论家所声称的是一种等价交易？依据马克思的分析，在资本主义生产方式里，资本积累的秘密在于剩余价值（亦即工人无偿劳动所创造的价值），为资本家所剥夺，并不断地再投入生产中。从劳动价值论来说，如果所有的劳动都被偿付了，资本如何能继续不断地积累？哪里来的积累？由此看来，资本家与工人之间其实并不是一种等价交易。

---

① Held, David, *Introduction to Critical Theory* (London: Hutchinson, 1980), pp. 183 – 187.

② Adorno, T. W., et al., *The Positivist Dispute in German Sociology* (London: Heinenmann Educational Books Ltd., 1976), p. 69.

③ 《马克思恩格斯全集》第6卷，人民出版社，1961，第478页。

④ 《马克思恩格斯全集》第6卷，人民出版社，1961，第479页。

所以马克思的分析显示资本主义社会的现实并不符合它所标榜的理念，指出二者的落差就是对资本主义的一种批判。就好像指出一个人言行不一致的地方，就是对他的一种批评。在此，并不是从外头拿一个标准来要求他或批判他，因为这个标准很可能跟他不相干。

内在批判法可说是辩证法的体现，它把社会现实与其标准或价值合而观之，看做一个整体的两个部分（或面向），以二者之间的不一致或矛盾作为切入点，来批判社会现实，并试图转化之。

（七）研究方法与表述方法

“实际进行研究的过程”和“表述或验证研究结果”二者的分际和关联，一直是备受关注的课题。科学哲学长久以来就有所谓“发现的脉络”与“证实或表述的脉络”之分，前者涉及探究或发现一个新的结果，后者涉及将此一研究结果加以证实或表述出来。目前一般论者似乎都可以同意将一个科学发现加以证实或发表出来，有其逻辑或规范可循。当然，对于确切的逻辑或规范到底是什么，在不同的学科或领域有不同程度的共识。但是对于科学探究或发现是否有逻辑或模式可循，则是一个备受争议的问题。有些人认为科学发现和天分、灵感甚或潜意识有关，属于偶然性的领域，没有逻辑或模式可言；一位数学研究者或许是在梦中发现了一个新的公式。殷海光教授曾经用一个生动的比喻，科学发现好比是戏院的后台，充满杂乱、匆促、重复、中断等现象，而将此一发现加以证实或发表好比是在前台，一切显得整齐、亮丽、不容出错。演出成功与否，还是以前台的表现为准。

不过另一些人则认为科学发现也有逻辑或模式可循。海斯（M. Hesse）认为模拟法是一种科学发现的方法，例如将电比拟为水流，然后据此推测电的性质当做假设，诉诸检证；汉森（N. Hanson）则把回溯推理法（retroduction）当做建立假设的逻辑。[①] 回溯推理法和本文主题有密切关系，后文将有专节讨论。

一般而言，认为科学发现没有逻辑或模式可循的人，比较倾向于认为发现的脉络和证实或表述的脉络应该分开；而且发现的脉络与其结果的效度无关，和此一发现的证实或发表可说是两码事。而认为科学发现有逻辑或模式

---

① Hanson, N., *Patterns of Discovery* (Cambridge: Cambridge University Press, 1958).

可循的人，则认为某一种发现的逻辑或模式比较有效或丰硕，因而和此一发现的证实或表述息息相关。

马克思的论点或许可以摆在这个问题脉络里来看。他并没有触及科学发现的脉络和效度的问题，而是关注“研究”与“表述”二者的方法的分际和关联。他把研究方法（过程）和表述方法[①]（过程）区别开来：研究方法（过程）主要是搜集、分析材料，对研究对象进行理解；表述方法（过程）则是将研究成果恰当地铺陈出来。他认为“在形式上，表述方法必须与研究方法不同。研究必须充分地占有材料，分析它的各种发展形式，探寻这些形式的内在联系。只有这项工作完成以后，现实的运动才能适当地表述出来。”[②] 最后呈现出来的表述结构或成果不能当做“一个先验的结构”[③]，而是以研究方法及过程为基础的一个结果，而研究方法及过程又是从实际出发，所以归根结底表述结构也是立基于实际的。研究方法从过程来看是从现象到本质，从具体到抽象，从复杂到简单，从感性认识上升到理性认识。表述方法则是根据研究的结果，把它所认识的对象，从理论上表述出来，因而和研究的过程正好相反，它是从本质到现象，从抽象到具体，从简单到复杂。[④] 上述这些过程在这里只是集中提一下，下文将会分别加以解释。

（八）以真实具体的现象为前提

马克思的方法（更确切地说，研究方法）的前提乃真实具体的现象。在《德意志意识形态》一书中，他提到他的方法有些“真实的前提”即“一些真实的个人”，“他们的活动和他们的物质生活条件。”[⑤⑥] 而且这个真实具体的对象乃独立于研究者，“实在主体仍然是在头脑之外保持着它的独立性，只要这个头脑还仅仅是思辨地、理论地活动着。因此，就是在理论方法上，主体，即社会，也必须始终作为前提浮现在表象面前。”[⑦]

---

① 中译本原译为“叙述方法”，笔者一方面考虑上下文脉络，另一方面参考英国麦克雷兰（David McLellan）编的《马克思选集》的英译本之后，觉得译为“表述方法”比较妥当。

② 《马克思恩格斯全集》第 23 卷，人民出版社，1972，第 23 页。

③ 《马克思恩格斯全集》第 23 卷，人民出版社，1972，第 24 页。

④ 宋涛主编《〈资本论〉辞典》，山东人民出版社，1988，第 648 页。

⑤ 《马克思恩格斯全集》第 3 卷，人民出版社，1960，第 23 页。

⑥ 中译本译为“现实的前提”、“现实的个人”，今参考前引麦氏英译本第 160 页，略加改动。

⑦ 《马克思恩格斯全集》第 46 卷（上），人民出版社，1979，第 39 页。

马克思在他的一篇遗稿“评阿瓦格纳的《政治经济学教科书》”里，也强调他的研究对象既不是“价值”，也不是“交换价值”，而是一种比较具体的社会形式——商品。[①] 他是从商品的分析中得到交换价值和价值的概念。再者，他又说他的分析方法“不是从人出发，而是从一定的经济时期出发”。[②] 在此，从具体的对象出发的方法论特征相当明显。

（九）抽象及抽象力

马克思认为分析社会经济形态既不能用显微镜，也不能用化学试剂，只能依赖抽象力。[③] 马克思从真实具体的个人及社会抽离出（划分出）生产方式及生产关系作为他的研究对象，其次再撇开竞争、分配过程及流通过程等比较具体的对象，而达到资本的直接生产过程，最后抓到资本主义经济的细胞形式——商品。商品的范畴主要是靠抽象力得到的，这是运用研究方法之过程的终点，同时也是运用表述方法的起点。所以《资本论》的表述结构是从商品开始的，第一卷论述资本的直接生产过程，第二卷论述资本的流通过程，第三卷论述资本主义生产的总过程（包括分配过程、竞争、阶级等比较具体的现象）。总而言之，研究过程是从具体到抽象，以抽象分析为主；表述过程则是从抽象到具体，以综合重建为主。这点在下节将会再加以解释。

再者，抽象的方法和过程也有所讲究。“合理抽象”乃内在于且合适于研究对象的一种抽象，要“抽离出世界中的一个重要元素，具有某种的统一性及自主的力量，诸如一个结构”[④]。相对的，“混乱概念”乃“任意区分不能区分的东西，与/或混合不相关及非本质的东西”，[⑤] 亦即不顾研究对象的内在关系或结构（结构是内在关系所构成的）。在此可以用图1所示二者的差别：

例如“服务业”的概念包括了一些迥异的行业，诸如运输业、理发业、旅游业、保险业等等，很难找出它们的类似性，有些人将其当做“后工业社会”的基础，却没有什么说服力。[⑥]

---

① 《马克思恩格斯全集》第19卷，人民出版社，1963，第400页。

② 《马克思恩格斯全集》第19卷，人民出版社，1963，第415页。

③ 《马克思恩格斯全集》第23卷，人民出版社，1972，第8页。

④ Sayer, A., *Method in Social Science* (London: Hutchinson, 1984), p. 126.

⑤ Sayer, A., *Method in Social Science* (London: Hutchinson, 1984), p. 127.

⑥ Sayer, A., *Realism and Social Science* (London: Sage Publications, 2000), p. 19.

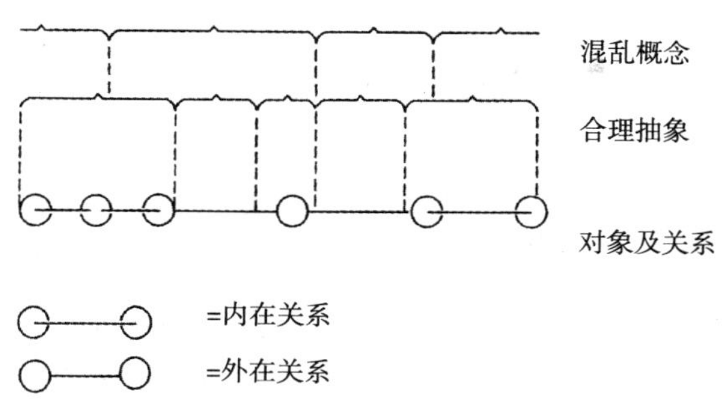

图 1　合理抽象和混乱概念

（十）（真实）具体/抽象/（思维）具体

在 1857 年的“导言”中马克思曾明确地提出“从抽象上升到具体”（抽象→具体）的方法，即把一些抽象程度不等的规定或属性（如商品、价值、劳动、货币、资本、生产、流通、分配、利润等等），综合为一个“具体的整体”。[①] 在《资本论》里马克思最终企图重建的一个具体的整体乃资本主义生产方式。这里所说的“具体”乃思维里的具体（简称“思维具体”），而不是真实世界中的具体（简称“真实具体”）。思维具体是许多抽象的规定或属性综合的结果，因而是多样性的统一；[②] 而真实具体，前已述及，则是科学研究的起点或前提。由此可见，马克思心目中的科学研究，其实涉及两种过程及其对应的两种方法。研究者在面对真实具体的对象时“必须充分地占有材料，分析它的各种发展形式，探寻这些形式的内在联系”，且运用抽象力抽离出一些规定或属性。这是从（真实）具体到抽象的过程（具体→抽象），运用的是研究方法（包括搜集文献数据、统计数据、问卷调查、抽象分析法等等），而触及的层面则是由表（表面现象）及里（事物本质）（这一点下文将会详论）。

上述的研究过程一旦完成后，就要将成果恰当地表述出来。此时，开始要把上一（研究）阶段抽离出来的规定或范畴加以综合、安排，以便在思维中重建一个具体的整体。所以，《资本论》第一卷从抽象而简单的范畴——商

① 《马克思恩格斯全集》第 12 卷，人民出版社，1962，第 750 ~ 759 页。

② 《马克思恩格斯全集》第 46 卷（上），人民出版社，1979，第 38 页；伊林柯夫·艾·瓦：《马克思〈资本论〉中抽象和具体的辩证法》，孙开焕等译，山东人民出版社，1993，第 1 页。

品——开始，进而论述价值（使用价值、交换价值、价值）、货币、资本、剩余价值、简单再生产；第二卷论述资本的流通过程；第三卷则是在第一卷和第二卷的基础上，综合而具体地论述资本主义生产的总过程。这个工作可惜没有完成，在论述资本主义社会之阶级的地方中断了。虽然如此，从《资本论》的整体论述结构，仍然可以看出越来越具体，以及越来越复杂的范畴层层推出，而在此（表述）阶段触及的层面则是由里及表。透过这些规定或范畴的综合，资本主义社会从细胞形式、骨骼、肌理脉络以至发肤，整体规模逐渐浮现成形。这就是表述方法的任务。本节大意可以用表1摘要：

表1　马克思的方法

真实具体(C)感性整体	抽象(A)局部/片面	思维具体(C)
表象	属性/规定性构成要素	本质 & 规律
(感性)综和	分析	(理性)综合
	逻辑起点:合理的抽象 普遍的真理	逻辑终点:具体的整体 具体的真理
前理论阶段	理论的实践或生产	理论阶段

在此，比较一下韦伯的“理念型”或许有些启发。由于历史社会现象极其复杂，研究者不可能也没必要巨细靡遗地加以掌握，因而就需要有选择的观点，以形成清晰的概念。他反对某些历史学者所言，由于经验现象复杂多样，以及历史环境变动不居，因而无法使用固定而精确的概念。韦伯认为有鉴于经验现象的混沌不清，历史学者更需要运用清晰明确的概念。① 正是基于这种需要，所以他提出了“理念型”的建构和运用。理念型系将历史生活的某些关系和事件，集合成一个内在一致的综合体，理念型像是一个乌托邦，是由强调现实中某些要素而构成的。② 所以韦伯说：“一个理念型是由一个或一个以上的观点的片面强调，以及综合许多零散的、经常出现的，偶尔未出现的具体个别现象而形成的。这些现象系根据那些片面强调的观点，而形成一个统一的分析建构（analytical construct）。以它的概念的纯净性而言，这个观念建构在现实世界中是找不到的。”③ 例如（韦伯曾举过这

① Kasler, Dirk, *Max Weber: An Introduction to His Life and Work* (Ehicago: Polity Press, 1988), pp. 180－182.

② Weber, Max, *The Methodology of the Social Sciences* (Glencoe: The Free Press, 1949), p. 90.

③ Weber, Max, *The Methodology of the Social Sciences* (Glencoe: The Free Press, 1949), p. 90.

个例子）我们若要建构手工业的理念型，就要把各个时代、国家之生产事业混杂状态之中所发现的某些特质，借着强调其本质趋势，组合成一个自相一致的理念建构。[①] 韦伯除了说明理念型是什么之外，还撇清它不是什么。理念型“不是假设，但可以指引假设的建立。它不是对于实在的一种描述，但它旨在提供这种描述一种清晰表达的工具……‘理念型’不是一种平均数……”。[②] 换言之，理念型所表示的并不是某一类事物的平均特质，而是各种社会文化现象（如近代资本主义、基督新教、欧洲中古封建制度、中国儒教、道教等等）的独特或典型性质。

理念型建构主要是为了启发和阐明的目的，拿经验现象或数据与其比较，使得经验中的关系或特征可以较为清楚而且容易理解。由以上所述，理念型的工具性格和刻意建构的性格相当明显。

任何的方法、方法论或认识论都预设了一种本体论，亦即对于研究对象之性质有一种设定。在此探讨一下韦伯和马克思的社会实在观的差异有助于理解二者方法论的差异。对韦伯来说，社会实在是无限复杂多样的，而人心有限，无法全然观照。所以必须按照研究者的兴趣，以及由此而衍生的价值观念和认识观点，来建构有关的概念工具（理念型），并以此来和社会实在作比较，以帮助理解实在中的要素和关系。在韦伯此种实在观里，研究者与研究对象之间，概念与实在之间，以及理论和历史之间，都有终究无法跨越的鸿沟存在。[③] 所以他一再警告人们不要把概念与实在或理论与历史二者混淆在一起。“此种混淆，首先表现在相信历史实在的‘真正’内容和本质，已描绘在此种理论建构中；其次表现在把这些概念建构当做普洛克蓝斯第铁床（procrustean bed），强迫历史去切合它；再次则表现在把此种‘理念’实体化为真正的‘力量’、为‘真实的’实在，在事件过程的背后运作，而且在历史上径自发挥作用。”[④]

对马克思主义稍有理解的人可以看得出韦伯的上述意见已经影射到马克

---

① Weber, Max, *The Methodology of the Social Sciences* (Glencoe: The Free Press, 1949), pp. 90 – 91.

② Weber, Max, *The Methodology of the Social Sciences* (Glencoe: The Free Press, 1949), pp. 90 – 91.

③ Kocka, Jurgen, “The Social Sciences between Dogmatism and Decisionism: A Comparison of Karl Marx and Max Weber,” in A Weber-Marx Dialogue, eds. by R. J. Antonio and R. M. Glassman (The University Press of Kansas, 1985), pp. 141 – 142.

④ Weber, Max, *The Methodology of the Social Sciences* (Glencoe: The Free Press, 1949), p. 94. cf. Käsler, Dirk, *Max Weber: An Introduction to His Life and Work* (Chicago: Polity Press, 1988), p. 182.

思主义了。他对马克思及其本人的学说其实非常尊重，他称马克思为“伟大的思想家”，并且承认马克思学说非常重要，[①] 不过他对后来有些版本的诠释却持批判的态度。韦伯在论述理念型时也提到马克思的理论，他认为马克思的“定律”或“规律”，只要是在理论上健全的，都是理念型。但是一旦这些理念型被当做经验上有效的或真正的“力量”或“趋势”时，它们的害处就很明显了。[②] 若按照日本韦伯专家金子荣一的说法，社会科学的概念都具有理念型的性格，那么马克思创用的概念似乎也不例外。例如他所强调的“抽象力”或“抽象”类似理念型，又如他的几种生产方式——古代的、封建的、资本主义的——似乎也可看做是理念型。不过金子荣一显然是站在韦伯的立场来看马克思，似乎有将马克思化约为韦伯的倾向，模糊了二者的某些基本差异。

其实上引韦伯对马克思理论的意见，已经显露了马克思和韦伯之间的差异了。相对于韦伯对观念之实体化的戒慎恐惧以及呼吁要严格区分概念与实在、理论与历史、研究者与研究对象，马克思显然有“同一化”的倾向。马克思的“感性活动”或“实践”可以说是概念与实在、理论与历史，以及研究者与研究对象之间的中介。有了这样的中介，上述三种区分就不是固定不变的了，而是可以有互动和转化。

他的《关于费尔巴哈的提纲》就是以“感性活动”或“实践”的观念为核心的。

> 人的思维是否具有客观的真理性，这并不是一个理论的问题，而是一个实践的问题。人应该在实践中证明自己思维的真理性，即自己思维的真实性和力量，亦即自己思维的此岸性。关于离开实践的思维是否具有真实性的争论，是一个纯粹经院哲学的问题。[③]

所以在这里，（客观的）真理性或真实性并不是静态的或固定不变的，有待人去认识它或要求人的思维去符合它，而是等同于思维的力量，要在实践中加以证明。笔者认为在此引用哈伯马斯的“实践性的假设”（practical

① Weber, Max, *The Methodology of the Social Sciences* (Glencoe: The Free Press, 1949), p. 103.

② Weber, Max, *The Methodology of the Social Sciences* (Glencoe: The Free Press, 1949), p. 103.

③ 《马克思恩格斯全集》第3卷，人民出版社，1960，第3~4页。

hypothesis）来阐释马克思的上述意思颇为恰当。哈氏认为，他在人的沟通行为中所找寻到的“理想的言说情境”及其所蕴涵的“理想的生活形式”等违背现实的构想究竟能否实现，须以实践来加以验证。马克思上述的意思是说人的思维是否具有客观的真理性或真实性，有待实践来加以证明，因而也是一个实践性的假设。

《关于费尔巴哈的提纲》第十一条说：“哲学家们只是用不同的方式解释世界，问题在于改变世界。”① 因而哲学家与世界之间或者研究者与研究对象之间，不是一种静态的或纯理解的关系，而是一种干预的、实践的关系。在这个实践过程中，研究者不但会改变研究对象，也会自我改变，在此没有一个固定的“阿基米德点”。而且观念和实在之间也不是截然二分，马克思说过，一旦观念抓住了群众就变成物质的力量了。由于有实践作为中介，观念和实在因而不是固定不变的两个东西，观念可能被实现而成为实在，也可能冲击或摧毁实在。观念和实在之间因而是可以互相转化的、动态的，这和韦伯的科学观或认识论大不相同。我们因此可以说实践观是马克思的方法论及认识论的一大特色。

马克思的实践不仅是他的认识论的一个重要概念，也是他的社会理论的一个重要部分。虽然本文探讨的是马克思的方法论及认识论，不过可以从论证形式上来看实践观在他的社会理论中的角色或作用。简要地说，实践观可以解决两个互相关联的理论吊诡：（1）到底是人改变环境还是环境改变人？或许有人会说两者都有，不过这种说法对于其中的过程和机制经常语焉不详，顶多用“互动”的概念来加以解说。马克思认为，人的活动改变了环境，而在这样的（实践）过程中，人本身也发生变化了。所以“提纲”第三条说“环境的改变和人的活动或自我改变的一致，只能被看做是并合理地理解为革命的实践。”② 这样就把人及其活动摆到主要的位置上。所以，有些人由“马克思学说是一种唯物论”就推论“它是一种环境决定论”，是一个误解。这主要是由于忽略了马克思的实践观。（2）谁来教育教育者，以及谁来监督革命者？这个问题不容易恰当地加以解答，甚至很容易造成下述两种理论困境：其一是把社会分成两种人——教育者和被教育者或革命者和大众——前者不变地高于后者之上，这是一种精英主义。其二是无穷后退

① 《马克思恩格斯全集》第3卷，人民出版社，1960，第8页。

② 《马克思恩格斯全集》第3卷，人民出版社，1960，第7页。

的困境，B群体教育A群体，C群体教育B群体，D群体教育C群体……对于这个问题，马克思是以教育者及革命者在实践过程之中自我教育或自我改变来解答的。“……革命之所以必需，不仅是因为没有任何其他的办法能推翻统治阶级，而且还因为推翻统治阶级的那个阶级，只有在革命中才能抛掉自己身上的一切陈旧的肮脏东西，才能建立社会的新基础。”① 这样的实践观如果要能运作的话，必须有一个判断自我改变的标准，否则容易流于专断。

如果马克思的实践观如上所述，乃是寄托在革命者的自我教育及自我改造之上，这样的理论停泊点似乎太过主观、太过冒险了。首先，革命不见得都是必要的或适时的。从理论上来说，有些革命是不必要的或早熟的。其次，革命不见得都是真实的，有些革命是虚幻的、自封的。因此，革命的宣称或招牌并不能保证什么。再次，即使是在必要的、适时的且真正的革命里，革命者也有或应该有真、假之别。假革命者可能牵涉到欺人与/或自欺。最后，即使是真正的革命者，其所宣称的自我教育或自我改造也可能只是虚幻的。既然有这些可能的歧途，而且如果我们承认社会与人也需要革命（在其他种种方式之外）来改良的话，则马克思的革命实践观仍然值得加以分析、充实，而不是全盘抛弃，这种全盘抛弃论是对1989年以来共产党世界所发生变化的一个过度反应。笔者认为若要避免上述的歧途，在革命实践中保留甚至开拓民主的空间是必要的，即容许自由讨论、理性讨论以便形成真正的共识，来引导革命实践。这个讨论或辩论的过程可以当做真假革命、真假革命者以及真假自我改造的试金石。如果套用哈伯马斯的一对概念，我们或许可以说成功的革命实践不能依靠“个人独断式的理性”（monological rationality），而是需要“人际对话的理性”（dialogical rationality）或沟通理性。②

再者，如上引韦伯认为马克思的规律也是一种理念型。但是按马克思的意思来说，他所谓的规律或自然规律乃是实际在事物或研究对象之中发挥作用的东西。他在《资本论》序言里写道：“问题本身并不在于资本主义生产的自然规律所引起的社会对抗的发展程度的高低。问题在于这些规律本身，在于这些以铁的必然性发生作用并且正在实现的趋势。工业较发达的国家向工业较不发达的国家所显示的，只是后者未来的景象。”③ 马克思的研究目

---

① 《马克思恩格斯全集》第3卷，人民出版社，1960，第78页。

② 黄瑞祺：《批判社会学》（修订三版），台北，三民书局，2007，第175页。

③ 《马克思恩格斯全集》第23卷，人民出版社，1972，第8页。

的就是要探寻资本主义的运作规律，他在上述的序言里也写道："一个社会即使探索到了本身运动的自然规律——本文的最终目的就是揭示现代社会的经济运动规律——它还是既不能跳过也不能用法令取消自然的发展阶段。但是它能缩短和减轻分娩的痛苦。"[①] 马克思的规律和韦伯的理念型在认识论上很不相同，背景也不同，前者接近实在论，后者接近名目论。就韦伯而言，社会文化科学的兴趣或目标并不是在于寻找规律或定律，而是在于特定的个人、团体、制度等的特性。[②] 这固然关联到社会文化科学的题材或对象以及方法。这些在其他章节会有论述，在此不具论。

（十一）表象（表层现象）与本质（深层结构）

马克思在《资本论》第三卷曾说过："如果事物的表现形式和事物的本质会直接合而为一，一切科学就都成为多余的了。"[③] 换言之，科学之所以必需，主要是由于事物的表现形式通常和事物的本质不一致，科学可以透视事物的表现形式，以掌握其本质。所以马克思的方法其实有一个本体论的预设（即关于研究对象之性质的预设）：社会经济结构有两个层次——表象与本质，二者之间有一定的关系。换言之，本质（或本质关系，本质结构）系透过某种机制及过程而呈现在人们面前的（表象或假象）。这个预设可以说具有一种本体论上的纵深（ontological depth），和经验论、现象论等只承认表象的本体论迥异。

在此，或许可以物理现象中的海市蜃楼为例来说明。海市蜃楼是一种远处景物（树、船、天等等）由于光线透过不同密度（冷热）的空气层发生折射，而显示出的虚幻景象。[④] 在这个例子中，幻象和真像是可以区别的，科学的功用是对假象的一种说明和批判，科学和批判因而是合而为一的，并不是如某些诠释者所说的，科学是针对事实的，而批判则是针对道德或价值的判断。在马克思学说里，科学应该要掌握本质。再者，这里所说的幻象或假象不仅仅是一种主观的（心理的）错觉，而是有其客观的基础。譬如在海市蜃楼现象中，此客观基础就是景物透过光线折射。在马克思主义中，此客观基础就是资本主义体制或结构，它是不以人的意志为转移的。若要消除

① 《马克思恩格斯全集》第23卷，人民出版社，1972，第11页。

② Weber, Max, *Roscher and Knies* (New York: The Free Press, 1975), p. 26.

③ 《马克思恩格斯全集》第23卷，人民出版社，1972，第923页。

④ 《大不列颠百科全书》第6卷，第221页。

幻象或假象，必须先消除此基础。

社会经济对象的这种二层结构从《资本论》（尤其是第三卷）可以看得相当清楚。例如，交换价值、货币、价格、资本等都是价值形式（价值的表现形式或表现方式），劳动力才是价值实体。人类的劳动力乃形成价值的实体或泉源，交换价值乃商品之间价值的比例关系，货币则是此比例关系的统一尺度（马克思所谓“普遍交换物”），价格是价值的货币表现，资本则是能自行增值的价值，是由货币转化而来的。

又如，工资是劳动力价值的“歪曲”的表现形式或“假象”。按马克思的说法，在工人的劳动中，一部分是必要劳动（这部分以工资的形式偿付了），另一部分则是无偿的剩余劳动。这是因为劳动力作为商品具有一种独一无二的特性，即劳动力商品能创造出比它本身的价值（以工资来表示）更多的价值（剩余价值）。可是工资的形式“似乎显示”资本家已偿付工人所有劳动的价值了（资本家与工人之间的等价交换）。果真是如此，价值增值或积累如何可能？所以，马克思认为工资形式掩盖了社会“真相”（即劳动力商品的本质以及资本与劳动之间的真正关系）。而工资形式作为一种“假象”之所以能产生并继续维持下去，主要由于资本主义社会的雇用劳动制度，以及资本和劳动的分离。①

关于表象和本质的区分及关联可以再举一个例子：按照马克思之意，利润和利润率分别是剩余价值和剩余价值率的表现形式。利润和剩余价值实际上是同一个数量，只是形式不同，利润是商品价格和成本价格之间的差额，② 剩余价值是总劳动时间创造的商品价值和必要劳动时间创造的价值之间的差额，是由可变资本产生出来的。利润“具有一个神秘化的形式，而这个神秘化的形式必然会从资本主义生产方式中产生出来。因为成本价格的形成具有一种假象，使不变资本和可变资本之间的区别看不出来，所以在生产过程中发生的价值变化，必然变成不是由可变资本部分引起的，而是由总资本引起的”③。在此或许需要解释一下马克思的资本构成的理论。对他而言，资本内部最主要的一个区分就是可变资本和不变资本的区别。可变资本指用于购买劳动力那一部分的资本，由于上述的劳动力商品的特性，在生产过程

① 《马克思恩格斯全集》第23卷，人民出版社，1972，第585～593页。

② 《马克思恩格斯全集》第25卷，人民出版社，1974，第44、51、56页。

③ 《马克思恩格斯全集》第25卷，人民出版社，1974，第44页。

中它的价值量会变化（增值），所以剩余价值是从可变资本而来的。不变资本则指用于购买生产资料的那一部分的资本，其价值只是在生产过程中转移到新产品上去，不会改变其价值量。在利润的形式中，总资本中的可变资本和不变资本的区别消失了。“剩余价值的起源及存在的秘密被掩盖了，被抹杀了。实际上，利润是剩余价值的表现形式。只有通过分析才能使剩余价值从利润中脱壳而出。在剩余价值中，资本和劳动的关系赤裸裸地暴露出来了”。[①]

按照马克思的说法，利润率和利润会在现象的层面上表现出来，因为它们存在于资本主义社会当事人的观念里，二者也是研究过程的出发点（如上所述，研究方法是由表及里的）；相对而言，剩余价值和剩余价值率是看不见的东西，并不存在于资本主义社会当事人的脑海里或意识中，而是研究者要通过科学研究加以揭示的本质的东西。[②]

（十二）回溯推理法

上文讨论过，从研究方法及研究过程来看，马克思是从“真实的具体”或经验观察开始的，这是在表象层次的。由此他要找寻一个“说明性的假设”（explanatory hypothesis），[③] 这是比较深层、不明显的东西，用来说明所观察的现象。如果这个说明性假设成立的话，则所观察到的、令人疑惑的现象就能豁然而解。[④] 在马克思的时代，资本积累、工资、利润、地租等都是常被讨论的问题，马克思的《资本论》企图以“剩余价值”的产生、剥夺和积累来说明这些现象。从他的立场来说，如果我们承认剩余价值的存在，则不但产业资本的积累获得解释（用等价交易和诈欺都无法适当解释），利息、地租也能获得一贯的解释，把它们解释为剩余价值的几种表现形式。换言之，这种推理法是从被说明项（explanada）着手，来找寻说明项（explanans），一般称之为回溯推理法（retroduction）。[⑤]

在此可以根据皮尔斯（C. Peirce）和汉森（Hanson）的说法，将回溯推理法的基本形式表示如下：

---

① 《马克思恩格斯全集》第25卷，人民出版社，1974，第56~57页。

② 《马克思恩格斯全集》第25卷，人民出版社，1974，第51页。

③ Peirce, C., *Philosophical Writings of Peirce* (London: Routledge & Kegan Paul, 1972), p. 151.

④ 这类假设我们称为存在性假设（existential hypothesis），即断言某种实体存在，例如本文提到的原子、潜意识、剩余价值等，它们的存在可以说明某些事实。

⑤ Sayer, D., *Marx's Method* (Sussex: Harvest Press, 1979), p. 113.

1. 观察到一些令人疑惑的现象 P_1、P_2、P_3……P_n。
2. 如果 H 假设成立，则 P_1、P_2、P_3……P_n 都可获得说明。
3. 因此我们有理由接受 H 假设，以便说明 P_1、P_2、P_3……P_n。

以上陈述中的说明逻辑（logic of explanation）可表示如下：

$$
\begin{array}{l}
H \longrightarrow P_1 \\
H \longrightarrow P_2 \\
H \longrightarrow P_3 \\
\quad\vdots \\
H \longrightarrow P_n
\end{array}
$$

而其中实际的探索过程可图示如下：

$$
\begin{array}{l}
P_1 \longrightarrow H \\
P_2 \longrightarrow H \\
P_3 \longrightarrow H \\
\quad\vdots \\
P_n \longrightarrow H
\end{array}
$$

然后：

$$
\begin{array}{l}
H \longrightarrow P_{n+1} \\
H \longrightarrow P_{n+2} \\
H \longrightarrow P_{n+3} \\
\quad\vdots
\end{array}
$$

根据形式逻辑的标准，回溯推理法似乎犯了“肯定后项的谬误”，不过很多科学的发现都是由这种方式获得的。皮尔斯曾引用德国天文学家开普勒（Kepler）的发现为例。[①] 而在人文社会科学方面这种推理法也很常见，除了马克思之外，弗洛伊德的心理分析可能是最合适的例子，用来阐明这种方法。弗洛伊德曾分别探讨过精神官能症、梦及日常的偶发行为，发现必须假设“潜意识”的存在才能确切说明这些现象。非常简略地说，有些心理现象（欲望、痛苦经验或其他不愉快经验）由于无法通过自我或意识的检查作用，而被压抑在潜意识的领域里。这些心理现象一有机会就以种种变相的方式表现出来，如弗氏所探究的一系列心理现象：歇斯底里、强迫性行为、梦、口误、笔误、误读、误听、遗忘等等。一旦假设潜意识存在，这些现象

① Peirce, C., *Philosophical Writings of Peirce* (London: Routledge & Kegan Paul, 1972), pp. 154 – 156.

都可以理解和说明，而且能够一以贯之，达到科学理论以简驭繁的经济效果。所以，需要假设潜意识的存在。

回溯推理法在马克思学说里扮演重要的角色，表象与本质、具体与抽象、部分与整体都要靠这个方法来穿梭串联。由于表象与本质、具体与抽象、部分与整体等概念上文都已解释过了，在此只要点出回溯推理法在其间扮演的角色即可。这个方法，如前所述，基本上是从前者（表象、具体、部分）入手，推论出后者（本质、抽象、整体）的存在及作用，然后以后者来说明前者的表现形式。所以上面也提到过，马克思是以活生生的人的生存（食、衣、住等）当做他的历史研究的起点；他的《资本论》也是以商品（而非抽象的价值）为起点，由此而探讨到价值及剩余价值。他的剩余价值的概念正是用来揭示在资本主义生产方式中资本与劳动（或资产阶级与工人阶级）的本质关系，而利润则是剩余价值的表现形式或表象。资本与劳动（或资产阶级与工人阶级）的关系乃资本主义生产方式的主轴。掌握了资本主义生产方式整体的特征之后，便可借以说明资本主义社会中的政治、经济、教育、大众传播等的特性。

回溯推理法深具辩证法的性格，如上所述，此法从一些具体的事实出发，得到一个假设，再以此假设来说明那些具体的事实。看起来好像是一个循环，不过这个循环不会一直重复下去，而是会有所增长，随着经验事实的增加累积，假设会越来越明确；随着研究之方法技术的改进，假设也有可能完全证实。例如在历史上有很长的一段时间无法证实原子的存在，原子的存在一直只是个推测（未经证实的假设），虽然历代有些思想家用它来说明某些事实。直到高密度显微镜发明出来之后，才能观察到原子，也完全证实了它的存在。

当然，这种方法有一些限制必须指明。其一是永远可能有选替的或另外的假设比 H 假设更能说明 P_1、P_2、P_3……我们最多只能说：到目前为止，H 是比较好的假设。根据回溯推理法，我们永远无法获得最好的或完全正确的结论。其二是这种方法所得的假设经常无法以感官经验直接验证，因为它所要理论化的过程或机制乃比较深层的（所谓本质层次），通常无法直接观察的，它反而是要被用来说明我们直接观察到的现象 P_1、P_2、P_3……在这一点上，弗洛伊德的潜意识就是最明显的例子。上述的原子假设或许是比较少的例子，最终能观察到理论实体（theoretical entities）。理论实体经常不可直接观察。其三是运用这种方法的结果的评估主要是根据它的说明能力，而不是根据它的预测能力，因为所预测的事件发生与否还涉及有关的偶然条件发生与否的问题，而不能只依赖本质结构的作用。[①]

（十三）逻辑顺序与历史顺序

黑格尔有所谓“逻辑与历史相一致”的原则，有些论者认为马克思基本上继承了黑格尔此一原则。从某一个意义来说，马克思似乎也遵循“逻辑与历史相一致”的原则。因为科学逻辑必须根据历史真实来制定，方能用以理解或掌握历史真实。上文提到的马克思强调以真实具体为研究的起点，运用抽象力来分析真实具体，继而从抽象上升到具体，试图在思维中再现具体。换言之，就是意图使思维逻辑再现或符合历史真实。但是为了要达到这个目的，思维逻辑的顺序恰好不能完全依照历史发展的顺序。这可以从两条思路来论证，一条是从历史上来看，另一条则是从资本主义内部结构来看。

从历史上来看。马克思花了一辈子时间研究资本主义社会，代表作即《资本论》。这主要是基于他的一个信念，即“已经发育的身体比身体的细胞容易研究些”。[②] 资本主义是西欧历史发展的一个结果，这种生产方式的典型地点在英国，马克思基于“每一个要素可以在它完全成熟而具有典型性的发展点上加以考察”[③]，因此对英国资本主义的研究不仅可以借此理解欧洲的资本主义，也可以借此理解欧洲历史以往的发展阶段，如古代社会、封建社会。关于这一点马克思自己说得很清楚：

> 资产阶级社会是历史上最发达的和最复杂的生产组织。因此，那些表现它的各种关系的范畴以及对于它的结构的理解，同时也能使我们透视一切已经覆灭的社会形式的结构和生产关系。资产阶级社会借这些社会形式的残片和因素建立起来，其中一部分是还未克服的遗物，继续在这里存留着，一部分原来只是征兆的东西，发展到具有充分意义，等等。人体解剖对于猴体解剖是一把钥匙。反过来说，低等动物身上表露的高等动物的征兆，只有在高等动物本身已被认识之后才能理解。因

① 这个问题在此无法详细处理，进一步的说明可参阅 A. Sayer, *Method in Social Science*, 1984，第四及第七章。

② 《马克思恩格斯全集》第23卷，人民出版社，1972，第8页。

③ 《马克思恩格斯选集》第2卷，人民出版社，1995，第43页。

此，资产阶级经济为古代经济等提供了钥匙。但是，绝不是像那些抹杀一切历史差别、把一切社会形式都看成资产阶级社会形式的经济学家所理解的那样。人们认识了地租，就能理解代役租、什一税等等。但是不应当把它们等同起来。[①]

马克思的这段引文是关于一种研究的策略，它的策略点是当代最发达的资本主义。这和法国社会学家涂尔干的研究策略恰好相反。涂尔干认为要理解一种制度，必须研究它的原始形态。他的名著《宗教生活的基本形态》就是以澳洲土著的图腾信仰为研究对象的。涂尔干从一个历史演化的观点来看社会制度，因而现代的或比较发达的社会，其制度或组织比较复杂，原始社会的制度比较简单。而选择比较简单的制度当做研究对象，就涂尔干而言，是一种研究上的策略，亦即不是为了要理解某一特定的原始制度本身而去研究它，而是为了要理解某一种社会制度（如宗教）的通性而去探究原始制度（如原始宗教）。涂尔干认为研究原始制度，由于比较简单，比较容易找出该种制度一般的基本特征、构成要素、功能以及原因。[②] 这也就是为什么“民族志时常引发社会学中的革命”[③]，“基于同样的理由，单细胞生物的发现已经改变了当前的生命的概念。由于在这些非常简单的生物里，生命被化约到它的主要特质，这些比较不易被误解。”[④]

其实在这一方面，涂尔干和马克思二者可说是“异中有同，同中有异”。二者都抱持演化的观点：对于马克思而言，演化的主要面向乃生产力的发展和生产关系的变革；对于涂尔干而言，演化的主要面向乃社会制度或组织的复杂程度（从简单到复杂），以及由此而形成的不同的社会统合形式。因此二者都有“通古今之变”的企图，在马克思是从原始共产社会、古代社会、封建社会到资本主义社会；在涂尔干则是从原始社会或机械连带到现代发达社会或有机连带。不过在这个共同点上二者也有差异：马克思本人有意识地将他的社会演化阶段局限在西欧历史，并且抗拒将他的演化框架

① 《马克思恩格斯全集》第46卷（上），人民出版社，1979，第43页。

② Durkheim, *The Elementary Forms of the Religious Life* (New York: The Free Press, 1965), pp. 15 - 21.

③ Durkheim, *The Elementary Forms of the Religious Life* (New York: The Free Press, 1965), p. 19.

④ Durkheim, *The Elementary Forms of the Religious Life* (New York: The Free Press, 1965), p. 19.

作一种超乎历史的推演；[①] 涂尔干则似乎没有这样的自我限制，这从他推崇民族志，以澳洲土著的图腾信仰为宗教制度的原型来研究可见一斑。再者，马克思在当代资本主义之外还试图将他的演化框架延伸到发生“质变”的未来——社会主义和共产主义社会，这不仅具有预言的性质，更具有实践的性格。这种理论/批判/实践的结合是马克思学说的特性，却是涂尔干以及韦伯的科学观所无法接受的。

虽然马克思和涂尔干都抱持演化观，但是二者的研究策略或“方便法门”却大异其趣。涂尔干认为初民社会或原始制度提供了一个策略点，马克思则以发达社会为他的策略点，一者是演化过程的开端，另一者是演化的结果。若用他们各自的比喻来说，对涂尔干而言，要理解生命现象应从单细胞生物的研究入手；对马克思而言，要想充分理解猴体必先理解人体。涂尔干完成了他对原始宗教的研究（至少就他自己的企图而言），马克思在他有生之年却未能完成《资本论》，虽然两部著作的规模无法相提并论。或许如涂尔干所说的，现代发达社会的经济生产制度比起原始社会要复杂多了，而澳洲土著的图腾信仰比起现代宗教要简单多了。相对而言，探究它们的工作就不能等量齐观了。不过涂尔干的这个说法也不能一概而论，原始社会不一定在所有方面都比现代工业社会简单，例如有些原始社会在亲属制度或语言方面就相当复杂，绝不下于欧美工业发达社会。

其实马克思、涂尔干乃至韦伯或多或少都有“西方中心主义”或“欧洲中心主义”的倾向，即以西方的标准（文化的、社会的、道德的）来衡量非西方的事物，甚至把西方标准当做普世的标准。所以西方资本主义社会乃当代最高级的社会，像是演化阶梯上的人体一样，而其他社会（西方传统社会和非西方社会）则像猴体一样。在《〈政治经济学批判〉序言》马克思也把“亚细亚生产方式”摆在（西洋）古代生产方式之前，这是以西方为标准的一种理解。马克思其实意识到了这个问题，他在《致〈祖国记事〉杂志编辑》的遗稿（1877）中，认为他的《资本论》只是西欧历史发展的一个概要说明，并不是一个放之四海而皆准的公式，更不可能直接运用到俄国的发展上。[②] 这也是对于其后俄国马克思主义的一个批判，他们把《〈政

① 有些流派的马克思主义并无此自觉，斯大林的“正统马克思主义”基本上是一种普遍演化论。下文论及欧洲中心主义与这点相关。

② 马克思：《马克思论方法》，黄瑞祺编，台北，巨流图书公司，1994，第224~226页。

治经济学批判〉序言》中的发展阶段提升成为普遍的演化阶段。这也是马克思主义中的欧洲中心主义。

在这方面韦伯的欧洲中心主义倾向更明显，他的文化优越感相当明显，[①] 且倾向于以西方理性主义为标准来衡量其他的文明。站在一个非西方学者的立场，对于西方中心主义比较敏感，借此加以指陈甚或解构未尝不是好事。今天大部分非西方国家虽然政治经济上已获得独立自主，有些人在文化上和思想上仍处于“被殖民的”状态。一个明显的指标就是许多非西方人士不知不觉也接受了西方中心主义，受其宰制。意识到西方中心主义（代表一种启蒙）乃是文化和思想上去殖民化（代表一种解放）的契机。

从资本主义内部结构来看，在资本主义社会里，地租、利息、商业资本等和产业资本同时并存，那么要以何种顺序来论述这些不同形态的资本呢？这也是马克思的表述方法的问题。如果要按照历史顺序的话，地租、利息、商业资本都应当摆在产业资本之前来论述。可是马克思在《资本论》第一卷就先论述产业资本的生产过程，到第三卷才论述商业资本、利息及地租。这就是《资本论》论述的逻辑顺序，它根据阿尔杜塞称之为“主导结构”的社会观。马克思说：

> 在一切社会形式中都有一种一定的生产决定其他一切生产的地位和影响，因而它的关系也决定其他一切关系的地位和影响。这是一种普照的光，它掩盖了一切其他色彩，改变着它们的特点。这是一种特殊的以太，它决定着它里面显露出来的一切存在的比重。[②]

在资本主义社会中资本（产业资本）是主导结构，支配着其他的生产结构，如地租、利息等。理解资本是理解其他生产结构乃至于资本主义社会的关键。

农业越来越变成仅仅是一个工业部门，完全由资本支配。地租也是如此。在土地所有制处于支配地位的一切社会形式中，自然联系还占优势。在

---

① 在《基督新教的伦理与资本主义的精神》一书的后记中，韦伯写道：“身为欧洲文化之子，我们在研究世界史时，应当提出如下的问题，即在西洋而且唯有在西洋，曾发现一些于世界史具有意义且有价值之发展方向……之文化现象，这究竟应归功于怎样的因果关联。……”

② 《马克思恩格斯全集》第46卷（上），人民出版社，1979，第44页。

资本处于支配地位的社会形式中，社会、历史所创造的因素占优势。不懂资本便不能懂地租。不懂地租却完全可以懂资本。资本是资产阶级社会的支配一切的经济权力。它必须成为起点又成为终点，必须放在土地所有制之前来说明。分别考察了两者之后，必须考察它们的相互关系。①

所以《资本论》第一、二卷分别考察产业资本的生产和流通，第三卷才考察其他形式的资本。即使是第一卷也没有完全按照历史先后顺序来论述，最明显的地方就是前资本主义的原始积累（第二十四章）却摆在资本主义积累的一般规律（第二十三章）之后，并摆在全书最后。所以马克思的论述的逻辑顺序（或他的范畴的先后顺序）并不是由历史发展的顺序来决定的，而是由高度发展的社会形态（例如资本主义社会）的内部结构来决定的。从此种社会形态中占支配地位的生产结构开始论述，渐及于其他的生产结构，并论述它们之间的关系。马克思说：

> ……把经济范畴按它们在历史上起决定作用的先后次序来安排是不行的，错误的。它们的次序倒是由它们在现代资产阶级社会中的相互关系决定的，这种关系同表现出来的它们的自然次序或者符合历史发展的次序恰好相反。问题不在于各种经济关系在不同社会形式的相继更替的序列中在历史上占有什么地位，更不在于它们在“观念上”（普鲁东）（在历史运动的一个模糊表象中）的次序。而在于它们在现代资产阶级社会内部的结构。②

在马克思学说的研究中有一个争议，即《资本论》中历史顺序和逻辑顺序到底一不一致。这里所谓的“逻辑顺序”就是社会结构的原则所决定的先后顺序。按照本文以上的论述，二者显然不一致，而《资本论》则主要是根据逻辑顺序来安排的。

（十四）自然科学与社会科学

在马克思的学说中，自然科学和工业生产都是人的社会实践的重要形式。“自然科学展开了大规模的活动并且占有了不断增多的材料”③，而且

① 《马克思恩格斯全集》第46卷（上），人民出版社，1979，第45页。

② 《马克思恩格斯全集》第46卷（上），人民出版社，1979，第45页。

③ 《马克思恩格斯全集》第42卷，人民出版社，1979，第128页。

通过工业日渐在实践上进入人们的生活，改变人们的生活，为人的解放作准备。对马克思而言，工业一方面是人类本质力量的公开展示，另一方面，工业是自然界和人之间，也是自然科学和人之间的真实的历史关系。因此，要想理解人的生活及本质，必须探讨工业及工业史，而且必须理解自然科学。所以马克思说自然科学已经成为人的生活的基础。他进一步断言自然科学不但是人的生活的基础，同时也是人的科学（human science）的基础。①

依照他的观点，自然科学与社会科学（或人的科学）之间虽然在旁枝末节上有些差异，例如在分析社会经济形态时，必须以抽象力来代替显微镜及化学试剂，② 二者大体上是一样的，"自然科学往后将包括关于人的科学，正像关于人的科学包括自然科学一样，这将是一门科学。"③ 这可以从几个方面来看：其一，马克思认为自然界乃是人的"无机的身体"，甚至认为"人是自然界的一部分"。④ 其二，依马克思之意，历史和社会经济形态的发展都是一种自然史的过程，"社会"与"自然"不能截然划分。其三，他的研究目标是要找寻现代社会（资本主义社会）发展的自然规律，这和17世纪以降发展出来的自然科学的目标大致相同。其四，如上所引，不管是自然事物或社会事物都有（或应该有）它的本质结构与表现形式（或表象）的区别，因此可说有相同的"存有结构"（ontological structure）——本质结构与表现形式（表象）二层结构。不管是自然科学还是社会科学都应该要透视事物的表现形式去揭示事物的本质，或者说去揭示事物的存有结构，这可以说是科学的共同任务。

在这一方面韦伯的观念则很不相同。韦伯继承德国精神科学（*Geistwissenschaft*）的传统，强调人文社会科学与自然科学的差异，这可以从研究题材、方法和目标三方面来看。人文社会科学的题材为主观上有意义的行动⑤，所以主要是用理解或解释的方法，根据动机来理解行动，而不只是根据外在或客观的特征来理解对象，这是人文社会科学殊胜之处。而其目标并不是发现通则或规律，而是理解特定的行动、事件、个人、制度的特质。⑥

---

① 《马克思恩格斯全集》第42卷，人民出版社，1979，第128页。

② 《马克思恩格斯全集》第23卷，人民出版社，1972，第8页。

③ 《马克思恩格斯全集》第42卷，人民出版社，1979，第128页。

④ 《马克思恩格斯全集》第42卷，人民出版社，1979，第95页。

⑤ Oakes, Guy, "Introductory Essay" in Max Weber, *Roscher and Knies* (The Free Press, 1975), p. 33.

⑥ Oakes, Guy, "Introductory Essay" in Max Weber, *Roscher and Knies* (The Free Press, 1975), p. 26.

在自然与社会科学的分合的问题上，大体可分为两种意见：一是一元论，即二者在题材上、方法上或目标上（端视个人的意见而定）没有什么差别，可以（或应该）统一；另一是二元论，即二者有某些重要差异（端视个人的意见而定），不得混为一谈。其实各种科学千差万别，在各种特征上各个学科有不同的发展（所谓“不均衡的发展”），强行分为自然与社会两种科学解决不了什么问题。例如就人的行动的主观意义及其理解而言，精神医学（或精神病理学）、社会生物学、人口学、数理经济学等并不比所谓的自然科学具有更多这方面的特征；再如就历史性（historicity）来说，地质学、古生物学比许多所谓的社会科学更加明显；又如常被当做人文社会现象特征之一的自反性[①]而言，自从人工智能发展以来，似乎不再是人文社会现象的专利了，因为机器的自动反馈作用和自反性越来越接近了。

从上述的区分来看，马克思和实证论者都属于一元论。[②] 不过二者还是有差别，马克思的一元论的论证比较偏重于研究对象及题材的性质（从上文的论述可以窥之），而实证论者的论证则比较偏重方法或方法论，例如巴柏就提倡“方法统一论”，即所有的理论科学（不管是自然科学或是社会科学）基本上使用同样的方法。此方法包括提出演绎性的因果说明并验证之，这有时被称为假设演绎法（hypothetical-deductive method）。[③] 巴柏声称他这个主张和孔德、密勒、孟格尔（C. Menger）等人相同，这也是把他包括在实证论者之中的一个理由。在他这个方法中，说明、预测和验证三者的逻辑结构基本上是一样的，只是关注点不同。其逻辑结构可以下图表示：

L_1, L_2, L_3……（定律）

C_1, C_2, C_3……（初始条件）

P（命题或预测）

如果已经知道P，要找寻L和C，把P推演出来，这是“说明”。假若P尚未知，是由L和C把它推演出来的，则是“预测”。而如果前提（L或P）有疑问，则要把P和实际经验结果作比较，来检验前提的真假，就是“验证”。[④] 在此，说明和预测的逻辑结构是相同的，只是时间顺序不同。而

---

① reflexivity，即随时监控本身的行为表现，据此来调整未来行为的一种机制及过程，个人行为和组织、制度的行为皆适用。

② 有学者甚至称马克思主义为“启蒙运动之子”，献身于教育、理性和进步。

③ Popper，Karl，*The Poverty of Historicism*（London：Routledge & Kegan Paul，1957），p. 130.

④ Popper，Karl，*The Poverty of Historicism*（London：Routledge & Kegan Paul，1957），p. 130.

在上述马克思的方法中，说明是最基本、最重要的，预测准确与否不能当做验证的标准，因为这还涉及偶发条件是否配合。这在上文已有说明，在此不具论。由此可见马克思与实证论者虽然同属一元论者，仍存在重要的差异。马克思的方法论预设了一种社会本体论（其中的要素诸如研究对象的二层结构、内在关系等性质），正是在这里和实证论者分道扬镳。

结　语

本文尝试比较系统地阐述马克思的方法及方法论。马克思的研究方法是从具体对象着手，渐及于抽象的概念；透过对象的表现形式（表象），以揭示对象的本质，从部分入手，以求掌握整体。而他的表述或铺陈的程序则是从（真实的）具体细绎得到抽象概念，再以抽象概念重建（思维的）具体；掌握本质之后，进行由本质而表象、由里及表，以及由部分而整体的重建。而其进行的方式主要乃回溯推理法，由于此法深具辩证性，遂使得此一过程（包括研究和表述）成为一个多层次的辩证过程，在上述三根轴线（具体/抽象、表象/本质、部分/整体）的端点之间往复来回，以求对资本主义社会的认识不断获得增长。在此，本质是经由抽象分析的过程而得的，它本身也是一种抽象的存在。本质和表象重建在一起，才获得了一种具体的存在。脱离了整体的部分也是一种抽象的存在，由部分而整体以及由本质而表象的重建得到了一个具体的整体，此乃马克思的方法的目标。

在此，或许可以从最近欧美学术思想界现代主义与后现代主义之间的争议来看马克思的方法及方法论。在此主要是针对与本文题目有关的知识观与/或科学观。现代主义的知识观及科学观乃继承启蒙运动的传统，大致有下述几个特征：①

- 科学知识是继续累积及进步的。
- 社会的部分或整体可以当做科学研究的对象。
- 有关社会的科学知识也可以是理性的、客观的、普遍有效的。
- 社会科学知识不同于而且优于其他的思想形式如意识形态、宗教、常识等。

① McLennan, G 1992 “The Enlightenment Project Revisited”, in Modernity and Its Futures, eds. by S. Hall and T. , p. 330.

• 社会科学知识可以导致社会进步以及人的自由。

后现代主义者则试图从相对主义的立场来“解构”上述的知识范式。他们反对现代主义知识观里的直线进步、整体化、普遍化、单一化等趋势，而倾向于个体化、片段化、差别化。以李欧塔（Lyotard）之意，现代主义（包括马克思主义）总是提出一个宏大的叙事或包罗万象的历史哲学，围绕着一个中心（白人中心、男人中心，或者中产阶级中心、无产阶级中心）；相对地，后现代主义比较倾向于复式的语言赛局（language games），各自拥有不同的规则和标准，比较着重地方性或边缘性。

总的来说，马克思的知识及科学观接近启蒙运动的传统，例如他对科学的推崇，相信科学知识与社会进步、人类解放的联系，他对社会整体之知识的追求，对社会生活作一种理性控制或计划的愿望等。所以晚近后现代主义兴起之后，马克思主义也备受批评。不过值得注意的是（也是后现代主义提醒我们的）现代主义的知识观及科学观并不能完全穷尽马克思的知识观，例如后者虽然也是一种进步观，不过由于辩证法的运用，遂形成一种包含扬弃、保留、提升的、螺旋上升的进步观（而非直线的进步观）；再者，马克思虽然也重视整体性，他的整体绝非和谐圆融的整体，而是包含矛盾、危机、冲突、斗争、毁灭的可能性的一个整体，兼具同一性和差别性的一个整体。所以马克思的知识观摆在今日的思想景观来看，还是自成一格，不能完全化约为现代主义。

不过后现代主义对现代主义的批判或响应在此还是有值得注意的地方，例如对于“整体之暴虐”的批判，害怕个体或部分会被整体所吞噬。有些人认为整体性或整体化的思想可能会助长极权主义。① 西方现代化的经验使他们有这样的警惕，现代性同时包含着机会和危险、生产性和毁灭性、民主和极权。所以现代科学、工业、民主、纳粹政权、斯大林政权等都是现代性的一部分。而到目前为止，马克思主义实践的结果似乎和极权主义结下不解之缘，斯大林政权只是其中最显著的例子而已。后现代主义的批判主要是根据这样的推断而来的。从马克思的方法论来看，虽然也观照到部分以及整体与部分的关系，不过重点还是在于整体的掌握或重建，如上所述，对整体的理解，相对于对部分的理解而言，是拥有优越性的。马克思曾努力调解整体与个体之间、社会与个人之间的矛盾或对立，他力促“避

① Bernstein, R. J. , *The New Constellation* (Cambriclge: Polity Press, 1991), p. 199.

免把社会当做一个僵硬的抽象物，和个人相对立，因为个人乃是社会存在”[①]。把个人当做社会存在以及把人的本质界定为一切社会关系的总和，虽然是把个人与社会或个体与整体之间的对立或矛盾化解了，但是这一种化解的方式还是把优位或强调放在社会（而非个人）这一边。社会凌驾于个人之上，或者更确切地说，人的社会性凌驾于人的其他属性之上，个体性在这里受到了压抑。

在个人与社会或个体与整体之间要找到一个不偏不倚的平衡点，或者要真正调解（或解决）二者的对立是很困难的。当然，有一些学说根本放弃了这种调和的努力，而走向化约论，不管是个人主义（如方法论的个体主义、理性选择理论等）还是集体主义（如结构主义、结构功能论、系统论等）的化约论。马克思试图要掌握二者，例如在《路易·波拿巴的雾月十八日》一文他写道：

> 人们自己创造自己的历史，但是他们并不是随心所欲地创造，并不是在他们自己选定的条件下创造，而是在直接碰到的、既定的、从过去继承下来的条件下创造。一切已死的先辈们的传统，像梦魇一样纠缠着活人的头脑。[②]

但是其结果（理论及方法论）仍然无法完全克服二者的对立，且有所偏倚，并衍生出现实上的后果（极权政治）。这个问题值得进一步探讨，以寻求解决之道。

责任编辑：魏波

---

① Marx, *Selected Writings*, ed. by David McLellan (Oxford: Oxford University Press, 1977), p. 91.

② 《马克思恩格斯全集》第8卷，人民出版社，1961，第121页。

特色理论

北大马克思主义研究（第1辑）

刘少奇对建设马克思主义学习型政党的理论贡献*

仝　华

摘　要： 刘少奇作为中共中央第一代领导集体中最重要的成员之一，为建设马克思主义学习型政党作出了多方面的宝贵贡献。其中包括理论贡献。主要是：发表《论共产党员的修养》，深入阐发毛泽东关于“中国党的马克思主义的修养”命题；在《答宋亮同志》和《清算党内的孟什维主义》等著作中，比较集中地分析了党的理论准备不足等情况，力促全党加强马列主义理论的学习；在党的七大及此后的近二十年间，从多方面阐述了与建设马克思主义学习型政党相关的一系列思想。

关键词： 刘少奇　建设　马克思主义　学习型政党　理论贡献

作者简介： 仝华（1951～），女，祖籍河北，北京大学马克思主义学院教授、博士生导师。

建设马克思主义学习型政党，是2009年9月中共十七届四中全会正式提出的。但是，为建设马克思主义学习型政党而努力的相关认识与实践，实际上，在党的创立时期就逐步地开始了。并且，进入土地革命战争中后期，特别是进入抗日战争时期后，党对这一问题的认识水平日益提高，党在这方面的实践也日益走向自觉。此后，这种认识与实践伴随着党领导革命、建设和改革的曲折而辉煌的历程，在不断探索中逐步地提升。期间，刘少奇作为

* 本文为“教育部‘纪念建党九十周年’专项课题资助（课题批准号：10JDJNJD010）”成果之一。

中共第一代中央领导集体中最重要的成员之一，为建设马克思主义学习型政党作出了多方面的宝贵贡献，其中包括理论贡献。考察、梳理和研究他在这方面的贡献，对推进全党贯彻落实党的十七届四中全会精神不无裨益。

一　发表《论共产党员的修养》，深入阐发毛泽东关于“中国党的马克思主义的修养”命题

众所周知，新民主主义革命时期，中国共产党对全党学习马克思主义的大力度引领，始自1938年（9月29日~11月6日）在延安召开的中共六届六中全会。而时任中共中央北方局书记的刘少奇，是六届六中全会的参加者，并被推选为大会主席团成员。在这次全会上，刘少奇作了修改党规党纪的报告。六届六中全会召开时，中国共产党已经历党的创立和大革命时期以及土地革命战争时期的严峻考验、经历抗战初期的深重磨砺。在这一过程中，毛泽东、刘少奇等党的主要领导者痛彻地感到，由于党的理论准备不足，由于党在把马克思主义的基本原理与中国革命的具体实际相结合方面，还存在着明显的、较大的差距，因而从主观原因上给以往的革命造成重大挫折。

也是基于这种痛彻地感悟，毛泽东在全会上所做的《论新阶段》的报告，第七部分“(13)”就是专讲学习问题的。其中特别是分析了“中国党的马克思主义的修养”状况和党面临的任务，强调努力学习马克思主义理论与方法对于党的极端重要性。毛泽东指出：“中国党的马克思主义的修养”虽“已较前大有进步，但还说不到普遍与深入。在这方面，较之若干外国的兄弟党，未免逊色。而我们的任务，是在领导一个四万万五千万人口的大民族，进行着空前的历史斗争”。因此，“普遍地深入地研究马克思列宁主义的理论的任务，对于我们，是一个亟待解决并须着重地致力才能解决的大问题”①。毛泽东的报告，引起刘少奇的强烈共鸣，促使他产生了写作论共产党员思想意识修养的想法。

六届六中全会结束后，同年11月9日，刘少奇被任命为中共中央中原局书记。1939年1月初，他来到河南渑池，在中央豫西特委举办的党员训练班作关于共产党员修养问题和中央党史的报告，这是他第一次系统地讲共产党员修养问题。同月28日，刘少奇到达河南确山县竹沟镇，在此正式建

① 《中共中央文件选集》11，中共中央党校出版社，1991，第657页。

立了中共中央中原局领导机关，随后在竹沟举办各种类型的干部训练班和党员训练班。刘少奇亲自给这些训练班讲课，其中包括讲共产党员的修养。3月下旬，根据中央安排，刘少奇经西安回到延安，参加中共中央的重要会议。鉴于以往他对党的建设的研究，7月8日和12日，他应延安马列学院院长张闻天和院教育科长邓力群之请，在延安蓝家坪马列学院外广场上，为学员讲授关于党员的思想意识修养一课，深得学员好评。张闻天认为，刘少奇所讲的内容是广大党员迫切需要的，他请刘少奇将讲演稿修改、整理，准备在他主编的《解放》周刊发表。有关同志将刘少奇整理好的稿子送毛泽东审阅。毛泽东阅后复信："这篇文章写得很好，提倡正气，反对邪气，应该尽快发表。"① 于是，题为《论共产党员的修养》的长文，在《解放》周刊第81期（1939年8月20日）、第82期（8月30日）、第83、84期合刊（9月20日）分三次连载。文章发表后，引起强烈反响。应许多读者的要求，同年11月7日，由延安新华书店首次出版该书单行本，并很快两次再版，敌后各抗日根据地也先后转载或出版单行本。在延安整风运动中，这本书被毛泽东选为干部整风必读文件，人手一册。毛泽东说："他讲'修养'我讲'整风'，意思是一样的。②"

在《论共产党员的修养》一文中，刘少奇从多角度深入阐发了毛泽东在六届六中全会提出的"中国党的马克思主义的修养"这一命题。其中特别是：

第一，比较深刻地说明了学习马克思列宁主义理论的重要性和必要性。即，它"是我们观察一切现象、处理一切问题的武器，特别是观察一切社会现象、处理一切社会问题的武器"。舍此，我们就不能正确地认识和处理在革命斗争中所遇到的各种问题，就有迷失方向、背离无产阶级革命立场的危险，"甚至可能自觉地或不自觉地成为各种机会主义者，成为资产阶级的俘虏和应声虫。"③

第二，要求每一个共产党员，都要努力学习马克思列宁主义，都要把"马克思列宁主义创始人一生的言行、事业和品质，作为我们锻炼和修养的模范"。④ 刘少奇先后引用恩格斯评论马克思生平、斯大林评论列宁生平的

---

① 1998年11月29日《人民日报》。

② 1998年11月29日《人民日报》。

③ 《刘少奇论党的建设》，中央文献出版社，1991，第112~113页。

④ 《刘少奇论党的建设》，中央文献出版社，1991，第99页。

各两段话，说明为什么要学习马克思和列宁。应该说，提倡把学习马克思列宁主义理论同学习马克思列宁主义创始人的言行、事业和品质结合起来，这在党内当时是少见的。

第三，指明了对待马克思列宁主义的正确态度。即，要“站在马克思列宁主义的坚定立场上，掌握马克思列宁主义的方法，身体力行，活泼地去指导一切的革命斗争”①，改造现实，同时改造自己。此外，“要根据新的经验，研究马克思列宁主义有哪些个别结论，在哪些个别方面，需要加以充实、丰富和发展”②。

第四，强调学习马克思列宁主义，应该“学习到马克思列宁主义的本质”，而不能“只是肤浅地学习到马克思列宁主义的词句”；“必须坚决反对和彻底肃清旧社会在教育和学习中遗留给我们的最大祸害之一——理论和实际的脱离”。③

《论共产党员的修养》这篇报告文稿，自发表以来，经久不衰。1998年11月20日，江泽民同志在刘少奇诞辰一百周年纪念大会上的讲话中，特别讲到了《论共产党员的修养》，指出：这本书“丰富了马克思列宁主义、毛泽东思想关于党的建设的理论”；“教育了一代又一代共产党人，在党的建设史上产生了广泛而深远的影响，是我们党极其宝贵的精神财富。”④

二　在《答宋亮同志》和《清算党内的孟什维主义》等著作中，比较集中地分析了党的理论准备不足等情况，力促全党加强马列主义理论的学习

《答宋亮同志》一文，写于1941年7月13日，原载于同年10月10日出版的中共中央华中局内部刊物《真理》第二期。在此文中，刘少奇具有独到贡献的论述是：

其一，明确指出，中国党“有一极大的弱点”，“就是党在思想上的准备、理论上的修养是不够的，是比较幼稚的。”⑤ 正因为如此，党在过去的

① 《刘少奇论党的建设》，中央文献出版社，1991，第103页。
② 《刘少奇论党的建设》，中央文献出版社，1991，第106页。
③ 《刘少奇论党的建设》，中央文献出版社，1991，第106页。
④ 1998年11月21日《人民日报》。
⑤ 《刘少奇论党的建设》，中央文献出版社，1991，第272页。

屡次失败，“都是指导上的失败，是在指导上的幼稚与错误而引起全党或重要部分的失败，而并不是工作上的失败”。刘少奇所说的“指导上的失败”，归根到底是缺乏科学理论的武装造成的。并且，从全党范围看，直至1941年，“缺乏理论这个弱点，仍未完全克服（虽然党内少数同志特别是中央的同志是有了对马列主义理论与中国社会历史发展的统一理解）”。因此，刘少奇强调“现在提倡党内的理论学习，就成为十分必要”①。

其二，比较全面、深刻地分析了导致党存在这一“极大的弱点”的主要原因。即，一是从主观上看，在对待学习马克思主义理论的问题上，党内存在着两种错误认识。“一种是过分强调实践，轻视理论的重要性，轻视理论对实践的指导作用；另一种是过分强调理论，轻视实践的重要性，轻视实践对理论的基源性与优越性。”② 而“没有把理论与实践的关系正确解决与正确联系”③，是它们相同的本质的错误。这两种错误认识都妨碍党学习和掌握马克思主义理论。二是从客观上看，确实存在着影响中国共产党人学习马克思主义理论的一些不利因素。这主要是：（1）“马克思主义的著作传入中国的历史并不久（在五四运动时才有很少的输入）”。④ （2）马克思主义传入中国时，中国的“客观革命形势很成熟”，这种情况“要求中国革命者立即从事、而且以全部力量去从事实际的革命活动，无暇来长期从事理论研究与斗争经验的总结”。⑤ （3）因为马克思、恩格斯、列宁、斯大林，诸领袖都是欧洲人，而不是中国人，他们的著作都是用欧洲文字发表的（当时大部分还未译成中文）。“在他们的著作上说到中国的事情并不多”，⑥ 而中国社会历史发展的具体道路和欧洲各国社会历史发展的道路比，有更大的特殊性。因此，要使马克思主义中国化，要用马列主义的原理来解释中国社会历史实践，并指导这种实践，就觉得特别困难些。

其三，指出“所谓中国党的理论准备，包括对于马列主义的原理与方法及对于中国社会历史发展规律的统一把握”。刘少奇认为，“这在中国党的大多数同志不论对哪一方面都还有极大的不够，还是中国党一个极大的工作。”⑦

① 《刘少奇论党的建设》，中央文献出版社，1991，第274页。
② 《刘少奇论党的建设》，中央文献出版社，1991，第271页。
③ 《刘少奇论党的建设》，中央文献出版社，1991，第272页。
④ 《刘少奇论党的建设》，中央文献出版社，1991，第274页。
⑤ 《刘少奇论党的建设》，中央文献出版社，1991，第274页。
⑥ 《刘少奇论党的建设》，中央文献出版社，1991，第275页。
⑦ 《刘少奇论党的建设》，中央文献出版社，1991，第275~276页。

应该说，刘少奇的上述概括和分析是很有见地的，这对促进全党“以极大的努力”来克服缺乏理论的弱点十分有益。

继此之后，为纪念中国共产党诞生22周年，1943年7月4日，刘少奇写了《清算党内的孟什维主义》一文，并于同月6日在延安《解放日报》发表。在此文中，刘少奇从四个方面深化了他在《答宋亮同志》一文中的主要思想。

一是，进一步总结党的历史经验，更明确地指出：“我们在过去很长的时间内，关于科学的马列主义的思想上的准备是很不够的。”[①] 他写道，在过去历史上，我们最吃亏的地方，就是在革命运动的指导上还不免发生错误，因而就使运动遭到部分的有时甚至是严重的不应有的损失。这一个历史教训，我们必须汲取，并且必须在今后认真解决这个问题。他认为，“只要我们能够保证对于革命运动的指导在各方面不发生严重的原则错误，那就等于保证了中国革命的胜利。”[②]

二是，对怎样才能保证党的指导在各方面不发生严重的原则错误，提出了五个“就须要”的深刻见解。即“就须要我们的党员首先是我们的干部能够辨别马克思主义的真假，就须要在革命的队伍中，在党内，粉碎各种假马克思主义的思想体系及其派别，就须要很好总结我党二十二年来丰富的历史经验，就须要很好地进行学习，提高我们的嗅觉，就须要把毛泽东同志的指导贯彻到一切工作环节和部门中去”[③]。可以说，这五个“就须要”的实质，是学习和掌握马克思主义的理论与方法。

三是，通过集中论述如何识别“真假马克思主义者”的问题，从更深的层面强调了学习马克思主义理论的重要性和必要性。刘少奇写道：中国共产党在其成立后的二十二年中，比世界上任何一国的共产党都经历了更多的重大事变，有更丰富的革命斗争经验。但是，“在各种经验中，最重要的一个经验，就是关于什么是真正的马克思主义者——什么是真正的布尔什维克”。[④] 他在完整地引用斯大林在《列宁是俄国共产党的组织者和领袖》一文中，对真假马克思主义者的相关论述后指出：斯大林在这里说得很清楚，这两派人虽然都是在马克思主义旗帜下做工作，都把自己当做“真正的”

① 《刘少奇论党的建设》，中央文献出版社，1991，第368页。
② 《刘少奇论党的建设》，中央文献出版社，1991，第368页。
③ 《刘少奇论党的建设》，中央文献出版社，1991，第369页。
④ 《刘少奇论党的建设》，中央文献出版社，1991，第369页。

马克思主义者，但是他们两派人的工作方法，也就是他们的思想方法，是完全相反的。即一派人是假马克思主义者，他们“不会实行马克思主义，把马克思主义变成公式、教条”①。然而，“这种人的危险性，就在于他们那大堆的马列主义词句、布尔什维主义的外衣及其先天的两面性。”②

刘少奇指出：另一派人就是真正的马克思主义者。“他们言行一致，口讲马克思主义，做的也是马克思主义，而最着重的是去改造世界。他们经常保持马克思主义的活泼的、革命的力量。”③ 这两种马克思主义者，在中国共产主义运动中，在中国共产党内，历来是存在的。而就假马克思主义者所主张和所实行的机会主义来看，无论它是以什么形式来表现，“这些机会主义，实质就是中国的孟什维主义。”④

四是，指出：“中国共产党的历史，是马列主义在中国发展的历史”，并强调：“这种历史在客观上是以毛泽东同志为核心构成的。”而“党内各派机会主义的历史决不能成为党的历史。党内孟什维主义的体系及其传统，决不能成为党在思想上的体系及其传统”⑤。也是基于此，刘少奇号召一切干部和党员，“应该用心研究二十二年来中国党的历史经验，应该用心研究与学习毛泽东同志关于中国革命的及其他方面的学说，应该用毛泽东同志的思想来武装自己，并以毛泽东同志的思想体系去清算党内孟什维主义思想。”⑥

应该说，刘少奇对这一问题的论述，在相当程度上显示了他的马克思主义理论水平和思想水平，这在党内，当时同样是不多见的。

三　在党的七大及此后的近二十年间，从多方面阐述了与建设马克思主义学习型政党相关的一系列思想

从1945年党的七大到1966年“文化大革命”前，刘少奇在与毛泽东等

① 《刘少奇论党的建设》，中央文献出版社，1991，第371页。
② 《刘少奇论党的建设》，中央文献出版社，1991，第374页。
③ 《刘少奇论党的建设》，中央文献出版社，1991，第372页。
④ 《刘少奇论党的建设》，中央文献出版社，1991，第372页。
⑤ 《刘少奇论党的建设》，中央文献出版社，1991，第376页。
⑥ 《刘少奇论党的建设》，中央文献出版社，1991，第377页。

共同领导中国革命和建设的近二十年间，根据党的建设的实际需要，并结合党的历史经验，从多方面阐述了与建设马克思主义学习型政党相关的一系列思想。其中特别是：

其一，在党的七大所做的《关于修改党的章程的报告》中，专题论述了“关于党的指导思想的问题”。而其主要内容是向全党说明，为什么党章的总纲上确定以毛泽东思想作为中国共产党一切工作的指针，以及在党章第一章第二条把“努力地提高自己的觉悟程度和领会马克思列宁主义、毛泽东思想的基础”作为党员必须履行的首要义务。因为这是“这次修改党章的一个最大的历史特点”。①

对于怎样认识毛泽东思想，刘少奇强调了三点：（1）“毛泽东思想就是马克思列宁主义的理论与中国革命的实践之统一的思想，就是中国的共产主义，中国的马克思主义。”②（2）毛泽东思想的生长、发展与成熟，已经有了二十四年的历史，在无数次的千百万人民的剧烈斗争中，反复考验过来了，“证明它是客观真理，是唯一正确的救中国的理论与政策。”③（3）“毛泽东思想，从他的宇宙观以致他的工作作风，乃是发展着的与完善着的中国化的马克思主义，乃是中国人民完整的革命建国理论。”④

在说明这一问题后，刘少奇继而指出：毛泽东“不但敢于率领全党和全国人民进行翻天覆地的战斗，而且在理论上敢于进行大胆的创造，抛弃马克思主义理论中某些已经过时的、不适合于中国具体环境的个别原理和个别结论，而代之以适合于中国历史环境的新原理和新结论，所以他能成功地进行马克思主义中国化这件艰巨的事业”⑤。刘少奇还进一步强调：“毛泽东思想，就是这次被修改了的党章及其总纲的基础。”因而，“学习毛泽东思想，宣传毛泽东思想，遵循毛泽东思想的指示去进行工作，乃是每一个党员的职责。”⑥

刘少奇的报告，得到了中共七大代表的热烈拥护。6月11日，新修改的《中国共产党党章》被中共七大原则通过，8月9日，由七届一中全会第

① 《刘少奇论党的建设》，中央文献出版社，1991，第417页。
② 《刘少奇论党的建设》，中央文献出版社，1991，第418页。
③ 《刘少奇论党的建设》，中央文献出版社，1991，第418页。
④ 《刘少奇论党的建设》，中央文献出版社，1991，第419页。
⑤ 《刘少奇论党的建设》，中央文献出版社，1991，第421页。
⑥ 《刘少奇论党的建设》，中央文献出版社，1991，第422页。

二次会议正式通过。这部党章对推动和指导全党在毛泽东思想的旗帜下团结奋进，起了巨大的、长久而深远的作用。

其二，在全国解放战争时期，着重强调了如何为迎接新中国的诞生而加强各方面的学习，特别是进一步学习马克思列宁主义和毛泽东思想的问题。强调的主要内容是：

（1）要牢固树立“中国历史的发展离不开共产党”和“中国共产党的发展离不开毛泽东思想”的信念。1948 年 7 月 1 日，刘少奇在为纪念“七一”而举行的干部会议上发表了《中国的历史发展离不开中国共产党》的讲话。他在回顾党的历史后指出：马克思主义传到了中国，经过中国共产党运用马克思主义的原理来解决中国的问题，同时也就发展了马克思主义，丰富了马克思主义。他认为，这个情况告诉我们，“使马克思主义中国化，用马克思主义解决中国的问题，推动中国历史前进。这件事情虽然经过许多曲折，但我们正在取得胜利”,① 以后，“只要争取我们不犯大的错误，干下去，那么中国共产党，中国革命的发展与胜利，是无疑问的。可以这样讲，中国历史的发展离不开共产党，我们中国共产党的发展离不开毛泽东思想。”②

（2）要大力培养具有理论知识的党的领导干部和宣传干部，指导他们学习马列主义、毛泽东思想。解放战争中后期，为了适应时局发展的迫切需要，迎接全国解放，培养具有理论知识的党的领导干部和宣传干部的任务，迫切地提上党的工作日程。为此，1948 年 7 月 24 日，中共中央发出关于在华北创办高级党校的通知。决定党校仍沿用延安的马列学院名称，由刘少奇兼任院长。③ 马列学院第一班于 1948 年 11 月 8 日在河北省阜平县李家沟开学。12 月 14 日，刘少奇到校对该班学员讲话。他针对学员的认识和学习情况强调了三点：

一是，“开办马列学院也是提高党的理论水平的方法之一，而且是很重要的方法。”④ 刘少奇告诉大家，将来还要以马列学院为中心，在全党学习中起指导作用，依靠马列学院去使全党理论水平有所提高。

二是，要懂得创业难，守成也难的道理。因而，越是快要胜利了，越要

---

① 《刘少奇论党的建设》，中央文献出版社，1991，第 525 页。

② 《刘少奇论党的建设》，中央文献出版社，1991，第 527 页。

③ 《刘少奇年谱》下卷，中央文献出版社，1996，第 154 页。

④ 《刘少奇论党的建设》，中央文献出版社，1991，第 532 页。

更多地读理论书籍，熟悉理论，“否则由于环境的复杂，危险更大。”[①] 此外，学习马列主义理论“主要是靠自己。……不能完全依赖听报告和教员”;[②] 在党校学习，应该“在更大的范围内去联系实际”。[③]

三是，“读马恩列斯的书，就是学习外国革命的经验、世界各国的革命经验。”对这方面的经验，不学是不行的，因为“中国革命是世界革命的一部分，不是孤立的”；“有中国经验，又有外国经验，才有实现正确指导的可能”。[④]

针对有人提出“为什么要学西方史?”刘少奇解释说：“学西方史是为了读懂马列主义。[⑤]”他还说，“不学地理、历史，你就理论不起来。”[⑥] 刘少奇对学员的指导和要求是很细致的，他甚至提出：写文章，字也要写正当。写字也要搞点“纪律性”，否则是无政府状态，主观主义、乱七八糟。这叫做不尊重民族语言的传统。[⑦]

在讲话中，刘少奇鼓励学员：马克思主义的内容无比丰富，解决了世界上许多大的原则问题。“所以马克思主义理论的书要认真学，学得好就站起来了，不爬行了；过去未想通的，现在可以想通了，眼界开阔了，天地大了。”[⑧]

刘少奇的上述讲话，对推动全党力争以比较充分的理论准备迎接新中国的诞生起了重要作用。

其三，新中国建立后，面对复杂的新形势和繁重的新任务，刘少奇根据党中央的统一部署，在新的起点上，加强了对全党在这方面的指导。

这一时期，1956 年 9 月 15 日，他在中共八大所做的政治报告中的有关论述，最具代表性。其强调的重点是：(1)“必须认真地加强干部的首先是高级干部的系统的马克思列宁主义的学习”[⑨]。以使他们善于用马克思列宁主义的立场、观点和方法去观察和解决实际生活中的问题，提高自己在复杂

① 《刘少奇论党的建设》，中央文献出版社，1991，第 534 页。
② 《刘少奇论党的建设》，中央文献出版社，1991，第 531 页。
③ 《刘少奇论党的建设》，中央文献出版社，1991，第 531 页。
④ 《刘少奇论党的建设》，中央文献出版社，1991，第 537 页。
⑤ 《刘少奇论党的建设》，中央文献出版社，1991，第 536 页。
⑥ 《刘少奇论党的建设》，中央文献出版社，1991，第 538 页。
⑦ 《刘少奇论党的建设》，中央文献出版社，1991，第 538 页。
⑧ 《刘少奇论党的建设》，中央文献出版社，1991，第 538 页。
⑨ 《刘少奇论党的建设》，中央文献出版社，1991，第 635 页。

情况中判断方向、辨明是非的能力，并且学会用马克思列宁主义的理论去研究和整理自己的工作经验，在经验中找出具体事物发展的规律性。(2)“必须加强在广大的新党员中的理论和实际统一的教育”①。以帮助他们逐步懂得马克思列宁主义的立场、观点和方法，获得关于马克思列宁主义的一般原理、党的历史和我国社会主义事业现状的基本知识，认识主观主义——包括教条主义和经验主义——的危害，而在知识分子新党员中，则要特别着重认识教条主义的危害。(3)“必须加强党的理论工作。”② 其中包括：应当迅速地集中必要的党内外马克思列宁主义的科学工作力量，从事我国社会主义改造和社会主义建设的重大问题和基本经验的研究，从事当前国际问题的研究，从事马克思列宁主义基本理论以及同马克思列宁主义有密切关系的科学部门的研究，使这一系列研究适合于当前党的实际工作的迫切需要，适合于向广大党员和广大青年进行理论和实际统一的马克思列宁主义教育的迫切需要。

固然，上述所梳理的内容，只是刘少奇对建设马克思主义学习型政党所做的相关论述的一部分，但是，我们已能从这些论述中感悟到他对党在这方面的建设的突出理论贡献。让我们加倍珍惜他留给党和人民的宝贵思想财富，在全面建设小康社会的征程上，切实为建设马克思主义学习型政党而不懈地努力。

责任编辑：史春风

① 《刘少奇论党的建设》，中央文献出版社，1991，第635页。
② 《刘少奇论党的建设》，中央文献出版社，1991，第635页。

国情观察

北大马克思主义研究（第1辑）

中国价值、普世价值和历史主义批判

——一场大争论："中国国民性"与"普世价值"

大卫·凯利［著］　张学成［翻译］

摘　要：本文讨论《中国站起来》这本书在过去的一年在中国知识界所引起的一些激烈的争论。文章对当今中国争论的主要的议题——中国的崛起及其与"普世价值"的关系、其他道德观念以及知识分子的作用等众多问题做出了自己的解释。争论的焦点是"中国如何崛起"——是通过建立一个强大的国家，还是在"和平崛起"的旗号下进行？

关键词：中国价值　普世价值　历史主义　国家主义

作者简介：大卫·凯利（David Kelly），著名中国问题研究学者，悉尼科技大学中国研究中心教授。张学成为北京大学马克思主义学院2009级博士生。

引　言

"西方文明是地球的顽症。"

——摩罗：《中国站起来》

从《中国可以说不》到《中国不高兴》、《中国站起来》，爱国愤青们关于中国的论述，无一例外都是这种"我们"与"他者"、"中国"与"西方"二元对立式的种族主义虚无论，只要是反抗英美强权，便统统具有天然的正当性。

——许纪霖：《走向国家祭台之路：从摩罗的"转向"看当代中国的虚无主义》

希特勒带领自己的民族摆脱英法强权的扼制，这是值得敬佩的。

——采访摩罗

2010年初中国的书店热卖一本新书《中国站起来》。本文将讨论《中国站起来》这本书在过去的一年所引起的一些激烈的争论，其目的是要对当今中国争论的主要的议题——中国的崛起及其与“普世价值”的关系、其他道德观念以及知识分子的作用等众多问题做出解释。争论的焦点是“中国如何崛起”——是通过建立一个强大的国家，还是在“和平崛起”的旗号下进行?

摩罗是《中国站起来》一书的作者，摩罗是他的笔名，他的原名是万松生，是中国艺术研究院中国文化研究所的一名研究员。在过去二十多年中已经成为一个有一定名气的作家。[①] 他作为一个作家的职业生涯开始于20世纪90年代末的那本题为《耻辱者手记》的文集。在他的早期著作中，摩罗认同鲁迅等其他新文化运动的推动者。新文化运动激烈地反传统，认为中国传统制度是民族衰弱的根源。他是在为被压迫者和被攻击者控诉，并且得到了余杰等自由主义甚至是异端作家公开的支持。

因此，《中国站起来》的出版在文化界引起了相当大的冲击，从一些批评的文章中就可以看出：“摩罗的新书：神经错乱的文字?”“人文”中国站起来，摩罗趴下了。正如另一篇文章所说的，“摩罗新书《中国站起来》出版，多位朋友与之绝交。”这些朋友中就有余杰本人。在他成名初期，摩罗被北京大学的鲁迅研究学者钱理群称为继鲁迅之后的“精神界战士”。现在钱理群也像其他同道者那样表示尴尬。但另一方面也有呼应的著作来支持他：“摩罗，一个被误解的真诚朋友”；“中国的精英要站直——读摩罗的《中国站起来》”。

类似“中国站起来”这样的提法已有很多：“中国可以说不”、“中国不高兴”。（实际上《中国站起来》在装订和颜色上与之前出版的这类书很相似。）但是真正打动读者的是摩罗书中所聚焦的主题：责骂新文化运动和五四运动，反对鲁迅对中国国民性的诊断而更倾向于参考美国传教士亚瑟·亨·史密斯的对中国国民性的批评性评论。鲁迅批评中国人心灵中缺乏“爱

① 摩罗轻易地唤起了中国20世纪早期的新文化运动的世界观。“摩罗”是由梵文Mara翻译而来，意思是魔鬼。这个名字出现在鲁迅早期的论文《摩罗诗力说》的标题里。John Kovalis认为鲁迅选择“摩罗”是为了给拜伦的像染上撒旦的色彩。

与诚”，他关于中国国民性的一系列论述构成了国民性批判甚至更严重的国民劣根性论。他们绝对不属于狂热的民族主义，唯一能够把作为开明的自由主义学者的摩罗和他的新书分隔开的就是他巧妙地颠覆了中国国民“闭关自守”的特性，以“国民劣根性论”来对抗国民自欺欺人的倾向①，从而服务于民族自我意识觉醒的最初功能。

所有的这些因素使得这本书成为进入书店的人必买的书。但是，细心的读者深入阅读之后很快就会感到非常震惊：这书不但没有颠覆狂热的民族主义，而且还为其“做了巨大的贡献”。摩罗努力地划向民族主义，已经与民族主义者同舟共济了。

这些争论是由《中国站起来》一书的出版而引起的，最有深远意义的是年中的时候许纪霖发表的一篇文章。② 许继续完成他对当前中国知识分子的趋势的三个主要的批评，他自已称之为 2010 年“知识分子三大批判”。他在《读书》上的关于摩罗的转向的文章是三篇中最短但最情绪化的——近乎心灵的回应。许的第二和第三篇论文所扩展的论题与摩罗和《中国站起来》都没有什么关联。第二篇文章的题目是“普世文明，还是中国价值?”③ 第三篇是最长的，主要研究的是国家主义，深入研究了民主、公民社会等这类实际的问题。④

国外学者一般不轻易地介入中国知识分子之间的争论，支持、反对某一个人或某一个观点可能不是蓄意的。了解摩罗的人通常称他是一个有良心的知识分子，摩罗把他早期的成就归因于书面表达能力和忏悔冲动的结合，就像卢梭那样。他在新书发布会接受采访时认为他的“转向”只是反对者的子虚乌有的偏见。他所做的，不过是与时俱进地调整他的视野。摩罗的转向似乎比《中国站起来》这本书本身还要超前，在 2008 年的一篇图书评论中，摩罗已经对前文所提到的国民性批判提出了反对意见。⑤ 但是这仅仅是

① 这一段的论述没有任何的偏见。根据作者的观点，任何民族国家的公民，特别是超级大国的国民很容易自欺欺人。

② 许纪霖：《走向国家祭台之路——从摩罗的“转向”看当代中国的虚无主义》，《读书》2010 年第 8、9 期。

③ 许纪霖：《普世文明，还是中国价值？——近十年中国的历史主义思潮》，《开放时代》2010 年第 5 期。

④ 许纪霖：《中国需要利维坦？近十年来中国国家主义思潮之批判》，http：www. my1510. cn/artide. php？ id = 12159le58c02b9a5。

⑤ 摩罗：《“国民性批判”是否可以终结?》，2011 年 3 月 14 日《中华读书报》。

简单的时间的倒推：转向可能还在发生，或者已经悄悄地消失。

我们没有比摩罗在访谈时进行自我辩护更大的权利去回驳许纪霖发表在《读书》上的文章。许认为摩罗无疑已经完成了知识的转向。我认为许攻击的不是摩罗本人，而是摩罗的转向背后深藏着的精神动机。毕竟摩罗是一个常常忏悔的作家，一直在努力公开他内心的冲突，从而招致了许纪霖等人的质问。

在这一个问题上我们的作用仅仅是对中国知识界做一点补充。如果没有摩罗的忏悔的冲动和文字的能力，知识界就会很沉寂。如果没有许纪霖渊博的知识和雄辩的能力，从而能够对摩罗的问题迅速做出反应，我们也许还忽视了当前一些危险的思想。最终我是支持许纪霖关于普世价值的立场。然而他坦率地承认，当他和摩罗同样程度地暴露了自己的观点时也会面临一些困难。我们应该看到，他是把摩罗的观点放在一个深厚的历史背景中来考察。要完全认同他的观点需要有耐心，需要更多的时间和学术语言方面的投入。

中国模式与中国价值

“中国价值”和“中国模式”对中国和西方的专家都很有吸引力，他们试图把“中国价值”和“中国模式”推介为世界发展的新模式。马丁·雅克等学者是要警示西方的傲慢和无能。[①] 中国也存在这类情况。此外，对中国价值的强调使得党和国家体现民族认同和民族利益的要求更强烈了。

得到西方认同的某些国际演员通过各种令人震惊的事情，在世界人民选择他们的发展模式问题上设置障碍。然而，推进中国模式，吸收中国价值来取代西方模式和西方价值也有一些问题。其中就有基本概念的问题，通过对中国模式和中国价值的歪曲就可以概括总结出这些问题。况且，这也反映了中西之间的裂痕——现代历史过程中几乎所有的利益问题都暗藏着中、西之间的对立冲突。“西方”是一个连贯的实体，还是相反的仅仅是一个形式，在这一形式下轻易就容纳了挪威、意大利、美国等不同的模式。即使是这样，这一整体是否真正具有一致的价值？这种价值在其他地区不曾出现过，并且从没有参合外来的因素吗？可以肯定的是，马克思主义和基督教教义都吸纳了西方的价值。

① 马丁·雅克：《当中国统治世界》，中信出版社，2010。

类似的问题也可以用来考问“中国价值”。界定清楚“价值”的内涵有助于回答这个问题。通常人们都不认为“价值”是由动物或机器所产生的，“价值”最初是人类“订阅”的社会“文本”。后来“价值”衍生出各种不同的含义用于解释人的活动，价值更通常的是作为直接认知和特定组织的行为特质，最后才是指整个人类的文明。从这个意义上来看，“中国价值”在定义时是否也可以不必考虑普世的认知和行为属性呢？

马丁·雅克等人只是用“中国共识”正面地回答了这一问题。但是，在中国有一股声音强烈反对对中国价值的歪曲。[①] 许纪霖可谓是其中的最强音，他运用他的历史知识，尤其是虚无主义、历史主义以及国家主义的概念来抵制对中国价值观的歪曲。虚无主义、历史主义和国家主义等这些都是价值体系，但是我们不能仅仅根据他们都是以“ism”这个音节结束而把它们归于一类，这是不合事实的。实际上它们不都属于同一层次，比如“风湿”这个词也是以“ism”这个音节结束，但明显就不是这类词。主张历史主义的就是历史主义者，主张国家主义的就是国家主义者，但是当我们说某一个人是虚无主义的时候，通常更多的是指心理或精神的综合症而不仅仅是社会背景。例如，在许纪霖的用语中，虚无主义是“一种上帝死了之后无所依傍的价值彷徨。”[②] 从历史上看，虚无主义是发生在俄国的作为“儿”字辈的知识分子的一个代际现象。但是这一个词被许纪霖等人用来分析整个时代：

在富强现代性的背后，是一种深刻的价值虚无主义。不同的现代性在价值上无可通约，精神价值与政治文明都是特殊的，无普遍性可言；唯独在物质实力和制度合理化层面是普世的，可以用量化的数据和实用的效率比较衡量，一决雌雄。当上帝死了之后，伦理上的各种价值之神陷入了永恒的战争，不再有一个终极的价值裁决它们。[③]

并不是所有的虚无主义都会导致其他的主义，如历史主义和国家主义。许纪霖引用日本汉学家伊藤虎丸将鲁迅精神形容为一种“能动的虚无主义”，鲁迅是一个在面对国家和个人的黑暗时能够创造出新的个体价值的英雄。鲁迅看透了现代社会价值的虚妄性，又不像世俗的虚无主义那样随波逐

---

① 如许纪霖，人们可能还会提到历史学家葛兆光，经济史学家秦晖。

② 许纪霖：《走向国家祭台之路——从摩罗的“转向”看当代中国的虚无主义》，《读书》2010 年第 8、9 期。

③ 许纪霖：《普世文明还是中国价值？——近十年中国的历史主义思潮》，《开放时代》2010 年第 5 期。

流。“能动的虚无主义”以鲁迅式的“过客精神”，从虚无开始，战斗性地走向创造新世界的能动。许纪霖说，事实证明摩罗无法做到这一点，虚无主义危机导致摩罗先皈依了宗教，之后他从失败中苏醒过来，努力寻找精神的港湾，他最终屈服于国家主义：

摩罗曾经是一个反抗者，但骨子里笼罩着虚无主义的阴影：“存在的虚无感和精神的虚妄感紧紧地缠着我，内心的那份失落和凄惶压得我喘不过气来……当我面对内心那颗孤独的灵魂时，我对‘人’、‘生命’、‘真理’、‘正义’、‘价值’等等东西全都产生了根本的怀疑。”①当巨大的虚空压得他再也不堪忍受撕心裂肺的孤独时，于是便一头扎进国家主义的怀抱，在虚幻的爱国主义之中寻找皈依。

“在国家成为人类社会分群界线的第一原则的时代，功臣与罪人、圣人与魔鬼的区分标准，与个人品德全无干系，仅看他谋求的是哪国的利益，损害的是哪国的生命。这个标准简单地说其实就是所谓‘爱国主义’。”②

在伦理价值的废墟上，除了国家意志之外别无一物，民族利益成为了唯一有价值的价值。历史主义就这样一步步地从相对主义滑向虚无主义，最后堕入国家主义的万丈深渊。③

历史主义

跨越五四，回归康梁，从康梁这里重新起步，以“飞龙在天”的雍容豪迈之气崛起一个古老而又崭新的中华文明，这才是我们的康庄大道。④

历史主义连接着虚无主义和国家主义。历史主义源于对启蒙的反应，在伴随着德国和日本崛起的精英思想中起着重要的作用。当今中国，可以从历史主义（来）角度来理解当前所强调的中国价值和中国模式。

历史主义在国际上的名声要比国家主义好一些。历史主义的思潮起初是对过分强调启蒙的普世意义的反应。没有必要反对诸如个人主义等的自由主

---

① 许纪霖：《普世文明还是中国价值？——近十年中国的历史主义思潮》，《开放时代》2010年第5期。

② 许纪霖：《普世文明还是中国价值？——近十年中国的历史主义思潮》，《开放时代》2010年第5期。

③ 许纪霖：《普世文明还是中国价值？——近十年中国的历史主义思潮》，《开放时代》2010年第5期。

④ 摩罗：《中国站起来》，湖北长江出版集团、长江文艺出版社，2010，第100页。

义价值。的确，历史主义起初是强调浪漫个人主义，坚决反对各式各样的启蒙，但是不久历史主义就歪曲了。个人英雄主义以一种比较有影响的方式被民族所取代，在更晚些时候又被国家本身所取代，国家是凌驾于民族之上的强有力组织。

迈内克和赛亚·伯林等学者主张的历史主义认为，在历史的背后没有客观规律、超然意志或普遍人性。任何价值都属于具体的历史世界，特定的文化、文明或民族精神。价值的正当性只有通过民族以及其后的民族国家才能得到检验。历史主义与和平崛起的德国以及随后的日本和意大利密切相关，但是后来却变成了轴心国所奉行的法西斯主义。

历史主义首先是与虚无主义相联系。许纪霖举了列奥·施特劳斯的例子。列奥·施特劳斯将德国的历史主义视为一种价值的虚无主义，他们都是特殊的民族文化的爱好者，并以此拒斥人类的普世文明。许发现这种趋势在现代中国反复出现。

20 世纪 80 年代的时代特征乃是五四之后的第二次思想启蒙，从共产主义的超越世界回到哲学人类学意义上的普遍理性，从中国的特殊道路回到以西方为中心的普世历史。现代性的正当性来自人类的普遍法则，而不是特殊的民族国家利益或历史文化传统。在 20 世纪 80 年代，世界的尺度也是民族的标准，世界的现实，就是中国的未来。①

20 世纪 80 年代爱国者们普遍的忧虑，不是“中国的消失”，而是“被开除球籍”。“中国”象征着封闭和落后，象征着妨碍现代化的特殊传统；而“世界”意味着先进与未来，意味着普世的价值与规范。这个“世界”有其可模仿的典范，那就是西方的现代性。

启蒙阵营到 20 世纪 90 年代中期发生了重大分裂。许纪霖认为普世理性是争论的核心：自由主义与激进左翼、人文精神与市场世俗主义、世界主义与民族主义……这些本来同处一个阵营的对立双方，纷纷从启蒙的旗帜下破茧而出，自立门户，形成 20 世纪 90 年代激烈的思想论战。②

每一次论战的结局，都深刻颠覆了启蒙所赖以存在的思想与现实根基。在 1980 年代的新启蒙运动之中，西方是现代性的世界典范，然而，到了

---

① 许纪霖：《普世文明还是中国价值？——近十年中国的历史主义思潮》，《开放时代》2010 年第 5 期。

② 许纪霖：《普世文明还是中国价值？——近十年中国的历史主义思潮》，《开放时代》2010 年第 5 期。

1990年代中期，西方模式成为了需要被超越的对象。随着后殖民文化理论的到来，五四运动以及后来的新启蒙运动的错误在于奉行的是发自欧洲的旧东方主义。新左派主张在中国进行“新集体主义”等多种制度创新，换句话说就是回到毛时代的“另类现代性”。西方却不再代表理想中的普世价值，转而变为一个压抑中国的怪兽。

文化保守主义和知识本土化的要求长期以来都是这一潮流的一部分。但是，许纪霖认为，文化保守主义通常肯定启蒙的基本目标，承认民主与科学的价值正当性。核心的问题是：如何从“老内圣”（儒家义理）开出“新外王”（民主与科学）？它们试图通过调和东西方文明，以实现具有中国特色的现代普世文明。[①]

普遍主义的价值基础摇摇欲坠……“中国价值”、“中国模式”、“中国主体性”等各种民族本真性叙事开始出现，经过1990年代的短暂过渡，到21世纪初，历史主义思潮在中国思想界隆重登场。[②]

当中国的历史主义对普遍性发出挑战、相信现代性的背后不再有人类的普世价值、不再有来自人性的绝对善恶的时候，也从一个侧面印证了当代中国的价值危机。这一危机的直接呈现便是各种普遍性的死亡，剩下的是“一片白茫茫大地真干净”的价值虚空。在这张虚无的白纸之中，可以画各种又新又美的图画，独创各种中国品牌的另类现代性。列奥·施特劳斯说过：对于历史主义来说，“唯一能够（革）继续存在的标准，乃是那些纯属主观性的标准，它们除了个人的自由选择之外别无其他依据。……历史主义的顶峰就是虚无主义”。同样，当代中国的历史主义者面对全球的普世文明，大声回答：不！我什么也不信！他唯一相信的是他自己，是创造自身价值的超人意志。用许纪霖的话说就是这一创造价值的个体，不仅是能动的个人，也是能动的民族，是正在创造中国崛起奇迹的民族整体……当各种普遍性叙事都受到质疑的时候，唯一的确定性价值就降临到民族生命体身上，那就是中国。然而问题在于：什么是中国？各种各样的“中国价值”、“中国模式”、“中国主体性”的民族叙事背后，都有一个未曾意识到的二元预设，即整体化的中国与西方。符号性存在的背后，是一种虚幻的意识形态，它将

① 许纪霖：《普世文明还是中国价值？——近十年中国的历史主义思潮》，《开放时代》2010年第5期。

② 许纪霖：《普世文明还是中国价值？——近十年中国的历史主义思潮》，《开放时代》2010年第5期。

在全球化过程中不同文明所共同面临的现代性困境，简单化约为东西文明的冲突。

在经历了长达一个半世纪的开放之后，事实上已经不存在一个可以与西方截然区分的、透明的中国。西方的各种文明传统，从资本主义制度的理性化、自由主义的理念与价值，乃至到马克思的社会主义理论，都已经深刻地镶嵌到当代中国的现实当中，内化为中国自身的现代话语和历史实践。（当代中国已经成为各种外来与本土文化的混血儿。）为获得一个未被西方污染的民族共同体，一些极端的民族主义者故意放大中国与西方的二元对立，试图通过抵抗来清除异己的西方，提炼出一个纯粹的、清晰的中国。①

区分19世纪晚期的德国和中国给后现代主义造成影响，给张旭东等历史学家增添了战略性的优势。许纪霖概括张的观点如下：所谓的普世文明，不过是一种自我宣称式的特殊文明……普世文明……只是西方文明的特殊表现，是西方文明在全球扩张过程之中人为建构的历史神话。"从私有财产、主体性、法制、市民社会、公共空间、宪政国家，一步一步推到国际法，然后推到世界历史，然后反过来以世界历史的方式，以普遍性的名义来为自己的特殊道路和特殊利益作辩护。"②

张旭东提醒说："这种假'普遍'之名的特殊价值观决定了全球化过程内在的文化单一性和压抑性。"使得当代中国人以为"现在有一种普遍的东西，有一种文明的主流，中国只要靠上去、融入进去就行了"。③ 中国的历史主义所批评的对象，不仅是激进的"普世价值论"，同时也是温和的"中西调和论"，因为90年代以来的文化保守主义虽然试图追求中国特色的现代性，却预设了一种"西方 = 普世性、中国 = 特殊性"的二元立场，这种追求中国特色的特殊主义与西方为中心的普遍主义不仅不矛盾，而且相互补充。

渐渐地，反对西方成了树立稳定的中国认同的关键。例如，《中国不高

① 许纪霖：《普世文明还是中国价值？——近十年中国的历史主义思潮》，《开放时代》2010年第5期。

② 许纪霖：《普世文明还是中国价值？——近十年中国的历史主义思潮》，《开放时代》2010年第5期。

③ 强旭东：《全球化时代的中国文化反思：我们现在怎样做中国人?》，2002年7月17日《中华读书报》。

兴》认为反对西方是形成“我们”的唯一合适的方式。自《中国不高兴》这本书畅销走红之后，一系列的“中国”畅销书系列：《中国没有榜样》、《中国怎么办》、《中国站起来》等纷纷抢滩，形成了蔚为壮观的“中国大合唱”。许写道：然而，大合唱中的“中国”是如此的暧昧，其作为民族共同体的“我们”之存在，竟然有赖于西方这个“他者”。更可悲的是，与“他者”的对话将会丧失中国的主体性，唯有通过与敌人的对抗，方能实现对“我们”的认同。强世功干脆将世界按照对中国的态度划为敌我两个部分：“全世界要么作为我们的朋友站在拥护中国和平崛起的一边，要么作为敌人站在遏制和肢解中国的另一边。”①

在对待中西文明的问题上，中国的历史主义采取了一种双重标准的立场：一面批评西方不过是假冒普遍性的特殊文明而已，同时对自家的文明则认定天生具有普世资格。这一实用主义的双重标准，无疑是一种潜意识中“区别敌我”的“文明冲突论”。文明究竟是普世的还是特殊的？对此显然不能以“区别敌我”的方式来定案。

世界上所有的高级文明，都具有双重的性质：从历史的发生学来说，它们都与特定的社会文化传统相联系，以此作为其自身产生与发展的历史条件，因而所有的文明都是特殊的。而从文明比较的内涵来看，无论是基督教、伊斯兰教、印度教，还是人文化的儒家文明，都不是从特殊的民族个性，而是从上帝、宇宙、自然和社会的普遍视野里提出全人类的问题，因而高级文明总是具有内在的普世价值。自从轴心文明时代以来，萌生于特定文化背景中的各种高级文明都力图突破特定的地域性，在世界上获得超越本民族的普世性质。不同文明之间也因内含共同的普世关怀，得以进行深入对话，实现文明间的“视界交融”。②

文明与文化不同，文明关心的是“什么是好的”，而文化关注的则是“什么是我们的”。中国的历史主义在乎的只是“我们”与“他者”的区别、如何用“中国的”价值代替“好的”价值，以为只要是“中国的”，在价值上就一定是“好的”。这种封闭的“区别敌我论”并不能构成有效的价值正当性，因为“我们的”价值无论在逻辑还是历史当中都无法推理出必定等同于“好的”和“可欲的”价值。中国作为一个有世界影响的大国，

---

① 强世功：《近三十年学术状况与“中国思想”的未来》，2008年12月26日《文汇读书周报》。

② 强世功：《近三十年学术状况与“中国思想”的未来》，2008年12月26日《文汇读书周报》。

所要重建的不是适合于一国一族的特殊文化，而是对人类具有普遍价值的文明。对中国“好的”价值，特别是涉及基本人性的核心价值，也同样应该对全人类有普遍之“好”。普世文明，不仅对“我们”而言是“好的”，而且对“他者”来说同样也是有价值的。

中国文化普世性的建立只能遵循人类的角度而不是中国独特价值和利益的转换。但是这不是国家主义所追求的：

“他们批评西方的炮火，不是瞄准以富强为导向的马基雅维利主义——在这方面，反而令他们惊羡不已——而是靶指自由民主的启蒙价值”。

这是天大的笑话。中国完全有能力以独特的方式体现出来的价值观被以中国价值的名义抛弃，变成只是西方历史遗留下来的被废弃或败坏的价值观而没有任何中国特质。

警惕国家主义

如果没有国家主义的掺和，历史主义就没有什么危害性。国家主义是虚无主义和历史主义趋向的顶峰。国家主义认为国家是中心，现代性的核心目标是促进国家的繁荣富强。作为人民根本利益代表的国家主权至高无上，不可分割，不可让渡。国家主义不受启蒙价值的约束，因此其自身就存在歪曲变形的趋势。[①] 它可能重蹈20世纪德国和日本的国家主义俗称法西斯主义的灾难。

当今中国的国家主义有时声称要发展中国特色的民主。许纪霖考察了很有影响的新左派思想家王绍光的关于“回应性民主”的观点。王绍光否认西方代表着真正的民主，他认为西方的民主是对古希腊经典直接民主的扭曲。王绍光重新引发旧的争论，认为代议制民主“限制了民众直接参与决策的机会”。对于这些反对意见，许也同意某些观点，但是他争辩道：由于对代议制民主的批评，所以就提出发展协商民主和参与式民主让公民能够参与到公共品和其他项目的政治活动中去，这样就能补偿代议制民主内在的缺陷。然而协商民主和参与式民主不是要取代或者推翻代议制民主所关注的竞争性选举。只有经典民主的精神才能规避现代民主的缺点，这是现代民主制

① 许纪霖：《普世文明还是中国价值？——近十年中国的历史主义思潮》，《开放时代》2010年第5期。

度建设的前提。

王绍光提出的“真正的民主”就是人民当家做主的民主，而不是被阉割、经过无害化处理的民主。[①] 为了还原直接民主的传统，王绍光和其他新左派要求民主的权利应该还给平民百姓。这一美好想法的问题是中国毕竟不是古希腊的城邦：“在这样一个疆域辽阔，人口众多的国家如何实现直接民主呢?”王最终也是束手无策。实际上他所能提出的只是“真正的民主”是毛泽东的逆向参与模式：群众路线。[②]

王绍光坚持认为民主的核心是“政府对人民负责”。许则认为这无非就是“回应性专制”：在古希腊，民主是团结政府意志和民间意志的途径；“回应性民主”关注的只是统治者如何反应、适应和代表他们的意志。[③]

代议制民主的致命的弱点就是民众缺乏对高层的有效监督。在回应性民主中，政府权力只需要宣称是代表民众的根本利益而不必受到约束。这有可能破坏公民的具体利益。[④]

潘维提出了另一种国家主义的模式，这一模式运用的不是希腊的直接民主精神而是儒家的精神。潘维认为“责任本位”和“权利本位”两个概念凝聚了中西方思想的基本差异，这种差异构成了中西模式差异的思想渊源。[⑤]“权利本位”政治的主题是公民，强调公民享有受法律保护的，维护他们自身利益的权益，而“责任本位”政治的主题是统治者。根据儒家民本主义思想，官员必须关心民众，服务民众。但是这里的所谓的民众是抽象的、象征性的，民众缺乏对官员的制度化监督；所谓的责任只是软弱无力的道德约束力，官员实际上不是对百姓负责，而是对上级负责。在官僚体制内是一级对一级负责，所有的要求都是对下的。[⑥]

因此，回应性民主宣称要还原真正的民主，但是结果却相反：人民不是当家做主，而是被当局统治，最终自我否定，自我颠覆成“回应性专制”。

---

① 王绍光：《民主四讲》，生活·读书·新知三联书店，2008，第242页。

② 王绍光：《祛魅与超越》，中信出版社，2010，第201页。

③ 许纪霖：《中国需要利维坦？近十年来中国国家主义思潮之批判》，http：www. my1510. cn/artide. php？ id = 12159le58cO2b9a5。

④ 许纪霖：《中国需要利维坦？近十年来中国国家主义思潮之批判》，http：www. my1510. cn/artide. php？ id = 12159le58cO2b9a5。

⑤ 潘维：《共和国一甲子：甲子探讨中国模式》，《开放时代》2009年第5期。

⑥ 许纪霖：《中国需要利维坦？近十年来中国国家主义思潮之批判》，http：www. my1510. cn/artide. php？ id = 12159le58cO2b9a5。

公民社会的问题

国家主义认为民主仅仅是通过制度的合法性和合理性来实现“回应性专制”。公民社会的命运也好不了多少。许纪霖提到，中国在改革时代已经出现了大量的非政府组织，这些组织在提供公民权保护、公益慈善以及公共服务等的公共品方面起了独特的作用。王绍光很早就对公民社会进行了系统地研究，但是他的研究认为“近年来被一些人吹得神乎其神的‘公民社会’实际上是个无所不包的大杂烩”①。王绍光认为公民社会“不过是些追求一己私利的利益群体或压力集团而已”②。他们并不是在政府的指令下产生的，而是社会自发产生的。从其巨大的规模来看，非政府组织是一个包括了不同组织及不同利益的大杂烩。根据汪晖的观点，政治驱动的组织比利益驱动的组织更有价值。非政治性、休闲、娱乐的非政府组织都是可取的公民组织。他希望非政府组织在社会中能够愉快、温和、适当地与政府保持和谐互动。正如汪晖反复强调的，“一个有效的国家是市民社会的前提条件……当国家相对强大并充满活力时，市民社会才有可能繁荣起来。”③

而在现实中，当社会遭遇挫折的时候，只存在公民但不存在公民社会。在缺乏自治组织的社会，民众只是一群暴徒，一盘散沙。无处不在的暴徒是专制主义社会的温床，因为只要有一个利维坦就能够把所有的分散意志整合成一个统一的意志。在一个缺乏自治能力的公民社会里，当社会组织被剥夺了限制国家的功能的时候，国家就会变成一个支配社会但不受限制的巨人。

国家主义攻击市场，而其真正的敌人却是社会，社会也是新自由主义所反对的。国家主义和新自由主义史无前例地一致反对社会：新自由主义试图以市场来取代社会，而国家主义用国家来消灭社会。

结　论

我们目前还不能够确定《中国站起来》这本书会产生多大的影响。但

① 王绍光：《祛魅与超越》，中信出版社，2010，第31页。

② 王绍光：《安邦之道：国家转型的目标与途径》，三联书店出版社，2007，第8页。

③ 王绍光：《祛魅与超越》，中信出版社，2010，第142页。

是我们要警惕书中所提出的几个主要概念的危险性。关键的是，猛烈地攻击普世价值是霸权主义的工具，会导致一些危险的路径。

摩罗的著作通常是准确和令人信服的，但也有“片面”、“扭曲”和“迟钝”的方面。“片面”是因为摩罗对西方文化缺乏深入的了解。他在感兴趣的议题领域内进行了大量的阅读，包括 19 世纪的俄罗斯。因此，很多人，包括他的旧朋友，都认为摩罗是典型的狭隘的知识分子。他眼里的科学和民主与西方是一样的，且可以看出他与西方一样迷恋霸权。

正如我们所看到的，许纪霖比较了解他。许认为摩罗用虚无主义这一高辛烷值燃料来驱使他自己全方位地转到历史主义和国家主义——我们把最终的成果称为历史虚无主义。

余杰等人对他的正直提出了质疑，摩罗巧妙地予以了回应：“他们忽视了一点——没有卑贱低劣的民族性”。然而低劣的民族性、劣根性正是他反复使用“西方”一词所做的一种暗示。历史主义也使它的追随者漠视一个事实就是“现代性”不是一个自由飘动的物体，“现代性”中存在着一些基本确定的东西，缺少了这些东西的社会系统就是陈旧的，前现代的。

摩罗的书对由于战争、殖民主义、帝国主义等给西方自身造成的大灾难反应不够灵敏，这就导致他对中国国民性的问题不够灵敏：所有的民族都是由国民构成的，而所有的国民性都是有问题的。

毕竟，只有欧洲真正眼睁睁地看着狂热民族主义是如何为法西斯主义开路而束手无策。民族主义与法西斯主义之间的关系在世界其他地方并不是非常清楚明白，特别是中国。并不只是西方存在着这种危险。

中国有权站起来，关键的问题是中国如何站起来。在中国和平崛起的旗帜下还可以有其他的选择。中国的社会生活正在发生变化，而自治的社会组织的出现是其中关键的一个方面。自治的社会组织在中国还不成熟，甚至还很幼稚，但是自治的社会组织映射了未来中国公民社会的春天。目前的情况是势不可当的社会力量遇到了稳固的旧体制的阻碍：结局很难预测。但是代表他们自己利益的地方社会网络的容纳能力明显在增长，且得到各级政府的认可，认为自治的社会组织是现在社会发展所需要的，是应该得到促进的。巨大的维稳支出就是直接的证明，国家领导人的报告中也提到的在“十二五”规划中要允许民间社会的发展。

最近的一个呼吁中国人民和平崛起的例子来自专栏作家笑蜀关于日本地

震灾难的一个评论。[①] 笑蜀写道：一个缺乏组织能力的社会，一个只能依靠行政命令来动员和组织的社会，实际上是一个一盘散沙的社会。日本从神户地震中汲取了经验教训，在应对仙台大地震时的表现给人们留下了非常深刻的印象。在抗震中，政府是有力且有效的。但是最让人感慨的，还是社会的力量。这一力量更多地来源于它的巨大的社会底盘，其本意就是自治的公民社会。一个自治的社会“是一个多中心的社会，多中心的社会有着密如蛛网般的承重墙，其中某道承重墙或某几道承重墙的塌陷，影响不过是局部的，不足以造成全局塌陷”。

在仙台地震中，政府的表现比神户地震优异得多，最关键的也还是公民社会的力量。日本的大国民大社会，是上个世纪中叶的宪政转型奠定下来的，迄今半个世纪已大见成效。

附录：

下面两段可以显示出《中国站起来》一书的最初的影响，同时也显示了对此书理性的反对声。

轶事 1. 飞行途中，后排有两个中年女生一直在说如何喜欢小沈阳和《中国站起来》，唠哩唠叨中透露出一个是工科博士，一个是作协的。虽是女性，但战斗意志坚强，她俩说趁着中国强大了，应该给洋人们点教训看看，让他们还八国联军欠下的账。还说就是毛主席老人家厉害，当时国家穷得叮当响，硬是把洋人给镇住了。现在应该主动出击，趁其不备，把某某岛给收回来，要不就用核弹顷刻间炸平，彻底让美国佬死了心。其中一个认为中国人都该看看《中国站起来》这本书。……我告诉她们《中国站起来》与《中国不高兴》一样都是宣扬民族主义、国家主义的，他们突出的是想象的共同体，缺席的是中国人。他们根本不想让中国人站起来，而是要让意志站起来。如果不让人站起来，国又怎能站起来？这样只能把中国引向危险的境地。听我这么一说，两人眼睛睁得像铜铃，一下子把我当做了阶级敌人。[②]

轶事 2. 老愚：摩罗新书《中国站起来》出版后，读者看见了你的序言，有一些人很不明白，你为什么会为这样的书写序？

---

① 笑蜀：《以大国民大社会应对大危机大风险》，凤凰网，2011 年 3 月 13 日。

② 左春和：《先跪下才能站起来》，共识网，2010 年 9 月 3 日。

钱文忠：摩罗找到我，并且把书稿给我发过来，我和摩罗并没有太多的接触，但我特别尊重他的人格和文风，因为我们现在需要一种直抒胸臆的创作：谈出你的真实想法，不要躲在别人的意见身后，不要躲在引文的身后，不要躲在那种伪学术的身后。从这个意义上，我通过这本书可以看到作者。所以我乐于为他作序，但若把我的文章作为推荐，则是我所不能承担的。我只是表示一种随喜。随喜不一定表示完全赞同，我在序言里也已经表述得很明白了。摩罗很多意见我都不能赞同，但我尊重他表述的本身，也尊重他的勇气和担当，我尊重的是一腔热血。

老愚：那你不同意他的哪些观点呢？请细说。

钱文忠：摩罗的整体思路依然是两分法，他比较多的用中西对抗思维，当然摩罗在检讨或者反思，中国对西方攻击、压迫、掠夺、殖民、奴役等行为的反思，他认为在西方的这种压力下，中国人弯下腰了，而且弯下腰的时候，我们身上背上个负担，同时还往包里扔东西，自己往里面扔，越压越低。在多元化的今天，像这种观察事物的角度，没有必要去消除它。但在全球化的今天，能否用一种更超越的眼光去看待？中国文化很热，这是伴随着在经济上的腾飞而出现的一种文化自信和自强，这完全对，但我们千万别忘了，中国文化和所有其他文化一样，有好的一面，也有坏的一面，有长处，也有短处，我们在思考和反思的时候，切忌从一个极端走向另一个极端。我反对把我们的文化看做一无是处，并不一定要等于我把我们的文化看成一无错处。

老愚：你特别不能同意的是什么？

钱文忠：我觉得，对中外关系的复杂性和中外关系复杂的历史进程，可能不在摩罗的考察范围之内。比如，西方对中国确实是有过很多有益影响，中国对西方也有过有益的影响，也产生过不利的影响。摩罗在这方面是可以做得更好的。

责任编辑：刘军

美国反恐危机管理体系建设对于中国应对突发事件的启示

梅建明

摘　要：“9·11”事件及其后一系列恐怖袭击事件，使防范恐怖袭击成为美国危机管理的头等大事。美国以反恐为重大任务，调整和重组其危机管理体制，最终形成了以总统直接领导的国家安全委员会为决策指挥中心，国土安全部为核心机构，国防部（包括其下属的北方指挥部）、司法部（包括其下属的联邦调查局），以及州和地方执法机构等相关部门分工负责，以国家情报总监办公室等机构为跨部门协调组织的综合性的反恐危机管理体制。

关键词：美国　恐怖主义　突发事件　中国　国家安全

作者简介：梅建明（1968～），中国人民公安大学副教授、博士。

冷战之后，以恐怖主义为重要表现形式的非传统安全威胁上升。“9·11”事件表明恐怖主义对国家安全、经济建设、社会秩序等都会产生巨大危害。反恐已成为美国等国家危机管理的重要内容。深入研究美国反恐危机管理体系的组织与职能、机制、过程、措施，以及法律、技术、资金和人力保障，科学借鉴其中的经验，对于我们建立和健全符合中国国情的危机管理体系，预防和打击“三股势力”，维护国家安全与稳定具有重要意义。

一　反恐危机管理简介

危机是个令人紧张的字眼。因为危机具有高度的不确定性、突发性和威胁性。任何一个组织只有保持若干子系统和要素之间的稳定才能实现良性运转，危机无疑是对组织最大的威胁。地震等自然危机贯穿整个人类社会的发展史，近年来，人类社会则面临越来越多的人为危机，如恐怖主义、暴乱、暴力冲突，甚至战争。如果不能有效、及时地处理危机，国家的政治经济稳定和发展就会受到重创。严重的危机会威胁国家安全与政权稳定。因此应对和处理危机是当代社会、国家和组织面临的重大考验。

（一）什么是危机管理

许多外国学者从组织管理视角给出了定义。格林（Green，1992）注意到危机管理的一个特征是“事态已发展到无法控制的程度”。一旦发生危机，事件因素非常关键，减少损失将是主要的任务。危机管理的任务是尽可能控制事态，在危机事件中把损失控制在一定的范围内，在事态失控后要争取重新控制住损失。[①] 斯蒂文·芬克（Steven Fink）认为，危机管理是指组织对所有危机的发生因素采取预测、分析、化解、防范等行动，包括管理组织面临的政治、经济、法律、技术、自然、人为、管理、文化、环境和不可确定等因素。[②] 菲利普·亨斯洛（Philip Henslowe）认为危机管理是“任何可能发生危害的组织处理紧急情境的能力”[③]。罗伯特·希斯对危机管理的定义是“对危机事前、事中、事后所有方面的管理”[④]。

中国学者主要介绍、引入并消化国外学者有关危机管理的研究成果，在此基础上提出了危机管理的定义。魏加宁认为，危机管理是对危机进行管理，以达到防止和回避危机，使组织或个人在危机中得以生存，并将危机所造成的损害限制在最低度的目的。[⑤] 还有学者将危机管理概括为“三大阶段”和“四大机制”。“三大阶段”是指事前管理阶段、实施管理阶段（即事中管理阶段）和事后管理阶段。“四大机制”是指公共部门危机管理的危机预警机制、危机评估机制、危机处理机制、危机反馈机制。[⑥]

---

① 〔澳〕罗伯特·希斯：《危机管理》，王成等译，中信出版社，2001，第19页。

② Steven Fink, *Crisis Management: Planning for the Invisible* (New York: American Management Association, 1986), p. 15.

③ Philip Henslowe, *Public Relations: A Practical Guide to the Basics* (London: the Institute of Public Relations, 1999), p. 76.

④ 〔澳〕罗伯特·希斯：《危机管理》，王成等译，中信出版社，2001，第17页。

⑤ 魏佳宁：《危机与危机管理》，《管理世界》1994第6期。

⑥ 张小明：《公共部门危机管理》，中国人民大学出版社，2006，第50页。

（二）反恐危机管理的含义

在全球恐怖主义事件频发，恐怖主义愈演愈烈的背景下，反恐危机管理成为危机管理研究领域中的一个重要课题。什么是反恐危机管理？从狭义上看，以美国联邦调查局为代表的机构认为反恐危机管理就是为了预见、阻止和解决恐怖主义的潜在威胁和实际行动而确定、获取并计划使用各种资源的措施[①]。这个定义将反恐危机管理的重点放在危机发生之前和之中两个阶段。而广义的反恐危机管理应当包括危机管理的全过程，即危机发生之前的预警、危机发生之中的控制与回应，以及危机发生之后的恢复与重建。

为了全面研究美国的反恐危机管理体系，本文采用广义上的反恐危机管理定义，即政府及有关部门应对潜在的或当前的恐怖危机，在危机发展的不同阶段采取的一系列的控制行动，以期有效地预防、处理和消弭恐怖主义危机。反恐危机管理的重点在于：反恐预警，反恐危机管理的控制与回应，危机后的恢复与重建，以及持续不断的学习与创新。

（三）美国反恐危机管理体系简介

在“9·11”事件发生之前，特别是20世纪70年代初期到90年代初期，美国国内并没有发生重大的恐怖主义事件。从90年代开始，美国国内的恐怖袭击屡有发生，如1993年世贸中心遭恐怖袭击；1995年俄克拉荷马州州政府大楼发生炸弹爆炸。美国开始实施自己的反恐计划，并于1996年出台了“纳恩·卢加（Nunn-Lugar）法”，让联邦应急管理局（FWMA）、司法部、健康与人员服务部、国防部、国民警卫队等机构共同承担反恐职责。2001年1月，美国制定了国内反恐怖主义行动计划（CONPLAN2001）。该计划将反恐职能分为危机管理（Crisis Management）和后果管理（Consequence Management）。前者以司法部为首，会同联邦调查局、中央情报局、移民归化局等部门识别针对美国及其公民的恐怖主义风险源。后者以联邦应急管理局为主，对灾害中遭受损失的美国公民提供救援和恢复援助。紧随“9·11”事件之后，美国国内发生了恐怖分子利用邮政系统散发炭疽病毒粉末事件。2002年11月，美国成立国土安全部，2003年3月联邦应急管理局并入国土安全部。[②]“9·11”

① 梅建明：《反恐情报与危机管理》，群众出版社，2007，第191页。

② 葛春峰：《中美公共危机管理制度比较研究》，2008年上海交通大学硕士论文。

事件及其此后一系列恐怖袭击事件，使防范恐怖袭击成为美国危机管理的头等大事。美国以反恐为重大任务，调整和重组其危机管理体制，最终形成了以总统直接领导的国家安全委员会为决策指挥中心，国土安全部为核心机构，国防部（包括其下属的北方指挥部）、司法部（包括其下属的联邦调查局）以及州和地方执法机构等相关部门分工负责，以国家情报总监办公室等机构为跨部门协调组织的综合性的反恐危机管理体制。

二 美国反恐危机管理体系

（一）美国反恐危机管理的组织与职能

受到“9·11”事件的沉重打击之后，美国政府忧患意识增加，通过增设机构和调整现有机构的组织结构来强化危机管理部门的职能与协调。其中在反恐危机管理中发挥重要作用的机构主要有国家安全委员会、国土安全部（DHS）、司法部及其下属的联邦调查局（FBI）、国防部及其下属的北方指挥部、国家情报总监办公室及其下属的国家反恐中心，以及州和地方执法机构（见图2）。这些机构在反恐危机管理机制的运作中相互协调、各司其职。

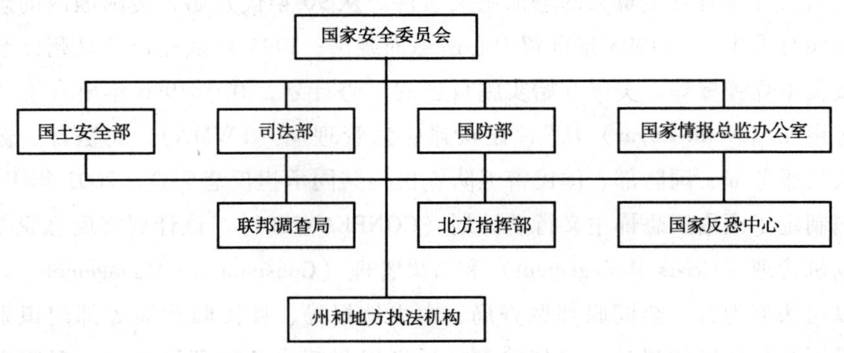

图1 美国危机管理组织结构框架图

1. 国家安全委员会

国家安全委员会（NSC）是美国政府应对威胁和国内恐怖活动的行动协调中心，其下设三个委员会：部长级主管委员会、副部长级代表委员会、反恐和国家应急准备政策协调委员会。国家安全委员会部长级主管委员会协助

总统处理国家安全事务，包括白宫办公厅主任、国务卿、国防部长、财政部长、司法部长、中情局局长、参谋长联席会议主席、国家安全助理等。副部长级代表委员会，包括副国务卿、国防部副部长、财政部副部长、司法部副部长、中情局副局长、参谋长联席会议副主席等。反恐和国家应急准备政策协调委员会（PCC）由一名负责人协调安全、基础设施保卫和反恐方面的工作。上述三个部门构成的机构是美国联邦层面开展反恐的决策机构（见图2）。

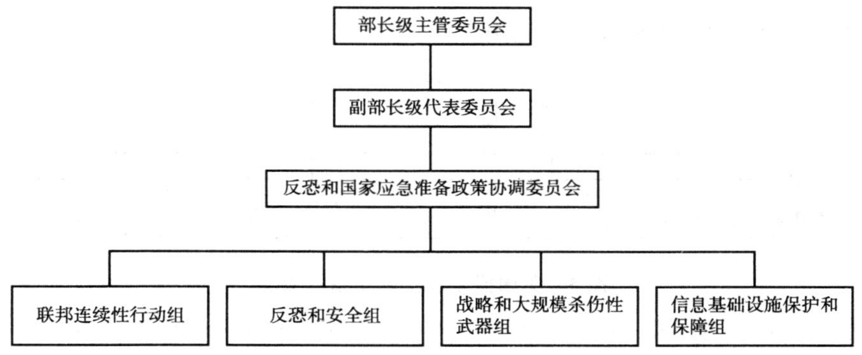

图2　国家安全委员会反恐决策机构架构图

Terrorism and the Military's Role in Domestic Crisis Management: Background and Issues for Congress, CRS-7, http://www.au.af.mil/au/awc/awcgate/crs/rl30938.pdf.

PCC包括四个在特定领域协调政策的常设次级小组。反恐和安全组（CSG）为阻止和应对国际或国内的外国恐怖主义协调政策。战备和大规模杀伤性武器组为防止针对美国的大规模杀伤性武器袭击提供政策协调，并提升处理国内大规模杀伤性武器事件的应对和后果管理能力。信息基础设施保护和保障组为阻止和应对美国网络空间的主要威胁制定政策。联邦连续性行动组负责为联邦部门和机构的宪法办事处的连续性运作提供政策协调。当国家安全委员会应对恐怖事件时，相应的次级小组会召集起来为反恐和国家战备政策协调委员会提供建议，后者再向代表委员会提供政策分析。代表委员会要确保在事态扩大之前由首长委员会和国家安全委员会分析事件，并向总统提出合理建议。

2. 国土安全部（DHS）

国土安全部是联邦政府指定的应对恐怖危机的核心协调机构，于2002

年11月25日正式成立，其建立的目的和最优职责是保护美国人民不受恐怖分子威胁。国土安全部的反恐职责重点在于三个目标：1. 阻止恐怖袭击；2. 阻止擅自进行的收购、进口、运动，或在国内使用化学、生物、放射性，以及核材料和力量；3. 降低重要基础设施和关键资源、重要领导人和大型活动应对恐怖袭击和其他危害的风险。国土安全部整合了原有22个单位的整体或部分功能，其中对反恐危机管理发挥着重要作用的部门有交通安全管理局（TSA）、海关和边境保卫局（CBP）、公民和移民服务局（CIS）、移民和海关执法局（ICE）、联邦特勤处（USSS）、联邦应急管理局（FEMA）、联邦海岸警卫队（USCG）。（见图3）

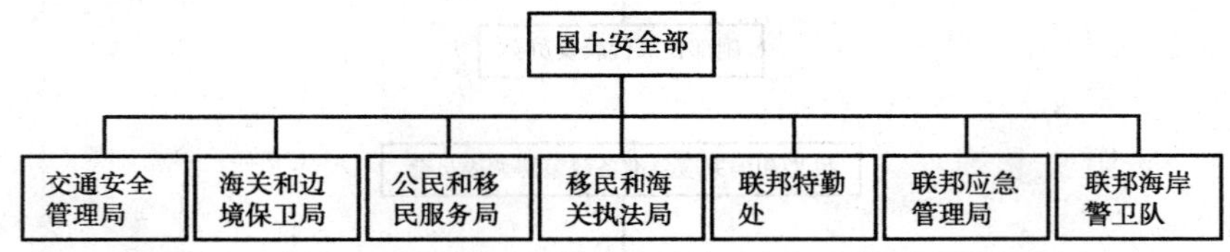

图3　美国国土安全部组织框架图

http：//www. dhs. gov/xabout/structure/editorial_ 0644. shtm（accessed March26，2011）.

交通安全管理局在“9·11”事件发生之后建立，目的是加强国家交通系统的安全，保障人民和贸易的自由往来。交通安全管理局于2003年3月由交通部并入国土安全部。[①] 海关和边境保卫局是国土安全部最大和最复杂的组成部分之一，其最主要的任务是阻止恐怖分子及其武器进入美国。除了执行移民和毒品法等众多法律法规，海关和边境管理局还要保障和促进贸易与旅游的发展。公民和移民服务局的前身是原属司法部的移民规划局，2003年并入国土安全部。其首要任务是维护美国作为移民国家的承诺，为海关工作人员提供准确有用的信息，授予移民和公民权益，促进公民意识和理解，并确保移民系统的统一。[②] 移民和海关执法局是美国国土安全部最重要的调查部门，也是联邦政府第二大调查机构。移民和海关执法局建立于2003年，由美国海关服务部和移民归化局的调查与国内执法部门合并而成。移民和海关执法局（ICE）现有两万多名员工分布在全国50个州和47个国家。[③] 联

① http：//www. tsa. gov/who_ we_ are/what_ is_ tsa. shtm（accessed March26，2011）

② http：//www. dhs. gov/xabout/structure/editorial_ 0644. shtm（accessed March25，2011）

③ http：//www. ice. gov/about/overview/（accessed March25，2011）

邦特情局是国家财政基础设施和支付系统的安全警卫队，其职责是维护经济的整体性，保障国家首脑、来访国家和政府首脑、指定地点和国家特别安全事件的安全。联邦应急管理局是专门负责灾害应急的机构，主要目的是通过包括减缓、预备、回应和恢复等手段在内的一整套危机处理程序，协调各联邦部门、机构，以减少各种灾害引发的生命和财产损失，保护美国的国家重要基础设施。2003 年 3 月，联邦应急管理局正式加入国土安全部。[①] 联邦海岸警卫队，是联邦五个武装部队之一，也是国土安全部内唯一的军事组织。海岸警卫队的任务是保护沿海经济和环境，防卫联邦的海岸线。

3. 司法部（DOJ）和联邦调查局（FBI）

司法部是美国政府的一个部门，由联邦政府的行政机关组成。其战略目标之一是阻止恐怖主义，保障国家安全。联邦调查局是其下属部门之一。FBI 是阻止美国国内恐怖主义的领导部门，其任务是发现和阻止国内恐怖主义活动的发生，以及对已经发生的国内恐怖主义活动展开调查。FBI 也是国内恐怖主义危机状态下做出反应的领导部门，是美国政府在恐怖主义活动现场的管理者。[②] 联邦调查局下设有国家安全分部（NSB），其下属部门有恐怖分子甄别中心（TSC）。大规模杀伤性武器管理处（WMDD）下设恐怖分子炸弹装置分析中心（TEDAC）。此外，联邦调查局负担反恐任务的部门还有联合反恐工作队（JTTFs），FBI 快速反应行动队（Fly Team）等。（见图 4）

联邦调查局的国家安全分部于 2005 年 9 月成立，负责在高级联邦调查局长官的领导下联合反恐、反情报，大规模杀伤性武器，和情报部门的任务和资源。其下属的恐怖分子甄别中心建立于 2003 年，该中心使用美国政府统一的恐怖分子监控名单——用于识别已知或嫌疑参与恐怖活动的人员信息的单独的数据库，为州和地方执法部门提供行动情报方面发挥着重要作用。[③] 2006 年 7 月，FBI 建立了大规模杀伤性武器管理处，其首要任务是阻止与核、放射性、生物或化学武器有关的事件。[④] 恐怖分子爆炸装置分析中

---

① 薛澜、张强、钟开斌：《危机管理：转型期中国面临的挑战》，清华大学出版社，2003，第 215～217 页。

② http://www.fbi.gov/news/stories/2009/september/domterror_090709（accessed March25, 2011）

③ http://www.fbi.gov/about-us/nsb（accessed March25, 2011）

④ http://www.fbi.gov/about-us/investigate/terrorism/wmd（accessed March25, 2011）

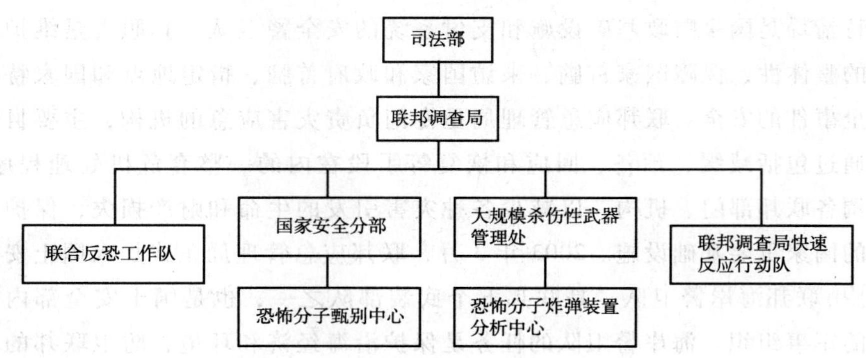

图4　美国司法部和联邦调查局反恐危机管理组织结构图

心的任务是防止可能发生的简易炸弹装置袭击，并联合执法、情报、军事力量致力于探测全世界针对美国政府的所有恐怖分子简易炸弹装置。①联邦调查局的联合反恐工作队覆盖全国106个城市，56个驻地至少有一个办公室。其中71个建立于“9·11”之后，第一个建立于1980年的纽约。如今，全国的JTTFs有4400多名员工，是“9·11”之前的四倍多，这些工作人员来自州和地方的600多个机构以及50多个联邦机构［国土安全部（DHS），美国军方，移民与海关执法局（ICE），交通安全管理局（TSA）等］。②联邦调查局快速反应行动队是隶属于FBI总部的小型、反恐精英力量。该队伍主要由特工和分析人员组成，在语言、侦查、谈判等方面接受高度专业的强化训练，他们随时待命，能迅速到达世界任何困难和危险的环境下在反恐前线开展反恐行动。③

4. 国防部（DOD）和北方指挥部

美国国防部的首要任务是保护国家安全，为阻止战争提供必需的军事力量。美国的《警卫团法》（*The Posse Comitatus Act*）禁止军人直接参与国内的执法工作。但鉴于美国恐怖主义威胁的严峻形势，根据美国总统第39号行政令，《美国法典汇编》第10篇第382条和第18篇第831条的规定，国防部可以向民事执法部门提供多种形式的技术援助，包括租借装备、设施、或人员。国防部长有权作出最终决议决定是否批准援助请求。这些援助包括

① http://www.fbi.gov/about-us/lab/tedac (accessed March25, 2011)

② http://www.fbi.gov/about-us/investigate/terrorism/terrorism_jttfs (accessed March25, 2011)

③ http://www.fbi.gov/news/stories/2005/march/flyteam_033005 (accessed March25, 2011)

反恐行动，以及涉及大规模杀伤性武器的特定援助。总之，这两个法条允许在严重威胁美国及美国利益的非敌对紧急状态（由总检察长和国防部秘书共同决定）下动用军队人员、装备和技术援助，包括使用核、生物和化学武器。2002 年 10 月 1 日，国防部成立北方指挥部（U. S. Northern Command），负责国防部本土防卫的指挥和控制工作，并为民政当局提供防卫援助。北方指挥部的任务包括实施本土防卫，协调安全防卫工作，保卫联邦及联邦利益。北方指挥部的民事支援任务包括涉及大规模杀伤性武器的恐怖事件的后果管理。提供民事支援时，北方指挥部通常派出联合特遣队执行任务。① 北方司令部的建立使美国本土防卫有了一个统一而有效的指挥系统。

5. 国家情报总监办公室（ODNI）和国家反恐中心（NCTC）

国家情报总监办公室按照2004 年《情报改革和恐怖主义预防法案》的规定建立，作为一个独立的机构协助国家情报总监。情报总监的职责包括为总统、国家安全委员会和国土安全委员会就关于国家安全的情报事件提供建议；统领情报系统 16 个成员单位；监督和指挥国家情报项目的实施。② 在国家情报总监办公室下设有国家反恐中心（NCTC），NCTC 是负责国内和国际反恐工作的联邦政府组织，也是一个联合行动计划和联合情报中心。NCTC 从中情局、联邦调查局、五角大楼等多个部门抽调专家。其前身是恐怖分子威胁整合中心（TTIC），这是布什总统于2003 年5 月1 日在13354 号行政令下建立的部门。2004 年的《情报改革和恐怖主义预防法案》将 TTIC 改名为 NCTC，并将该部门纳入国家情报总监（DNI）的管辖范围。根据法律规定，NCTC 为美国政府的情报活动制定战略行动方案，整合国家外交、财政、军事、情报、国土安全和执法等力量，确保情报工作的统一协调。③ NCTC 的典型成果是为总统提供的每日简报（*President Daily Brief*）和每日国家恐怖主义公报（*National Terrorism Bulletin*）。④

6. 州和地方执法机构

被“9·11”恐怖袭击警醒，许多州都加强了收集情报的能力，并且其

① http://www.northcom.mil/about/index.html（accessed March25, 2011）

② http://en.wikipedia.org/wiki/Office_of_the_Director_of_National_Intelligence（accessed March24, 2011）

③ http://www.nctc.gov/about_us/about_nctc.html（accessed March25, 2011）

④ http://en.wikipedia.org/wiki/National_Counterterrorism_Center（accessed March25, 2011）

直接目标是保卫国土安全。加利福尼亚已经成立了加利福尼亚防恐信息中心（CATIC），这是一个打击恐怖主义的州内情报系统。它将加州分为几个行动区域，并将联邦、州和地方信息服务联结在一个系统中。训练有素的情报分析员在不侵犯公民权利的范围内行动，在安全的通讯系统中利用信息。信息分析每天都在进行。① 联邦和州并非独自作战，美国地方也加强了反恐工作。由于纽约是"9·11"袭击的目标之一，所以纽约警察局里成立了一个负责进行情报分析的反恐局（Counterterrorism Bureau）。反恐局工作人员审查市内可能被恐怖分子袭击的目标，并采取措施阻止可能发生的袭击。恐怖分子首选的目标有城市大桥，帝国大厦，洛克菲勒中心以及联合国。反恐局探员被分派到国外，与外国城市的警察合作，包括加拿大和以色列的一些城市。反恐局探员还被任命为联邦调查局和国际刑警组织在法国里昂的联络员。现有的纽约市警察情报部也进行了改革，其探员现在的职责是检查外国报纸和监察互联网站。该部门也在纽约市的不同地区设立了许多后备指挥中心，防止恐怖袭击破坏指挥部而使行动瘫痪。现在很多后备高级指挥小组已经建立，那么如果部门最高层的人被杀害，其他人也可以按照步骤继续工作。②

（二）美国反恐危机管理的机制

恐怖危机实际发生或有潜在的威胁存在时，非联邦的地方当局往往是大多数紧急事务或威胁的第一反应者。州和地方的警察等执法力量往往最先抵达危机现场。但恐怖危机不同于普通的犯罪，往往超出州和地方执法机构的能力范围。因此，事件的性质、袭击的目标、事件发生后可能造成的后果，以及地方当局的能力等因素决定了联邦政府参与危机管理的时机和程度。美国政府应对国内恐怖主义机构间行动方案（CONPLAN）中写道："美国法律赋予联邦政府阻止和应对恐怖主义活动或潜在的恐怖主义活动的首要职权。"③ CONPLAN 下的危机协同关系示意图如图5所示：

---

① http：//taiwanstrategy. org/terrorism/index. php? option = com_ content&view = article&id = 951：2010 - 10 - 09 - 15 - 11 - 49&catid = 18：2010 - 05 - 04 - 15 - 17 - 17&Itemid = 15 （accessed March26, 2011）

② Larry J. Siegel, Criminology, Wadsworth Publishing Company, 2008, Tenth Edition, p. 338.

③ Jeffrey D. Brake, National Defense Fellow, Foreign Affairs, Defense, and Trade Division, Terrorism and the Military's Role in Domestic Crisis Management: Background and Issues for Congress, http：//www. au. af. mil/au/awc/awcgate/crs/rl30938. pdf, （accessed March26, 2011）.

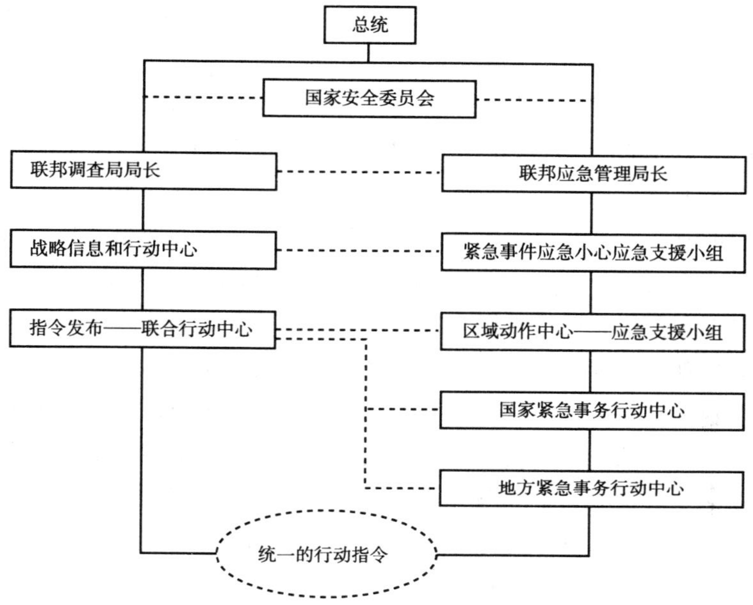

图 5　美国危机管理协同关系示意图

The United States Government Interagency Domestic Terrorism Concept of Operations Plan. , p. 21, http://www. au. af. mil/au/awc/awcgate/terrorism/conplan. pdf (accessed April5, 2011).

危机发生时，联邦调查局作为牵头机构，在司法部的授权下指派联邦现场指挥官（OSC），确保各级联邦机构统一协作。联邦调查局在名为联合行动中心（JOC）的地方指挥中心管理危机。JOC 由地方联邦调查局特工主管建立，JOC 的首要任务是协调各个应对危机的联邦、州和地方机构的执法活动。FBI 总部会动用其战略信息行动中心（SIOC）为恐怖事件发生地提供援助。SIOC 负责协调联邦反应力量，从国家级的组织中调集适当的战术、技术、科学和医疗资源。当发生核威胁、生物、化学恐怖威胁时，SIOC 的工作尤其重要。一般来说，FBI 最初会动用地方驻地办公室的战术资源应对危机事件。驻地办公室的资源包括特殊武器和战术行动组。若危机已经发展到现场力量无法控制的程度，总检察长会请求国家安全委员会（DHS）的援助，并将相应的职权交给联邦应急管理局（FEMA）。FEMA 主要提供相关支持，并指派适当的官员参与联合运作。如参与 JOC 和 SIOC 的联合运作。必要时 FEMA 会调动紧急事件应急小组（CIRG）和应急支援小组（DEST）

援助地方行动组。CIRG 能调集危机管理专家、人质谈判专家、行为科学家、心理学家、监督资源和特工来支援地方力量。

当危机涉及大规模杀伤性武器，危机的威胁程度也超出了 FBI 的能力范围时，FBI 可以向总检察长建议请求国防部的军事援助。根据法律规定，国防部可以在涉及大规模杀伤性武器等危机状态下提供国内军事援助。国防部在提供援助时，军事部门和人员仍处于军事指挥链中。现场的联邦执法高级官员（大多数情况下是联邦调查局指派的现场指挥官）可以直接向危机现场的高级军事指挥官请求支援。所有军事援助的计划和执行均由军事指挥官负责。如果现场指挥官和军事指挥官之间发生关于支援请求的意见分歧，交由国防部长和总检察长解决。在涉及恐怖主义和大规模杀伤性武器的国内执法紧急事务中，总统可以授权动用军队，国防部北方指挥部负责国内的军事行动。在涉及恐怖主义的案例中北方指挥部通常派遣联合特别行动特遣队（JSOTF）。该特遣队是一支反应敏捷、训练有素的特别行动队伍。在涉及大规模杀伤性武器的情况下，JSOTF 往往会被派到现场。

总的来说，恐怖危机发生后，联邦调查局担当联邦现场指挥的职责，确保联邦、州和地方当局在应对危机时的协调一致。联邦调查局反恐危机管理的职责主要是执法职能，管理阻止或解决恐怖事件的必要资源，包括收集情报、管制、战术行动、协商、法庭证据以及后续调查。也包括涉及大规模杀伤性武器的技术任务，例如搜寻、提供安全程序、运输和清除装置，以及必要时控制污染范围。联邦对恐怖事件的反应是一件具有高度协调性、整体性的工作，包括联邦、州和地方多个部门的参与。在联邦层面上的参与机构除了司法部（DOJ）和联邦调查局（FBI），还有国土安全部及其下属的联邦应急管理局（FEMA）和国防部（DOD）等。

（三）美国反恐危机管理的过程与措施

美国反恐危机管理的过程可以划分为三个阶段，即反恐预警、危机中的控制与回应，以及危机后的恢复与重建。（见图 6）

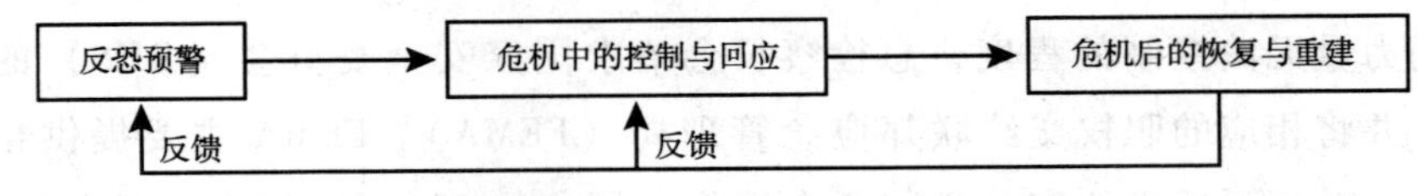

图 6　美国反恐危机管理过程示意图

反恐预警阶段最主要的任务是反恐情报的分析研判，并根据情报推断恐怖威胁的程度，为做好准备与应对危机提供前提条件。危机中的控制与回应阶段的主要任务是隔离危机，防止危机持续升级，造成更大的人员伤亡和财产损失。危机后的恢复与重建阶段的主要任务是尽快恢复受危机影响群众的正常生活。为应对恐怖危机，美国在各个阶段都采取了相应的危机管理措施。

1. 反恐预警

（1）加强反恐情报工作

“9·11”事件之后，美国意识到其情报系统存在诸多问题。如机构设置重叠，缺乏对内部资源的有效整合；情报系统内部各部门之间以及情报系统与非情报系统之间工作联系经常脱节；情报系统首脑缺乏足够的权力动员情报系统的人力、资源并决定情报系统的行动方案；情报系统内部资源分配不合理等。[①] 针对这些问题，美国通过立法扩大情报机构的权力范围，并调整了情报系统的组织和指挥结构。在组织层面，2002 年成立的国土安全部加强了情报系统对美国国内恐怖主义威胁的综合评估和应战协调能力；在指挥结构层面，美国于 2004 年根据“9·11”事件调查委员会的建议设立国家情报总监一职，由中情局局长担任，负责统领全国的情报机构。随后又成立国家情报总监办公室，下设国家反恐中心。国家反恐中心是美国情报系统的首要部门，负责整合美国政府所有情报机构的资源与情报，发挥着各部门的领导和协调的作用。国家反恐中心将情报信息分析和汇总之后提交国家情报总监，由国家情报总监向总统提供的每日简报和每日国家恐怖主义公报，协助国家政策决策的制定。

（2）建立反恐预警系统

2002 年 3 月美国建立了国土安全预警系统。该系统把恐怖袭击的风险分为五个级别，并按照风险从低到高的顺序分别用绿色、蓝色、黄色、橙色和红色表示。绿色表示恐怖袭击的风险最低。政府部门的主要工作就是根据反恐预案进行培训和演练；建立定期评估本部门反恐工作的各个环节、设施和措施状况的制度。当恐怖袭击的风险级别提高到蓝色级别时，政府各部门需要采取的行动在前一级别规定的工作之外，还包括检查与反恐应急机构的联系是否畅通；审核并更新反恐应急规程；向公众发布有助于提高其应急行

① 梅建明：《反恐情报与危机管理》，群众出版社，2007，第 164 ~ 168 页。

动能力的信息。当恐怖袭击的风险为黄色级别时，政府要增加的工作有：增强对重要地点的监控；就应急方案涉及的事项与各相关部门进行沟通和协调；根据当前事态确定是否需要调整和细化反恐预案；在必要时执行反恐应急预案。当恐怖袭击的风险为橙色级别时，政府部门应当采取的行动主要为协调上下级部门之间、横向部门之间的反恐行动；密切注意大型公共活动；准备在备用场所举行大型活动；为执行应急预案做准备；对可能遭受恐怖袭击的设施采取限制性措施。当恐怖袭击的风险为红色级别时，恐怖袭击的风险最高。此时政府部门需要采取除前述行动之外的特殊行动，包括根据新出现的应急需要增加或重新分配人员；动员和部署应急专业队伍；调拨相应的物资；检测交通系统、重新规划交通线路、必要时实施交通管制；关闭政府和公共设施。[①]

2. 危机状态下的控制与回应

（1）官方行动

当恐怖危机发生后，反恐应急机制中枢指挥系统迅速启动，支援与保障系统积极协调，调集专业反恐怖力量，结合信息管理系统（主要是情报系统）报告，及时成立指挥部，制定应对计划，启动预案，以最快速度付诸行动。[②] 应对恐怖危机的第一反应力量往往是恐怖危机发生地的市政府，包括消防部门和警察局。当市政执法力量担心资源储备不足时会向州政府寻求援助。如果州政府也不具备应对资源，联邦政府就会提供援助。在危机管理工作展开时，联邦调查局指挥官和总检察长向总统和国家安全委员会通报其行动方案，获得授权后，该行动在白宫的协助下开展。联邦调查局也负责协调地方执法部门与本部门的行动。当恐怖危机涉及大规模杀伤性武器时，例如怀疑该区域有饵雷而联邦调查局人员无法应对时，联邦调查局可以要求军队在执法人员之前搜查该区域并排除危险装置。军队在搜查中遇到的犯罪证据会交给联邦调查局保管。军队会尽量保存法庭证据，但在安全标准上不会让步。

（2）民间支援

恐怖危机的控制与回应工作主要由官方进行，但官方系统的反恐危机管

---

① 梅建明：《反恐情报与危机管理》，群众出版社，2007，第203～204页。

② 薛澜、张强、钟开斌：《危机管理：转型期中国面临的挑战》，清华大学出版社，2003，第226～227页。

理同样离不开众多社会团体和民间组织的支持。美国特别注重建立民间社区灾难联防联系，通过各种措施吸纳民间社区参与危机管理。民间力量在危机状态下的控制与回应阶段采取的主要措施包括：在政府的调度下，民间专业人士投入第一线的救援工作；民间慈善团体参与赈灾工作；民间宗教系统成立服务小组，调查灾民需求并建立发放资源的渠道。例如，“9·11”事件发生后，美国红十字会开展和参与了一系列救援活动。包括设立庇护所向公众开放，建立家庭援助中心，开设咨询电话，帮助公众寻找家属下落，提供大量救灾物资等。①

（3）公共信息沟通

不论是潜在的恐怖威胁还是真实发生的恐怖袭击都造成人群恐慌。因此在危机状态要建立公共信息沟通的有效渠道。美国十分重视危机管理的公共沟通建设，在危机发生时注重掌握舆论主动权，危机发言人与最高决策层直接沟通并有权参与决策，在和媒体的交流中遵循时间第一和均衡的原则，做到言行一致，向公众及时、实时公布危机的基本情况和事态发展信息。例如，“9·11”事件发生后，美国 CNN 中心对公众关闭，有关此次危机的任何信息都有联合信息中心掌握和控制。美国的各种媒体实时跟踪报道恐怖袭击事件和救援的情况，对救援行动宣传和实时信息发布起到了重要作用，其中网络媒体特别突出。各大门户、新闻网站对恐怖袭击事件予以实时关注和报道，使民众迅速了解了事态的进展和救援的情况，同时有的网站还进行了失踪人员、网上募捐、征集志愿者、呼吁献血等有益的活动。②

3. 危机后的恢复与重建

恐怖危机是突发性危机事件，会导致社会重要基础设施破坏的后果，使正常的生产和生活无法进行，还会导致大范围的人群失去和谐安定的社会环境，生活在高度的不稳定和不安全感中。因此恐怖危机发生后的恢复与重建工作必须迅速展开。美国反恐危机管理的恢复与重建工作首先最大限度地保障灾民的生命和财产安全，进行损害程度分析，提供医疗服务、临时住所和准备重建等工作，然后迅速进入恢复重建阶段。针对恐怖危机对公众造成的严重恐慌，美国在危机后的恢复与重建中将被害人援助与赔偿作为工作重

① 薛澜、张强、钟开斌：《危机管理：转型期中国面临的挑战》，清华大学出版社，2003，第227～228页。

② 薛澜、张强、钟开斌：《危机管理：转型期中国面临的挑战》，清华大学出版社，2003，第230页。

点，帮助危机的直接受害者及间接受害者进行生理和心理治疗，对直接参与危机事件的人员也根据具体情况实施心理干预。并设立专项资金和赔偿方案保障受恐怖危机影响的人群的物质生活水平。

以美国“9·11”事件为例，这次恐怖袭击中大约有400000人目睹和经历灾难，35000~70000人因此患上创伤后应激障碍综合症（PTSD）。美国通过多方位、区别化、长期性的心理救助系统，有效地为灾后心理问题实施了干预。他们的主要做法包括：受“9·11”事件影响的人群可以免费获得纽约市世贸中心后遗症医疗示范中心（WTC Centers of Excellence）提供的医疗服务和药物。美国各地群众可以通过网络等渠道向世贸中心健康状况登记系统（World Trade Center Health Registry）登记。该系统是一项公共健康的应对措施，旨在对受“9·11”事件影响最严重的人们的长期生理和心理健康状况进行记录和评估，让那些受到影响的人们能够了解自己的身心健康状况，并积累应对紧急情况的经验，以便在以后面对紧急情况时，能够做到有备无患。美国对“9·11”事件心理问题的跟踪和治疗是长期性的，美国的有关卫生机构负责长期调查世贸中心相关疾病的发病率和持续状况。[①] 其中最重要的一个组织是世贸中心医疗工作组（MWG）。该组织由纽约市长于2007年6月建立，并任命流行病学家、环境健康专家、精神健康护理者、医学研究者和临床医师参与其中。[②] WTCHR是其重要的资料和数据来源。“9·11”事件后不久，国会通过《航空运输安全与系统稳定法案》（美国法典汇编第49篇第40101条），规定建立“9·11”事件被害人赔偿基金。该基金由世贸中心资本保险公司提供。“9·11”事件中的被害人或其家属可以获得赔偿，作为交换，他们不得起诉有关航空公司。最终该基金的70亿美元将赔偿给97%的相关家庭。[③] 但该基金的申领时间截止到2003年，很多受到“9·11”事件影响的人在该基金关闭后才查获病情，因此奥巴马总统在2011年初签署了《“9·11”事件健康与赔偿法案》，该法案将重新开放“9·11”事件被害人赔偿基金，允许那些受“9·11”事件影响造成身

---

① http：//www. nyc. gov/html/doh/wtc/downloads/pdf/ch/911 – SeptE – newsletter – ch. pdf (accessed March27, 2011)

② http：//www. nyc. gov/html/doh/wtc/html/health _ compensation/health _ compensation _ act. shtml (accessed March27, 2011)

③ http：//en. wikipedia. org/wiki/September _ 11th _ Victim _ Compensation _ Fund (accessed March27, 2011)

体伤害或死亡的相关人员提交经济赔偿的申请。此外，该法案计划实施世界贸易中心（WTC）健康项目，确保那些在“9·11”事件影响下产生健康问题的人继续接受检查和治疗服务，该项目至少持续到2015年。WTC健康项目包括救援者项目（为救援和恢复工作者提供，包括15000多名纽约消防员）和幸存者项目（为那些在“9·11”事件中幸存，并搬到下曼哈顿区工作或学习的人）。符合资格的人无论现住地在哪都可以在美国享受服务。WTC健康项目的主管是国立职业安全与健康研究所（NIOSH）所长。联邦政府和纽约市共同负担该项目的经费，① 并将透过立法加强对恐怖袭击的保险理赔等。

（四）美国反恐危机管理的保障

1. 法律保障

为了建立高效灵活的反恐危机管理机制，美国政府相继颁布了一系列应对恐怖危机的法律、法规，明确了执法部门、军队、情报机构等重要单位在反恐危机管理中的地位、作用、工作手段等，规范了这些部门与相关主体的权利、义务关系。

例如2001年10月26日国会通过了《爱国者法案》。该法案的正式名称为《为拦截和阻止恐怖主义犯罪提供所需适当手段以团结和加强美国法案》（Uniting and Strengthening America by Providing Appropriate Tools Required to Intercept and Obstruct Terrorism Act），因其英文字母的缩写为PATRIOT ACT，故称为《爱国者法案》。同时，又因该法律是美国打击恐怖主义的正式法律，因此又被称作《反恐怖法》。《爱国者法案》给予了联邦执法人员更多的权限。联邦执法人员对涉嫌从事恐怖活动者的电话监听，对其电子邮件和互联网的使用情况进行跟踪，不需要法庭的批准，只要持有行政命令就可以要求电话公司、互联网服务商、银行、信用卡公司等提供有关信息，允许执法机构从医院和图书馆获得与恐怖主义有关的记录。美国总统于2002年11月25日签署了《国土安全法案》。依据该法案，美国成立了国土安全部。该法案将原来分散于其他多个部门的23个相关机构全部纳入国土安全部，同时对于部内的工作规范、工作原则也进行了规定。《国土安全法案》在国

---

① http://www.nyc.gov/html/doh/wtc/html/health_compensation/health_compensation_act.shtml（accessed March27，2011）

土安全部部长办公室内设州与地方政府协调处，对国土安全部有关州和地方政府的计划及其与州和地方政府的关系进行监督和协调。[①] 2004 年《情报改革与恐怖主义预防法案》修改了 1947 年《国家安全法案》，旨在创建一个更具统一性、一体化和协作性的情报系统。其中第 1011 条——重组和改进情报系统的管理——规定设立国家情报总监（DNI）一职，情报系统的 16 个联邦机构将在他的核心领导下进行信息交流工作。第 1021 条——国家反恐中心——规定成立国家反恐中心（NCTC），并将其归入国家情报总监办公室管理。该法条规定：国家反恐中心的任务包括分析和整合美国政府获得的所有关于恐怖主义和反恐的情报（关于国内恐怖分子和国内反恐的情报除外）以及制定反恐活动的战略行动方案等。[②] 此外，司法部参与反恐危机管理也有法律依据。根据美国法典第 10 篇第 382 条——涉及大规模杀伤性生化武器的情况——以及第 18 篇第 831 条——禁止核材料运输——的规定，国防部可以向民事执法部门提供多种形式的技术援助。美国法典第 10 章第 331 ~334 条——镇压暴动条款——规定，当民事当局的执法部门无法应对暴乱、非法妨碍公务或联合集会时，美国总统有权寻求军队支援。如果总统认为在国内涉及恐怖主义和大规模杀伤性武器的情况下有必要动用军队，可以援引镇压暴动条款允许军队支援执法部门。

除了上述法律，美国还先后通过了《航空安全法》、《提高边境安全与改革签证法》、《打击恐怖主义金融犯罪法》、《授权动用军队法》、《情报改革和预防恐怖主义法》等法律。[③] 这为联邦、州和地方部门提供了全面的反恐法律保障。

2. 技术保障

（1）生物特征识别和数据挖掘技术

生物特征识别技术是应用生物特征确认当事人（反恐处突事件中嫌疑人）的身份。美国在虹膜、指纹、掌纹、长相和声音识别方面已经取得成熟的技术成果，血管扫描、面部热成像、体味、步态和耳型识别技术仍在开

① 胡建奇：《美国反恐斗争中部门协作机制的制度保障》，《中国人民公安大学学报》（社会科学版）2008 年第 3 期。

② INTELLIGENCE REFORM AND TERRORISM PREVENTION ACT OF 2004, http://www.nctc.gov/docs/pl108_ 458.pdf (accessed March27, 2011).

③ 梅建明、李健和、马振超等：《美国反恐怖预警机制研究》，《中国人民公安大学学报》（社会科学版）2009 年第 1 期。

发和研究当中。数据挖掘技术是美国反恐科技能力建设的重点，美国国防高级研究计划局、国土安全部、司法部、国家安全部、联邦航空航天局（NASA）、联邦民航局（FAA）、联邦交通安全管理局（TSA）、陆军地面信息战部（LIWA）、特种作战指挥部等机构都参与数据挖掘技术的研发和应用。美国以反恐数据挖掘技术为基础，实施了许多大型的研究开发项目，如恐怖主义完备信息项目，反恐信息交流项目等，[①] 努力提升反恐情报和作战能力。美国以生物特征识别技术和数据挖掘技术为依托，以《爱国者法案》为依据，建立了“监测留学生和访问学者信息系统”（SEVIS）。SEVIS 提供了对在美国的外国学生和访问学者的信息进行处理的一站式服务。[②] 移民和海关执法局将 SEVIS 描述为“一个收集、维护和管理在美国的国际留学生和交换学者信息的自动化过程”。[③] 正如移民和海关执法局描述的那样，SEVIS 跟踪在美国的外国学生和学者：从签证申请、入境文件、到学校报到、改变签证类型一直到离开美国。这样，SEVIS 在国土安全部（通过其所属的移民海关执法局）、入境口岸、国务院（通过其所属的交换协调与授权办公室和教育文化事务局）之间以及美国各使馆、领馆和资助国际留学生的高校之间提供了电子信息交换系统。

（2）防范大规模杀伤性武器技术

涉及大规模杀伤性武器的恐怖危机严重威胁美国安全，因此，美国大力发展防范大规模杀伤性武器的反恐科技。其中，生物反恐计划在美国反恐科技计划中最为突出，主要有生物监测计划（Project BioWatch）、生物传感计划（Project BioSense）和生物盾牌计划（Project BioShield），这些计划由国土安全部（DHS）、健康与人类服务部（HHS）、环保局（EPA）、农业部（USDA）和国防部（DOD）等部门合作完成。美国科学家认为核与辐射恐怖袭击的威胁也十分巨大。袭击可能采取的一种方式是制造和使用“脏弹”，[④] 能源部国家核安全局负责应对“脏弹”威胁，并已制定了应急计划，但对

① 梅建明：《反恐情报与危机管理》，群众出版社，2007，第 148～149 页。

② OIG – May 20, 2002, note 7, supra. .

③ “SEVIS Backgrounder.” Specially, Section 641 (c) “Information to be Collected”, http://www.ice.gov/graphics/enforce/imm/sevis/SEVIS_ Info_ Packet.pdf, (accessed March27, 2011).

④ 脏弹又称放射性炸弹，是通过引爆传统的爆炸物如黄色炸药等，通过巨大的爆炸力，将内含的放射性物质，主要是放射性颗粒，抛射散布到空气中，造成相当于核放射性尘埃的污染，形成灾难性生态破坏的“辐射散布”炸弹。http://baike.baidu.com/view/163589.htm.

外严格保密。国家核安全局还利用“脏弹”在内华达州试验场一处测试中心的设施，研究如何减轻这种核袭击所造成的破坏，并在该试验场培训联邦机构人员如何抗击大规模破坏性武器和善后处理。①

3. 资金和人力保障

（1）资金保障

从预警、控制与回应到恢复与重建，反恐危机管理的各个阶段都需要大量的资金支持。美国在资金上给予了反恐职能部门大力援助。其中，反恐危机管理的行动领导部门——联邦调查局和核心协调机构——国土安全部近年来得到的资金不断增多。联邦调查局2001年的资金是33亿美元，2002年为35亿②，2003年为42亿③，2004年为46亿④，到2005年已达51亿，2006年的预算为57亿，与前一年相比又增加了11%。⑤ 随后四年的资金也在不断增加，2007年为59亿美元，2008年为64亿美元。⑥ 2009年为71亿美元，⑦ 2010年为78亿美元。⑧ 国土安全部自成立以来也得到了越来越多的资金支持。2003年的资金为312亿美元，2004年为365亿，2005年增加到402亿，⑨ 2006年为404亿，2007年为428亿，2008年为463亿，⑩ 2009年为527亿，2010年已达到553亿。⑪ 如表1所示。

此外，美国对反恐科技研发工作、反恐情报分析与研判工作，以及恐怖袭击事件发生后的恢复与重建等工作都投入了大量资金，以保障这些工作顺利进行。

---

① 魏晓青、王玉民：《美国CBRN恐怖事件应急机制建设及其启示》，《解放军预防医学杂志》2008年第5期。

② http://www.fbi.gov/news/testimony/fy-2002-budget-request,(accessed March28, 2011)

③ http://www.fbi.gov/news/testimony/the-fbis-fy-2003-budget-request,(accessed March28, 2011)

④ http://www.fbi.gov/news/testimony/fbis-fiscal-year-2004-budget,(accessed March28, 2011)

⑤ http://news.lp.findlaw.com/hdocs/docs/whouse2006/justice.html,(accessed March28, 2011)

⑥ http://www.justice.gov/jmd/2008summary/html/107_fbi.htm,(accessed March28, 2011)

⑦ http://www.fbi.gov/news/testimony/the-fbi-budget-for-fiscal-year-2009-1,(accessed March28, 2011)

⑧ http://www.justice.gov/jmd/2010justification/pdf/fy10-fbi.pdf,(accessed March28, 2011)

⑨ http://www.dhs.gov/xlibrary/assets/FY_2005_BIB_4.pdf,(accessed March28, 2011)

⑩ http://www.dhs.gov/xlibrary/assets/budget_bib-fy2008.pdf,(accessed March28, 2011)

⑪ http://119.40.0.4/data6/pdf/fc9fdcf69510e9c6040172e8922fd3b8/budget_bib_fy2011.pdf,(accessed March28, 2011)

表 1 国土安全部（DHS）和联邦调查局（FBI）的预算（2001～2010）

单位：年/亿美元

年份	2001	2002	2003	2004	2005	2006	2007	2008	2009	2010
DHS	—	—	312	365	402	404	428	463	527	553
FBI	33	35	42	46	51	57	59	64	71	78

（2）人力保障

反恐危机管理需要投入大量的人力资源。为保障反恐工作的顺利有效开展，美国各个反恐职能部门从人员数量和质量上壮大反恐力量。在数量上扩大反恐工作队伍，如联邦调查局从 2001 年的恐怖袭击之后将投入反恐工作的人员总数增加了一倍。2009 年的一份报告显示，联邦调查局 2001 年应对恐怖主义的驻地特工为总人数的 13%，而到 2009 年这个数字增加到 26%。[①] 从 2001 年到 2009 年联邦调查局的工作队伍不断壮大的情况，如表 2 所示。

表 2 联邦调查局工作人员变化情况（2001～2009）

年份	2001	2002	2003	2004	2005	2006	2007	2008	2009
特　工	10.344	10.531	11.035	11.539	11.915	12.212	12.213	11.945	12.325
情报分析员	—	1.156	1.323	2.140	2.314	2.402	2.402	2.376	2.635
专业支援者	14.315	13.641	14.247	15.156	15.810	16.742	16.744	15.890	16.534
总　数	24.659	25.328	26.605	28.835	30.039	31.356	31.359	30.211	31.494

http：//www.justice.gov/jmd/2010justification/pdf/fy10 – fbi.pdf，7 – 5，（accessed March28，2011）

美国反恐职能部门在质量上重视人员培训，联邦、州和地方都实施了多个反恐专业培训项目。例如联邦应急管理局建立了 4 级培训考核制度，参加突发事件管理小组需逐级通过培训并经考核取得相应业务资格。[②] 美国在州和地方也开展各类与恐怖主义有关的课题培训，包括应对大规模杀伤性武器，理解恐怖主义的本质，理解反恐职能部门，机构内部情报共享，情报收集等。如表 3 所示。

① Jeff Stein，Report：FBI has doubled counterterrorism forces，http：//voices.washingtonpost.com/spy – talk/2010/04/report_ fbi_ has_ doubled_ counter.html，（accessed March28，2011）.

② 中国安全生产科学研究院赴美考察团：《美国的应急管理体系（下）》，《劳动保护》2006 年第 6 期。

表 3　由州和地方执法培训机构提供的与恐怖主义相关的培训

与恐怖主义有关的课题	提供培训的机构所占的百分比	
	2002 年	2006 年
应对大规模杀伤性武器	57	70
理解恐怖主义的本质	48	62
理解反恐职能部门(联邦、州和地方)	44	57
机构内部情报共享	33	44
情报收集	28	44
防恐特别工作组的作用	15	33
相关的技术/装备	21	33
事件发生后稳定社区	13	31
情报分析	11	26

Long-Term Effects of Law Enforcement's Post - 9/11 Focus on Counterterrorism and Homeland Security, P71, http: //www. rand. org/pubs/monographs/2010/RAND_ MG1031. pdf, (accessed March24, 2011).

三　美国反恐危机管理体系对中国的启示

我国是恐怖主义的受害者。以新疆东突势力为代表的“三股势力”长期以来在我国境内外针对我国公民和财产制造了一系列恐怖袭击事件，对我国国家安全与稳定、人们生命与财产造成了巨大危害。我国采取了一系列措施预防和打击各种形式的恐怖主义。但是，由于在反恐问题上，我们还缺乏丰富的经验，在反恐危机管理体系建设上还存在一些问题有待改进。借鉴美国反恐危机管理体系建设的有益经验，进一步完善我国反恐危机管理体系，具有重要意义。

（一）建立完善的组织体系

当前我国应对恐怖危机的部门主要是国家安全部和公安部。公安部已成立了反恐局，制定了应急处置恐怖袭击的各种预案。但恐怖危机的发生往往瞬间造成了巨大的人员财产的伤亡，这样对危机的救治就需要社会方方面面的部门及人员，包括消防、治安、医疗、市政、交通、通信等诸多政府和非政府部门。虽然政府的行政能力较强，但在实际工作中往往容易出现部门条块分割、力量分散不均等情况，其根源在于综合性反恐危机管理部门的缺

失。因此我国应当在国家层面建立具有会商决策功能的常设性反恐危机管理的综合协调部门。将公安部的反恐局作为应对恐怖危机的核心机构不失是一种尝试，可以赋予其对反恐危机管理的统一领导指挥和协调的权力，规定其整合、研判反恐情报的职能，使其负担起全面建设我国反恐危机管理制度的职责，最终发展成为专业的反恐危机管理部门。除了国家层面，省和大、中型城市也应建立相应的反恐危机管理机构。我们应根据城市特点，以突发事件应急指挥中心为基础，组建反恐专业团队。同时，要注重各省市之间的协同作战，以公安指挥中心为依托，建立城市反恐应急联动系统。

（二）运用多元的应急措施

反恐危机管理的每一个阶段都要求危机管理者采取相应的策略和措施，准确的评估形势，尽可能将危机事态控制在当前阶段，以免危机的进一步恶化。在反恐预警阶段，应当充分发挥情报部门的作用，运用科学技术和情报工作经验，负责恐怖主义情报的收集、分析与研判。危机中的控制与回应阶段则要充分调动社会各界的力量。警察、军队和医疗人员作为现场第一响应力量，应当以最快的速度到达现场进行应急处置，最大限度保障人员生命安全和减小损失。我们对于生化、核辐射恐怖袭击事件应注重处置方法的科学性和技术性，切忌盲目行事，这就需要立即调集大批技术专家参与危机管理工作，另外，对于恐怖危机引起的社会恐慌也要及时处理。领导人应出面稳定人心，还要妥善运用新闻媒体的正面导向作用。政府必须加强对新闻媒体的引导和管理，争取与其保持一种良性的互动关系，掌握舆论导向。在危机后的恢复与重建阶段要以党委政府为核心，反恐危机管理专职机构为主力，做好受灾人员的安置和受灾地区的重建工作。尽快恢复灾区的基础设施和正常生活秩序，并做好受害人救助工作。对受害人的救助工作具有长期性、连续性的特点，我们可以建立受害人登记系统，以便跟踪了解受危机影响群众的身体健康和心理状况，及时有效地做好援助工作。

（三）建立完善的法律体系

法律是制度的基本构成和保障。在反恐危机管理中，组织体系、机构职能、行为规范以及工作机制等都应当在法律中有明确的规定。我国近几年也比较重视反恐怖立法工作。2001年10月27日，第九届全国人大常委会第二十四次会议讨论通过了国务院提请审议的两项议案：《制止恐怖主义爆炸的国际公约》、《打击恐怖主义、分裂主义和极端主义上海国际公约》（也就是“上海五国公约”）。第九届全国人民代表大会第二十五次会议审议通过了《中华人民共和国刑法修正案（三）》，它的出台为严厉打击恐怖主义犯罪活动提供了更为完备的法律依据。① 但我国缺少一部专门为反恐工作制定的法律。我国应当尽快出台一部反恐法，明确规定我国反恐的基本原则，反恐的组织及职能，反恐的工作机制等相关问题，使得我国反恐危机管理体系的建立有法可依，保障反恐工作依法进行。

（四）提供高效的技术保障

反恐危机管理要以高效的技术手段为保障，国家应加大技术研发的投入，重点在于反恐技术研发方面。我国应当重视反恐技术研发，在保障国家专项经费投入的同时，组织专门力量对重大科学技术进行联合攻关，大力开发反恐情报数据挖掘技术、生物特征识别技术等。数据挖掘和生物特征识别等技术能极大地提高反恐信息处理与情报分析的效率。在护照、身份证中加载头像、指纹等生物信息，在边境口岸、驻外使（领）馆、机场、旅馆等场所推广使用基于生物特征识别和计算机网络技术的数据库系统，就可以有效防范恐怖分子或其他危害国家安全的人员入境或外逃。利用数据挖掘技术等手段也可以加强对可疑人员、资金、危险物品、事件的分析，使反恐人员能够透过大量的信息数据发现恐怖阴谋的暗流。此外，在高科技手段的推动下，当代恐怖主义超越传统范畴，发展为生物、化学和核辐射恐怖袭击。应对此类新型恐怖危机更需要科学技术的支持，我国应着重研发应对此类新型恐怖危机的科学技术。

（五）确保充足的资源投入

只有充足的资金和专业的人力资源才能保障反恐危机管理工作的顺利进行。政府应当设立专项反恐危机管理基金，作为一项重要的政府财政支出。尤其要加大反恐科技研发和反恐情报工作的资金投入，保障反恐科技的科研

① 刘玉雁、刘彤：《我国政府防范恐怖危机管理机制的缺失与构建》，《东北师范大学学报》（哲学社会科学版）2007年第6期。

经费，强化反恐的监测和情报分析工作。此外，做好反恐危机管理工作还应保证专门的人力资源。不仅从政府层面壮大反恐危机管理队伍，我们还应发动非政府组织、群众等社会各界力量积极参与情报收集、危机中的救援与危机后的重建工作，同时提高反恐工作人员的素质，组织人员培训，设立人员培训和考核制度，并且可以吸纳具有专门技术的人员，组建应对各种恐怖危机的专业技术队伍。

孙佩同学对本文的写作付出了很多辛劳，谨以致谢

责任编辑：程美东

思政教育

北大马克思主义研究（第1辑）

从说理教育到心理疏导

——思想政治教育方法的发展

佘双好

摘　要：说理教育是通过摆事实讲道理来进行思想政治教育的方法，它是与强制和压服相对立的方法，不同于说教和灌输，是党在长期革命和斗争中形成的有效的方法，具有长足的优势，但是在当前多元开放环境下，说理教育也存在着一定的局限。心理疏导是党在新的历史条件下提出的思想政治教育新方法，它通过疏通与引导心理来进行思想政治教育，尽管心理疏导起源于心理学中的心理咨询方法，但在党的思想政治教育话语体系中的心理疏导与心理咨询有着本质的不同。从说理教育到心理疏导既反映了党的思想政治教育方法的内在联系，也增添了思想政治教育方法的一些新元素，反映了思想政治教育方法从单一到多元、从单向到双向、从认知到人格、从理论到实际、从经验到科学的发展趋向。

关键词：思想政治教育方法　说理教育　心理疏导

作者简介：佘双好（1964～），男，博士，武汉大学政治与公共管理学院院长、教授、博士生导师，主要研究方向：思想政治教育理论与方法、心理健康教育；学术兼职：全国高校马克思主义理论学科研究会副会长。

思想政治教育活动从本质上是一种使无产阶级和广大人民群众接受和掌握自己的理论的过程，而要使无产阶级和广大人民群众接受和掌握自己的理论体系，通过摆事实讲道理的方式是一种最合理和自然的选择，因为“理论只要说服人，就能掌握群众；而理论只有要彻底，就能说服人”①。因此，

---

① 《马克思恩格斯选集》第1卷，人民出版社，1995，第9页。

说理教育是党的思想政治教育的基本方法和传统优势，但是，随着时间的推移，单一的说理教育法也逐渐显现出一定的局限性，并且在思想政治教育实践过程中也常被误用，时代发展呼唤思想政治教育方法的发展。心理疏导是党的十七大报告在谈到“建设和谐文化，培育文明风尚”时提出的一种新的思想政治教育方法，党的十七大报告指出：“加强和改进思想政治工作，注重人文关怀和心理疏导，用正确方式处理人际关系。”心理疏导这个概念的提出并不是简单的针对心理现象的疏导活动，也不同于西方概念的心理咨询，它标志着党的思想政治教育方法的新发展。从说理教育到心理疏导，反映了思想政治教育方法的发展轨迹。

一　说理教育法是思想政治教育的基本方法

说理教育是党在长期革命和建设实践中形成的思想政治教育的基本方法，作为一种与压服、强制相对立的教育方法，说理教育法有其特定内涵和边界。

1. 说理教育法的内涵

说理即指摆事实、讲道理，说理教育法即指通过摆事实、讲道理的方式来进行思想政治教育的方法。

毛泽东同志在《正确处理人民内部矛盾》一文中，把我国处理人民内部矛盾，进行思想政治教育的方法归结为说理教育法。“凡是思想性质的问题，凡是属于人民内部的争论问题，只能用民主的方法去解决，只能用讨论的方法、批评的方法、说服教育的方法去解决，而不能用强制的、压服的方法去解决。”[①] “我们曾经把解决人民内部矛盾的这种民主的方法，具体化为一个公式，叫做‘团结—批评—团结’。讲详细一点，就是从团结的愿望出发，经过批评和斗争使矛盾得到解决，从而达到新的团结。”[②] “许多人觉得，提出采用民主的方法解决人民内部矛盾的问题是一个新的问题。事实并不是这样。马克思主义者从来就认为无产阶级事业只能依靠人民群众，共产党人在劳动人民中间进行工作的时候必须采取民主的方法，决不允许采取命令主义态度和强制手段。”[③] “对人民说来则与此相反，不是用强迫的方法，

① 《毛泽东文集》第7卷，人民出版社，1999，第209页。

② 《毛泽东文集》第7卷，人民出版社，1999，第210页。

③ 《毛泽东文集》第7卷，人民出版社，1999，第211页。

而是用民主的方法，就是说必须让他们参与政治活动，不是强迫他们做这样做那样，而是用民主的方法向他们进行教育和说服的工作。这种教育工作是人民内部的自我教育工作，批评和自我批评的方法就是自我教育的基本方法。"[①] "对待人民内部的思想问题，对待精神世界的问题，用简单的方法去处理，不但不会收效，而且非常有害。不让发表错误的意见，结果错误意见还是存在着。而正确的意见如果是在温室里培养出来的，如果没有见过风雨，没有取得免疫力，遇到错误意见就不能打胜仗。因此，只有采取讨论的方法、批评的方法，说理的方法，才能真正发展正确的意见，克服错误的意见，才能真正解决问题。"[②]

从毛泽东对说理教育法的论述，我们可以看出，说理教育法是无产阶级取得政权以后，无产阶级和广大劳动人民处理内部非对抗性思想矛盾和问题的一种方法，它有以下几个方面的特点：一是从使用方法的主体来看，它处理的是平等主体之间的关系，也就是劳动人民内部非对抗性的关系。二是从方法论的基本原则来看，采取的是民主的方式，也就是人民通过互相发表意见民主讨论的方式处理思想问题。三是从方法本身来看，说理方法采取的是讨论的方法、批评的方法、说服的方法，"团结—批评—团结"的方法、教育和说服的方法，即说理的方法。四是从与说理教育法相对立的方法来看，说理教育法是与强制、压服的方法及简单命令和强迫的方法相对立的方法。从上述分析来看，说理教育法是一种体现民主要求，符合现代教育基本原则的多样丰富的方法。

2. 说理教育法的不等于说教

说理不等于说教，说教是一种把抽象的思想政治观念强加于教育对象身上，用"必须"、"应该"、"不要"等绝对化的语言对教育对象施加影响，而不说明"应该"原因的方法，它只要求教育对象服从结论，不分析具体原因；说教之所以不是一种合适的教育方式，是因为它并没有用科学的逻辑来对思想政治教育观念进行理论说明，没有把思想政治教育的道理阐述清楚，而是直接用思想政治观念要求人。这样就限制和阻碍了教育对象思维的发展。关于这个问题，美国著名道德教育家柯尔伯格有一个非常好的说明，他认为道德教育是心理学的"是"和道德教育哲学"应该"的

① 《毛泽东文集》第7卷，人民出版社，1999，第212页。

② 《毛泽东文集》第7卷，人民出版社，1999，第232页。

科学；他说如果我们从心理学的“是”直接推导出教育的基本原则或哲学上的“应当”就容易犯一个错误，即自然主义的谬误：“凡是企图从‘是’（或事实）的陈述直接地推演出‘应当’（或价值）的陈述的做法，都犯了一项逻辑谬误，称为自然主义的谬误。”① 但是反过来，如果我们在进行道德教育的过程中，只是讲授道德“应该”，不忽视道德教育中的“是”的因素，则容易导致道德说教。从上述分析来看，说教与说理的区别从主体的角度来看，说教采取的是一种居高临下的态度，而说理是一种平等的主体的态度；从原则来看，说教采取的是独断的方式，而说理是一种民主的方式；从具体方法来看，说教采取的是不讲道理的方式，而说理采取的是讲道理的方式；从说教实质来看，它是一种非理性的方式，而说理采取的是一种理性的方式。

3. 说理不同于灌输

说理教育法更不等于灌输，灌输是一种不顾教育对象思想发展现状和接受程度，而硬行从外部注入思想政治观念的方法。

在教育学话语体系中，灌输本来是一个中性的概念，但随着近代以来越来越多的学者从语义学的角度对灌输进行剖析，使得灌输这个概念越来越具有贬义的性质，并且词意越来越确定。作为特定意义的灌输概念，它是针对宗教道德教育中非理性、反人性和无人道的教育方式而提出的，与宗教传输方式有着内在的联系。美国分析哲学家麦克莱伦教授在《教育哲学》这本书中，除了初步界定教育、教育哲学的基本概念以外，花了相当大的篇幅，从不同的维度论述了所谓“教”的问题及“教”这一概念与“灌输”、“施加条件”等概念的区别。在他的观念中，灌输这一术语是容纳违反教的道德和逻辑标准的错例的容器。“由于我这样使用这一术语，我必须向我的教育同行们道歉，他们已经成功地把‘灌输’的用法限定为一种相当特殊的方式。”“由于某些原因，有必要把灌输和指挥、迷惑、欺骗、‘洗脑子’、吓唬人、宣扬、宣传以及其他A可以使B不经充分理性反思就相信X的方法区别开来。但是在它们也分享了灌输的主要特点的意义上，我们可以把它们看做灌输的等同物。”因此灌输不是教育，而是教育的“赝品”。② 在英国分析哲学家彼得斯观念中，灌输（indoctrination）是与洗脑（brainwashing）、

① 转引自郭本禹《道德认知与道德教育》，福建教育出版社，1999，第65页。

② 〔美〕麦克莱伦：《教育哲学》，宋少云、陈平译，三联书店，1988，第285~289页。

条件反射（conditioning）等概念联系在一起的，它包含了一种用不允许怀疑信仰的正确性的方式来传递既定的信仰的方式，“因为‘灌输’选择了一种特殊的教导方式。它通过运用某些使儿童无法对一套既定的规则采取一种自主批判的态度的方法，而使儿童接受它们。”“所谓灌输的方法实质是指一种特殊类型的教学……这种教学迫使儿童接受一种既定的规则体系，而这一规则体系对儿童来说是不能以批判的态度来审视的。”①

从西方众多教育学者对灌输的批判来看，西方教育学视野的“灌输”概念的特定内涵可以从“目的论”、“内容论”和“方法论”三个方面来进行理解：首先从教育目的来看，一种道德教育是否会演化成灌输，不在于其内容，因为内容的正确并不能充分必然地保证目的与结果的合理性；同时也不在于其所采用的方法是合理的还是不合理的，是温和的还是严厉的，而在于教育者是否用某种单一的道德学说去“教育”、“培养”、“塑造”或“禁锢”、“封闭”学生的思想，“当一个教师的目的是试图用某种学说或观点去封闭学生的思想时，他就是在进行道德灌输”。其次，从内容上看，当道德教育所教的内容是一些“未被接受的事实”或者“信念”时，教师就是在从事道德灌输。也就是说，在道德教育中，所教的内容——道德价值观念或道德规范体系必须是建立在“道德上可证实的”（morally justifiable），必须是在“道德上有价值的”（morally worthwhille）。道德教育传授给学生的内容必须是真正合乎道德的真理和事实，是真正的“道德知识”（moral knowledge），否则就是在进行道德灌输。其三，从教育方法来看，如果教师在道德教育中采用的是某些“非理性的教学方法”（non-rational teaching methods），也就是用一些欺骗性的、专制性的、强迫性的和非理性的甚至反理性的方法来传授一定的道德内容时，他就是在进行道德灌输。

因此，从思想政治教育方法角度来看，灌输既不是一种原理，也不是一种方法，灌输是一种与宗教传输相匹配的影响方式，它与说理教育有着本质的区别。从灌输处理的主体关系来看，灌输过程中主体之间并不是一种平等的关系；从灌输的原则来看，它带有某种程度的强制性；从方法上看，灌输方法具有强制压服和阻碍人的思想发展的内容；从灌输的特性来看，它是一种非理性的强制方法。而说理教育是一种教育的方式和方法，它的目的是开

① 〔英〕彼得斯：《道德发展与道德教育》，邬冬星译，浙江教育出版社，2000，第178、246页。

启人们的心灵，它所教育的内容是经过科学实践证明的内容，它是一种理性的方法，是与强制、压服相对立的教育方式。

二　心理疏导方法是党的思想政治教育方法的新发展

说理教育方法尽管是一种十分有效的方法，在当前依然是处理人民内部思想政治问题的基本方法。但是这种思想政治教育方法是党在革命和建设初期，在一个相对封闭环境下、在党和政府权威和威信较高、社会主义思想政治处于明显优势地位、而人们思想政治观念来源相对比较单一的条件下形成的一种方法。随着我国改革开放和社会主义现代化建设的深入发展，随着我国经济成分和经济利益多样化、社会生活方式多样化、社会组织形式多样化、就业岗位和就业方式多样化日益明显，正如《中共中央关于加强和改进思想政治工作的若干意见》指出："我们党在长期革命和建设实践中，积累了丰富的思想政治工作经验，这是我们宝贵精神财富，要紧密结合新形势加以继承和发扬。同时必须看到，在改革开放和发展社会主义市场经济条件下，思想政治工作的环境、任务、内容、渠道和对象都发生了很大变化。如果不能适应这种变化，只是简单地重复过去的老方式、老办法，就难以收到好的效果，甚至适得其反。"① 人文关怀和心理疏导就是党在新的历史条件下提出的思想政治教育的一种新的方法。

1. 心理疏导方法的基本内涵

疏导的本来含义即疏通、引导。心理疏导方法是指针对人们心理和思想上的各种问题而进行疏通和引导的方法。把疏导这个概念和心理连接在一起，主要强调对人们心理积淤的疏通和引导，使之导向积极健康的轨迹。在有些论著中，心理疏导是与心理咨询或心理治疗等义的概念。比如鲁龙光的专著《心理疏导疗法》一书中，心理疏导是与药物治疗相对应的心理治疗方法，"心理疏导疗法是医务人员在与患者医疗交往过程中产生良性影响，对患者阻塞的病理心理状态进行疏通引导，使之畅通无阻，从而达到治疗和预防疾病，促进身心健康的目的的一种方法。"② 但是，随着党的十七大报告将心理疏导方法引入思想政治教育领域，其内涵就被赋予了

① 中共中央文献研究室编《十五大以来重要文献选编》（中），人民出版社，2001。

② 鲁龙光：《心理疏导疗法》，江苏科学技术出版社，1996，第24页。

新的内容。

在思想政治教育话语体系中，心理疏导既是对医学、心理学领域的心理疏导、心理咨询、心理治疗等概念的借鉴和运用，同时也是对医学、心理学意义的心理咨询、心理治疗等概念的超越和发展。也就是说，思想政治教育中的心理疏导内涵既包含有心理咨询、心理治疗等方面的内容，但也不局限于其所包含的领域，而是从更为广阔的视域来对人们心理、思想等问题进行疏通引导。并且由于心理疏导者的主体不同，其所使用的方法和手段也有了很大的区别。因此，心理疏导是一个医学、心理学概念，但在思想政治教育话语体系中，它又具有特定的意涵。我们对心理疏导就不能仅仅从心理咨询和心理治疗的层面来理解，而应把心理疏导看成一种思想政治教育方法的发展，把心理疏导看成一种通过疏导心理层面的问题来达到思想沟通引导作用的教育方法。

把心理疏导看成一种思想政治教育方法，并不排斥心理咨询或心理治疗方法在心理疏导中的运用，正如在一个具体的心理咨询或治疗情境中，我们很难区分哪些是心理治疗方法哪些是心理咨询方法一样，我们也很难区分哪些是心理疏导哪些是心理咨询活动，因为两者在方法上存在着许多重复和模糊的空间。心理疏导既可以被看成一种心理咨询的理念和模式，同时也可以把心理咨询看成心理疏导的起点或切入点。一个思想政治教育人员在从事心理疏导的过程中会广泛使用心理咨询的方法，而心理咨询人员在进行心理咨询时，也需要对来访者进行有效心理疏导。正是在这个意义上，不少研究者把心理疏导和心理咨询等同起来，把心理疏导看成在党的思想政治教育中引入心理咨询的方法，心理疏导的实质是思想政治工作中的心理咨询。这种观点看似有一定的合理性，也体现了党的思想政治教育方法的开放性，但这种观点并没有很好地区分在不同话语体系下两者内涵的不同，也没有区分两个要领之间的细微差别。我们之所以强调心理疏导与心理咨询的不同，是强调整两者在学科和话语体系中的不同，是强调心理疏导虽然以心理问题为切入点，但它在本质上是一种思想政治教育方法，是思想政治教育的一种新的发展；心理疏导既然是一种以心理问题为切入点的思想政治教育方法，它包含有心理咨询方法的所有积极成果，只是这种方法不能仅仅停留在处理人们心理层面问题的层次，而是以此作为起点和切入点来处理人们思想政治问题，是一种处理人们思想矛盾的方法；心理疏导中虽然需要遵循心理咨询的一般原则，但更重要的是服务于党的思想政治教育要求。心理咨询与心理疏导虽然只是词汇使用上发生了变化，但它表明了两者的出发点和落脚点的根本不同，概言之，心理疏导的提法意味着党的思想政治教育方法的新的发展。除了这种本质区别以外，心理疏导与心理咨询在具体方法上也存在着一定的差异。

2. 思想政治教育中的心理疏导不等于心理咨询

心理咨询是受过专门训练的心理咨询人员处理来访者的心理和行为问题的方法和艺术。心理咨询过程的实质是受过专业化训练的心理咨询师协助来访者解决各类心理问题，以促进来访者心理和行为转化的过程。也就是，在心理咨询过程中，虽然咨询者暗含着将心理健康的重要观念和理念传递到来访者观念之中的内容，但在咨询过程中，主张以“来访者”为中心，为来访者处理心理问题，而对于来访者没有提出的要求一般不作出回应，也就是采取相对被动的策略处理来访者的心理问题。而心理疏导强调与来访者心理问题处理过程中的主导性，强调以科学合理的观念来对来访者进行价值引导，因此，在与来访者关系处理过程中显得更为积极主动，主动对来访者观点和行为进行引导，能够更有效地促进来访者发展。心理咨询与心理疏导的区别主要体现以下几个方面。①

（1）工作人员所处的角色不同

心理咨询人员在咨询过程中是以相对客观、中立的身份，以职业化的专家身份介入心理咨询过程，在心理咨询过程中是以类似“律师”的身份与来访者站在一起来共同面对心理问题的，主要从来访者利益的角度来进行心理咨询；思想政治教育过程中的心理疏导者是以思想政治工作者身份来介入心理疏导过程的，而思想政治工作者的活动不是个人的活动，而是作为党和政府的代言人，作为一个单位的代言人而介入思想政治工作过程。在思想政治工作的心理疏导中，疏导者与被疏导对象虽然是一种平等的主体关系，但这种平等的主体关系并不是对等的，疏导者在心理疏导过程中更具有主导性。

（2）所处理问题的层面和领域不同

心理咨询作用领域主要侧重于人的心理层面的问题，在咨询过程中，虽然不可避免地要涉及人的思想问题、世界观、人生观、价值观的问题，但是它以消除心理形成的症状为主要工作重点，其主要目的是帮助来访者消除心理症状，促进个体健康发展。而思想政治教育中的心理疏导虽然名为心理疏

① 佘双好：《心理咨询与心理健康教育》，中国人民大学出版社，2007，第 1 ~4 页。

导，实际上包含的疏导任务和领域非常广泛，不仅针对人们的心理问题，而且还广泛处理人们思想、政治、道德等思想道德问题，处理问题的层面相对广泛。

（3）所处理问题的方式和场景不同

心理咨询人员处理心理问题的方式相对比较被动，只有当来访者有问题找咨询人员的时候，咨询人员才处理来访者心理问题，并且工作场景相对稳定（比如在心理咨询中心等）。思想政治教育中的心理疏导方式相对比较主动，要主动关心工作对象心理和思想变化，积极开展心理疏导和引导。心理疏导对工作场景虽然也有一定的要求，但并没有特别的要求，往往是随时随地，有机会就开展疏导。与心理咨询主要侧重于个体咨询为主相比，思想政治教育中的疏导更偏重于针对群体开展心理疏导。

（4）所采取的方法不同

心理咨询方法是咨询人员处理来访者心理的方法和艺术，其主要特点是采取直接方法处理心理问题。而思想政治工作中心理疏导者除了采取直接的方法处理人们思想问题以外，还采取许多间接的方法：比如有思想情绪问题找组织谈心的办法；通过理论学习提高思想认识树立正确世界观、人生观和价值观的办法来抵御不健康的思想观念的侵袭；比如在思想政治教育工作中把解决思想问题和解决现实问题结合起来的办法，通过改变环境来改变人的思想情绪，体现组织的关心和温暖，社会主义大家庭的温暖；还比如说通过制定更为宏观的关心人们思想政治素质发展和心理素质发展的政策，在社会上倡导良好的社会风气，改变整个社会宏观生态环境等方法来改变人们心理状态的办法等。这些方法，都体现了思想政治工作作为一种有组织、有政府部门强力支持、有多样化的思想政治工作渠道和方法的优势。从所采取的方法的差异性看，思想政治工作心理疏导所采取的方法更为多样和丰富。

因此，心理疏导作为一种思想政治教育方法的拓展，虽然是在对心理咨询方法的引入和吸纳基础上提出的方法，但与心理咨询本身存在着较大差异，应把心理疏导作为党的思想政治教育方法发展的新概念来认识和处理，这样更能体现党的思想政治教育方法的新发展。

三　从说理到疏导反映了思想政治教育方法发展的基本取向

从说理教育法到心理疏导既保持了党的思想政治教育方法的一脉相承一

以贯之的重要原则和精神，同时也注入了新的时代内涵，体现了党的思想政治教育方法的继承性和开放性，从说理教育法到心理疏导，标志着党的思想政治教育方法的一些新的发展取向。

1. 说理教育法与心理疏导的内在联系

说理教育法和心理疏导作为党的思想政治教育方法的发展，存在着一脉相承的内在联系。首先，它们所涉及的主体关系是一致的。说理教育法和心理疏导处理的都是平等的主体的关系，是人民群众之间非对抗性的矛盾冲突。虽然在说理教育和心理疏导的过程中，存在着教育者与教育对象、疏导者与疏导对象之间的区分，但两者之间是地位是平等的。两者都强调说理或疏导过程中说理者或疏导者的主导性，强调用正确的价值观念进行教育引导。其次，它们所遵循的原则是一致的。说理教育法与心理疏导都遵循民主的原则，通过双方协调沟通解决问题，体现相互尊重、相互信任、民主平等的基本原则。再次，它们使用的方法都是一种理性的方法，说理教育与心理疏导所采取的都是一种理性的方法，采取相互讨论、说理、教育、疏通、引导的方法，是一种帮助教育对象开启心智、消除积淤、解除困惑的促进思维发展的方法，因而也是一种符合客观规律的教育方法。最后，它们都是与强制、压服、说教、灌输、洗脑等相对立的方法，符合现代思想政治教育发展的要求。

2. 心理疏导对说理教育法的发展

心理疏导作为一种思想政治教育的新方法，又提供了说理教育法没有包含的一些原则和方法，与说理教育法相比呈现出一些新的元素。首先，说理教育法尽管并不排斥情感因素，但它主要以摆事实讲道理为主，是一种以理服人的方法。与之相比，心理疏导除了关注理的内容以外，还包含了情感的内容。因为在心理疏导过程中情感问题是其主线，陷入心理问题的个体或群体与其说是受各种各样观念的束缚，不如说是受各种“情绪”所困扰，因此，在心理疏导中情感问题是一个核心的话题，正是由于心理疏导者所提供的积极的情感力量，使得疏导对象感到温暖和力量，使之有力量和勇气来克服眼前的困扰，从而排斥心理的积淤和困扰。与说理教育相比，心理疏导除了有说理的方法以外，还增加了移情的办法。其次，说理教育方法虽然针对教育对象思想观念发展状态和水平进行说理，但在说理的过程中，容易出现与教育对象思想状态并不相符的情况，使说理教育演变成说教。而与之相比，心理疏导更加关注教育对象的心理状态，它本身就是针对疏导对象心理

状态进行疏通引导，因此比说理教育法更有针对性。再次，与说理教育法相比，心理疏导更注重与疏导对象的双向互动的关系。说理教育法有时过于强调道理本身，强调道理本身的内在逻辑性，而忽视与教育对象双向互动的关系；而心理疏导过程中，疏导的过程就是一种双向互动的过程，更加关注与疏导对象相互沟通。复次，心理疏导的方法相对比较丰富和多元，而说理教育法相对比较单一。与说理教育方法相比，心理疏导方法是一种多元复杂的方法，心理疏导方法既可以采取直接疏导的方法，也可以采取间接疏导的方法；既可以采取言语的疏导方法，也可以采取非言语的疏导方法；既可以采取认知的方法，也可以采取情感、意志和行为培养塑造的方法等，这使得心理疏导的方法十分丰富多元，更便于应对疏导对象多元复杂的心理和社会需求。最后，心理疏导比说理教育法又增加了方法论的原则因素，在心理疏导过程中，疏导者除了遵循民主的原则以外，还提出了关怀的原则，而体谅和关心的原则也是现代思想政治教育的基本原则。从上述的对比来看，心理疏导为思想政治教育方法发展提供了诸多新的内涵，从说理教育到心理疏导体现了思想政治教育的新发展。

3. 心理疏导体现的思想政治教育方法发展趋向

从说理到心理疏导的变化，折射出党的思想政治教育方法发展的一些新的趋向。

（1）从单一到多元的发展趋向。说理教育法作为一种教育方法，虽然具有与思想政治教育本质上的一致性和合理性，是一种有效的思想政治教育方法，但相比较起来，它是一种单一的思想政治教育方法，因而存在着局限性。而心理疏导的方法是一种多元多样的方法，它包含了多种多样方法的集合，因此心理疏导的方法更能适应教育对象多元复杂的需求，从说理到疏导反映了思想政治教育从单一到多元的发展趋向。

（2）从单向到双向的发展趋向。如前所述，说理教育法虽然比较关注教育对象的思想政治观念状况，但从总体上来说，比较重视教育者的主导性，思想政治教育信息流动主要从教育者向教育对象进行流动，具有单向注入的特点。心理疏导的提出突出了思想政治教育过程中疏导者与疏导对象之间的双向互动的关系，疏导者必须基于疏导对象的心理状态和发展实际，同时必须以解决疏导对象具体的问题为前提条件和落脚点开展疏导，这样就使得心理疏导过程并不是一种单向的传播过程，而是充满着双向互动的相互交流过程，突显了双向互动的发展趋向。

（3）从认知到人格的发展趋向。说理教育法比较偏重于从认知的角度来处理思想政治教育过程，这虽然抓住了思想政治教育本质的因素，并且思想政治教育活动作为一种无产阶级和劳动人民掌握和形成自己理论的实践活动，只有从认知的角度，从理论的高度才能够解决思想政治教育的根本问题。因为“批判的武器当然不能代替武器的批判，物质的力量只能用物质力量来摧毁；但是理论一经掌握群众，也会变成物质力量”①。思想政治教育的最终目的是用科学的理论来掌握群众，使之成为无产阶级和广大劳动人民解放全人类和自身的思想武器。但是，从思想政治教育本身所涉及的关系来看，它是一种人与人之间的相互交往的活动，而人的思想观念发展并不是单纯的认知的提高过程，还包括情感的发展、意志品质的形成和行为的养成等多个层面的因素，从这个意义上说，思想政治教育的过程是作为整体的人的一种互动的过程，需要整个人格因素的全面参与。心理疏导过程看似是处理具体心理问题，但它涉及人格的完善和发展。思想政治教育方法应把人格的总体发展作为教育的基本价值指向。

（4）从理论到实际的发展趋向。说理教育法比较关注系统理论的教育与传播，这种教育方式对于用科学理论武装人民具有至关重要作用，但是如果这种理论不能与人民群众具体生活实际联系起来，思想政治教育活动也容易演变成脱离实际的说教。心理疏导以疏导对象问题为中心开展心理疏导，凸显了对疏导对象生活的关注，蕴涵着思想政治教育方法从理论到实际的发展趋向。

（5）从经验到科学的发展趋向。说理教育法是党在长期革命和斗争实践中积累起来的教育方法，带有明显的经验总结的痕迹。心理疏导的提出，意味着党的思想政治工作十分注重利用现代科学研究成果，运用科学方法来进行思想政治教育活动，标志着思想政治教育方法逐渐摆脱传统经验的局限性，充分吸收和借鉴科学方法来开展思想政治教育，并且最为根本的是积极推动思想政治教育的科学化，实现思想政治教育从经验向科学的转变。

责任编辑：杨柳新

① 《马克思恩格斯选集》第1卷，人民出版社，1995，第9页。

生态社会主义

北大马克思主义研究（第1辑）

经济危机背景下的中国可持续发展战略：绿色左翼视角

郇庆治

摘　要：本文对中国在2008～2009年世界金融与经济危机中的战略性应对做了一种“绿色左翼”视角下的政治生态学分析。经济增长率高位恢复的结果当然是一个重大的经济与政治成就，也是对中央政府提出的“保增长、扩内需、调结构”危机应对战略正确性的最好验证，但如果从可持续发展的更高更长远目标视角来看，更多依赖政府主导的大规模公共投资来保持增长与稳定就业的战略及其实施存在着相当的被迫与无奈成分，可以说是有得有失。我们必须看到，中国改革开放以来经济社会发展所面临的深层次难题并没有得到真正解决，反而在某种程度上加重或突出了。对于后危机时代的中国而言，从大局说，我们必须花大力气充实完善经济、社会和生态复杂综合体中的社会发展与生态和谐向度，也就是追求经济、社会与生态之间一种更加协调的发展；而从经济向度说，我们必须尽快实现一种从外需出口依赖型向内需消费主导型的经济发展。不仅如此，我们还必须保持二者之间的合理张力，特别是用前者来统摄后者，否则，我们至多会走向一个美国式的大众消费社会。即便那条道路能够成功，中国的未来也不可能是一个社会公正与生态可持续的社会。同样可以肯定的是，鉴于中国即将获得的世界第二大经济体的地位，这样一种深刻的绿色转型绝不会仅仅发生在或局限于主权国家本身的层面。

关键词：可持续发展战略　世界金融与经济危机　中国　绿色左翼　环境政治

作者简介：郇庆治（1965～），男，山东青州人，法学博士，北京大学马克思主义学院教授、博士研究生导师、山东大学环境政治研究所所长，主要研究方向为国外马克思主义、环境政治和欧洲政治。

一　经济危机应对与可持续发展：理论分析框架

对于可持续发展或可持续性概念，众所周知，学术界有着各不相同的界定。最为著名的是联合国环境与发展委员会在1987年发表的《我们的共同未来》中提出的定义，可持续的发展是一种既能满足我们当代人的基本需要又不损害未来后代的发展潜能的发展。[①] 在2002年约翰内斯堡环境与社会发展首脑会议上，上述定义被进一步扩展为一种包括经济可持续性、社会可持续性和生态可持续性等诸多方面的发展。[②] 在本文中，笔者所指称的可持续发展或发展可持续性就大致是在这样一种含义上使用的。也就是说，可持续发展或发展可持续性是指人类社会在经济、社会和生态等诸方面发展的协调均衡性。

依据上述定义，显而易见的是，日趋严重的生态环境危机尤其是全球性气候变化，已凸显出依然偏执于传统工业化与城市化模式的当代人类社会的严重不可持续性，而这也是国际社会自1972年斯德哥尔摩人类环境会议以来世界环境政治的主题。具体地说，可持续发展理念或战略——在很大程度上可以理解为在1992年里约热内卢环境与发展峰会上确立的人类“环境共识”——包含以下3个层面的内容：一是发达国家和发展中国家共同努力（承担共同但有区别的责任）来抑制，最终逆转全球气候变暖趋势（以及其他全球性环境问题），维持人类社会赖以生存的唯一家园的生态稳定性和可持续性，二是世界各国通过产品更新换代、工艺技术革新和产业结构调整，构建一种低能耗物耗、较少生态环境损害的绿色经济。所谓“稳态经济”、“循环经济”、“低碳经济”等概括就是对这种可持续绿色经济的主要表征。三是人类社会共同探寻一种超越现代物质主义价值观与大众主义消费模式的适度消费、社会公平、生态正义的生存方式与生活风格。

从可持续发展的视角看，经济危机可以从两个层面上来理解：在宏观意义上，它是人类社会在经济、社会和生态等诸方面关系上的不协调与失衡。也就是说，经济危机本身就是人类社会发展不可持续性的一种表现，经济

① 世界环境与发展委员会：《我们共同的未来》，世界知识出版社，1989。

② Georgina Ayre and Rosalie Callway（eds.），*Governance for Sustainable Development: A Foundation for the Future*（London: Earthscan, 2005），part I 'The Three Pillars of Sustainability'，pp. 43 - 108.

危机在很大程度上同时是一种社会危机和生态危机。需要强调的是，对于经济危机的任何科学的政治经济学分析和政治生态学分析，这种认知都极其重要。

在微观意义上，经济危机是人们通常所指的狭义上的经济领域或部门危机，也就是经济（商品）生产、流通与消费活动或规模之间严重不均衡所导致的困境。但需要指出的是，与传统经济危机不同，当代经济危机（尤其2008～2009年发生的这次经济危机）具有至少以下3个维度上的特点：一是在生产/消费维度上的消费过度特征。它虽然表面上呈现为暂时性的消费者购买力严重不足，但从更深层次上说却是由于消费者的过度消费欲求与行为。这方面最典型的是，美国民众在几乎没有任何储蓄的情况下举债购房，而正是这种异常复杂的购房贷款链条断裂最先引起了次贷危机，继而则是金融体系危机和实体经济危机。二是在国家/区域与全球维度上的超国家特征。20世纪80年代初以来新自由主义主宰下的经济区域化与全球化扩张，已经使世界经济成为一个前所未有的密切联系的整体。这意味着，任何一个国家（无论是看似无关紧要的中东小国经济还是美国这样的世界最大经济体）都足以引起却难以单独克服经济危机，虽然世界各国在这一日益区域化与全球化经济体系中的地位与角色并不相同（比如在经济格局中处在最高端的美日欧与处在另一极端的非洲）。也就是说，经济危机一旦发生几乎一定是区域性和全球性的，除非你本来就处在这个区域化和全球化的经济世界之外。三是在危机周期性/结构性维度上的结构性特征。传统经济危机的最大特征是它的周期性，商品生产、销售与消费间关系的断裂会随着经济内部的自我调整而呈现为一个从危机到萧条、再到复苏的过程，尽管民族国家政府的凯恩斯主义反危机公共政策也会发生一定程度的影响。相比之下，当代经济危机由于经济区域化和全球化而呈现出一种特殊的结构性特征，即处在经济结构高端的经济体与处在另一端的经济体之间构成了一种特定的“互补”关系：后者为了获取所追求的经济增长率和“硬通货”（美元、日元和欧元），源源不断地向前者提供凭借低廉劳动力和能源原材料生产的物美价廉的商品，而前者仅是凭借自己拥有的硬通货发售特权（印制钞票）和高端性非物质商品服务，就可以持续享受缺乏实体性经济活动支撑的过度消费。这绝不是说，在资本主义主导的当今世界中经济危机的周期性不复存在，比如，美国总统小布什任职期间就经历了2001年1～11月和2007年12月开始的两次经济危机（衰退），而是说，由于资本主义国家政府的强力干预（至少具有实施干预的财政资源与政府调控能力）和上述结构性特征，经济危机的周期性（以及可能产生的危害程度）已变得大大弱化。更为重要的是，只要上述相互依赖性结构维持不变，我们就很难设想，处在危机中的双方会实质性地改变其经济增长意识形态及其战略。可以说，只要认识到当代经济危机构型上的上述3个特点，我们就会对2008～2009年经济危机的严重程度及其影响有一个更为客观的认识——那就是，它根本不会成为20世纪30年代大萧条意义上的经济危机，而且几乎可以肯定它会在2010年前的某个时间结束。[①]

基于上述对可持续发展和经济危机的概念性界定，我们可以提出一个分析这次经济危机应对与追求可持续发展间关系的理论框架。一方面，2008～2009年的经济危机虽然对于许多发展中国家（尤其是那些非洲极端脆弱国家）而言仍是一种"基本消费需求满足能力"的危机（它们在一个经济秩序混乱的世界中只会遭到更多的不公正对待与伤害），但对于世界主要经济体来说则主要是一种"消费过度的、超国家的和结构性的"经济危机。就此而言，经济危机应对中的核心性问题，应是如何消除或削弱已经呈现为超国家化和结构性依赖所引起的过度消费欲求。

另一方面，对于这种构型经济危机的应对及其阐释依然有着三种不同的视角：一是生态主义的。对于生态中心主义者和生态社会主义者来说，他们理当把这次经济危机视为极端物质主义价值观和资本主义政治根本性困境的明证，并强调应以此为起点尝试走向一种生态可持续与社会正义新社会的绿色变革，其核心是构建一种充分意识到与尊重生态环境极限的"地球环境经济"。[②] 可以想见，各种类型的生态主义者都会同意，发生中的大规模经济萎缩（尤其是在西方发达国家）是必要的和"值得欢迎的"。比如，西班牙"行动中的生态保护者"组织就公开宣称，2009年是"消费更少但生活更好"的一年，并将努力使之成为"经济下降但社会更加平等"的一年。[③] 二是社会主义的。真正的社会主义者大概都会从这次经济危机中得出如下结论，正像经典作家早已阐明的那样，不受约束的资本流动与膨胀只会给社会普通大众的基本物质利益需求与保障带来灾难，而强化对资本的民主政治控

---

① 詹姆斯·佩索库基斯：《美国经济复苏可能快于预期的原因》，2008年12月28日《参考消息》。

② 天坂广志：《世界经济面临五大进化趋势》，2009年5月31日《参考消息》。

③ 西班牙《起义报》：《环保主义者"欢迎"经济危机》，2009年1月4日《参考消息》。

制和改进倾向于大众的资本收益分配与社会福利保障应该是基本的制度选择。[①] 三是经济主义的。绝大多数政治家（包括主流的自由民主主义者和社会民主主义者）大概都会坚信，多元民主政治框架下的强有力经济手段足以克服这次经济危机，基本目标则是尽快恢复（或维持）经济增长。

本文从可持续发展立场出发，对中国在2008～2009年世界金融与经济危机中的战略性应对做一种“绿色左翼”（将生态主义与社会主义相结合）视角下的政治生态学分析，尽管笔者十分清楚，像其他世界主要经济体一样，现实中任何版本的“绿色反经济危机战略”恐怕都难免处在一种经济主义视野的统摄之下。需要强调的是，本文的目的既不是对我国经济危机应对战略及其成效作全面评估，也不是仅仅为了重复“我们已经正确地做了什么”，而是从一种可持续发展的视角深入分析“我们为什么没有能够做得更好”，以及我们因此需要在未来数年中如何去做。在具体研究方法上，笔者将集中考察中国在经济危机应对中与可持续发展理念相关的重大战略与政策措施，其主要依据是以《参考消息》（2008年11月～2010年2月）为主的国内外报刊的新闻报道与综合分析。

二　经济危机背景下的中国可持续发展战略分析

不同于2008年年底西方专家所做的低调预测（普遍认为中国下一年的GDP增长率将仅为7.5%或更低，降至自1990年以来的最低水平[②]），2009年的中国经济不仅顺利实现了温家宝总理年初提出的“保八”目标（国家统计局最终公布的官方数字为8.7%），而且确实走出了一个“V”形复苏的构型，在世界主要经济体中率先实现总体企稳与复苏。单纯从经济增长率高位恢复的结果来看，这当然是一个重大的经济与政治成就，也是对中央政

① 需要指出的是，虽然在某些西方国家比如德国、英国、日本和澳大利亚出现了马克思的《资本论》、《共产党宣言》等经典著作的重新畅销现象，但真正能够称得上一种社会主义立场的大概只有那些已经社会民主主义化了的共产党人和传统的民主社会主义者，因而很难产生重大现实政治影响，即“很可能是一时性的现象，而非革命的开始”。参见埃菲社《“新社会主义”能拯救世界》，2008年12月1日《参考消息》；英国《金融时报》《金融危机或使欧洲左派更虚弱》，2009年1月8日《参考消息》；路透社《法国“新反资本主义党”成立》，2009年2月8日《参考消息》；利奥·巴尼奇《现代社会印证了马克思的预见》，2009年5月24日和25日《参考消息》。

② 彭博新闻社：《中国经济增速明年可能明显下滑》，2008年11月9日《参考消息》；法新社：《世界银行预测明年全球经济仅增长0.9%》，2008年12月11日《参考消息》。

府提出的“保增长、扩内需、调结构”危机应对战略正确性的最好验证。[①]但如果从可持续发展的更高更长远目标视角来看，我们必须承认，更多依赖政府主导的大规模公共投资来保持增长与稳定就业的应对战略及其实施存在着相当的被迫与无奈成分，可以说是有得有失。

1. 结构失衡的经济增长模式与“保八”战略

2008～2009年的经济危机对于中国来说，实际上是一种双重意义上的危机：日益一体化世界经济与市场体系的危机和中国传统现代化模式的危机。对于前者来说，它是由美国房贷市场引发、逐渐波及整个金融领域和大量实体经济部门的全球性危机。任何一个已经融入到这一全球性经济体系的经济体都不可能幸免。中国当然也不例外。也就是说，我们必须承认，改革开放以来中国已经建成了一个主要“为国外市场服务尤其是西方市场服务的经济架构”，却未能建立起一个真正“有效的消费社会”[②]，相应地，世界资本主义经济发展的周期性规律也开始影响到中国经济的发展。[③] 对于后者来说，20世纪80年代初以来的改革开放政策使中国经济发展出现了前所未有的繁荣，群众物质生活水平也大幅度提高，但建立在低廉劳动力价格、能源原材料价格和较低水平的社会福利保障与生态环境保护基础上的“高投入、高消耗和高污染”经济增长方式，已经日益凸显出自身的社会、生态副效果和不可持续性。显而易见的是，中国发展的真正未来在于实现一种更加均衡与生态化的发展，尤其是经济产业结构与技术水平的升级换代。可以说，中国自21世纪初起稳居的“世界工厂”地位使我们处在了一个相对尴尬或悖论的境地：中国目前的经济繁荣离不开遍及城乡的工业化生产，而这种低水平的工业化正在严重威胁着我们民族长远发展甚至生存的社会与生态基础。据统计，世界已探明的石油储量约12580亿桶，按照2008年的产量

---

① 俄塔社等：《中央经济工作会议力推“保增长”》，2008年12月9日《参考消息》。

② 郑永年：《金融危机与建设美好中国社会》，2008年12月3日《参考消息》；《中国在危机中重新寻找发展模式》，2009年2月4日《参考消息》；《中国模式的机遇与挑战》，2009年9月2日《参考消息》；《中国经济均衡增长面临内外压力》，2009年11月4日《参考消息》；《环保经济可助中国赢得国际话语权》，2009年12月2日《参考消息》。

③ 对于中国对世界主要资本主义经济体特别是美国的依赖性，一个被人们频繁使用的概念是由英国经济学史家尼尔·弗格森提出的“中美国”——强调二者不仅组成了一个占世界GDP 1/3、世界人口1/4和世界面积13%的庞大单一经济体，而且构成了一种建立在贸易和投资高度依存基础上的共生关系。参见奥地利《新闻报》《中国如何使用两万亿美元外储引人关注》，2008年12月3日《参考消息》；迈克尔·理查森《中美“经济联合体”面临严峻考验》，2008年12月15日《参考消息》。

计算够用42年，天然气够用60年，煤炭够用122年。其中，2008年全球初级能源的总体消费增加了1.4%，而中国占了世界能源消费增量的3/4；世界天然气消费增长了2.5%，而中国增长了15.8%；世界煤炭消费增长了3.1%，而中国占世界煤炭消费总量的43%；水电、风能和太阳能分别增加了2.8%、29.9%和69%，中国也是第一大增长国。①

对于我国经济增长模式的这种结构失衡特征，许多国外学者都做了较为客观中肯的分析。比如，美国著名经济学家、国际经济研究所所长弗雷德·伯格斯滕——也就是中美“两国集团”（G2）概念的提出者，虽然对中国未来发展的总体趋势持一种乐观的态度，但也明确指出，中国面临的最大挑战是使中国经济在未来实现更加可持续的发展。② 当然，他所理解的可持续性，既包括与能源原材料消耗相关的生态可持续性，也包括只有经济制度不断完善（比如市场制度、价格体系、外汇汇率等）才能带来的经济增长可持续性。再比如，俄罗斯学者亚历山大·加布耶夫在分析“中国模式”的独特性后认为③，这种依赖廉价劳动力实现的经济奇迹，不仅不能进行简单复制，而且带来了严重的区域与城乡间发展不均衡和生态环境恶化的难题。

应该说，尽快从目前的粗放型经济增长转向一种真正可持续的经济、社会与生态全面协调发展，在21世纪初已开始成为我们的政治共识：全面贯彻落实联合国21世纪议程和可持续发展战略以及近年来开展的学习实践科学发展观活动，都可以从这一视角得到诠释，而2007年前后国家对生态环境保护国策地位的实质性提升则是具体例证（比如国家环保总局行政升格为环境保护部）。甚至在世界经济危机趋于恶化之前，国家主席胡锦涛在向省部级领导的讲话中仍着重强调的是如何将“中国经济发展模式转变为均衡、资源节约型和环境友好型的增长”。但是，2008～2009年发生的严重经济危机在相当程度上构成了对我们绿色理论与政策创新思路的干扰。结果，尽管最初就有国内外专家发出了“中国须防新一轮低效益经济过热”、“中国刺激经济应警惕投资浮夸风”、“刺激经济不应沦为‘投资竞

---

① 沙特阿拉伯《生活报》：《世界能源市场向新兴国家倾斜》，2009年7月19日《参考消息》。

② 刘洪：《中美应建立“两国集团”（G2）：对美国经济学家伯格斯坦的专访》，2008年11月6日《参考消息》。

③ 亚历山大·加布耶夫：《“中国模式”他国无法复制》，2008年11月11日《参考消息》。

争’”等的警告①，我们在经济危机应对实践中还是不同程度地出现了这方面的问题，突出表现为低端产业产能严重过剩、个别行业比如房地产业扭曲发展、生态环境压力进一步加大等。

（1）制造业产能严重过剩

2008年11月中旬，国务院公布将在两年内在基础设施和公共项目上投资4万亿的经济刺激计划后仅一周，各省市宣布的地区性经济刺激计划总额就已超过10万亿元，一个月后则达到了29.23万亿元，这甚至高于2007年的全年国内生产总值。② 一方面，这些地方政府的笼统计划既没有详细指出它们与中央政府计划的任何关联，也没有说明所需建设资金将从何而来；另一方面，与中央政府计划的重点“保民生”不同，这些地方性计划（尽管未必能够全部得到中央政府的批准）的重点仍然是机场、铁路、公路、电厂等基础设施工程，甚至有些高耗能、高污染的项目也赫然在目。对此，摩根大通的经济师龚方雄评论说，“中国各地的省一级和其他各级地方政府等了一年又一年，终于可以放开手脚，搞投资建设项目了”。

结果，中国制造业产能过剩的问题更加严重，而最典型的是钢铁业。③据统计，中国的钢铁企业包括轧钢厂、型材厂的数量超过7000家，分布在6个钢铁生产大省以及其他12个市县。政府估算，这些企业的钢产能超出需求达一亿吨，而这个数字是美国全年的钢产量。但是，各省市在钢铁产量上仍在不断竞争，试图超过对手。到2009年6月，中国的钢产量达到了创纪录的其他7个最大钢铁生产国产量的总和。此外，中国还有大约5000家水泥生产企业、3800家玻璃生产企业和3500家造纸企业，都存在着不同程度的产能过剩现象。到2009年底，据中国欧洲商会的一个报告统计：中国铝业的产能利用率为67%，风力发电业为70%，炼钢业为72%，水泥业为68%，化工业为80%，炼油业为85%。④ 以至于温家宝总理接受世界经济论

① 史英强：《中国须防新一轮低效益经济过热》，2008年11月24日《参考消息》；美国《华尔街日报》：《中国刺激经济应警惕投资浮夸风》，2008年11月26日《参考消息》；多部田俊辅：《刺激经济不应沦为“投资竞争”》，2008年12月9日《参考消息》。

② 多部田俊辅：《刺激经济不应沦为“投资竞争”》，2008年12月9日《参考消息》。

③ 马库斯·吉、安迪·霍夫曼：《中国钢铁业产能过剩遭遇危机》，2009年4月13日《参考消息》；肖敏捷：《中国经济刺激将加剧“设备过剩”》，2009年7月1日《参考消息》。当然，中国政府从2009年8月底开始已采取措施抑制钢铁和水泥等行业的产能过剩，但在“保八”的大背景下总体效果很难理想。参见彭博新闻社《中国抑制产能过剩凸显经济自信》，2009年8月30日《参考消息》。

④ 英国《金融时报》：《英报称中国产能过剩代价高昂》，2009年12月1日《参考消息》。

坛主席克劳斯·施瓦布采访时也公开承认，日益加重的产能过剩“是我们面临的最大挑战”。[①]

更有意思的是，由于对风力发电作为受政策鼓励的可再生能源的巨大市场的预期，因金融危机而缺乏出路的大量资金纷纷涌入该领域。2004～2009年间，中国生产风力发电机的厂家从只有6家增加到70家，风力发电能力则从2002年的46.8万千瓦增加到2008年年底的1200万千瓦。依此趋势，我国的风力发电产能很快就会超过政府制定的到2020年达到3000万千瓦的长远目标。结果，2009年9月，国务院严肃指出了风力发电设备过剩的问题。[②]

这些事实表明，中国从一种出口依赖型的经济增长向一种内需主导型的经济增长的转变并不容易。长期以来，拉动中国经济高速增长的就是政府主导的固定资产投资的持续增加，因而尽管出台了许多措施，2005～2008年的固定资产投资增幅都保持在25%左右的高水平上。问题的关键还不是中央政府总额4万亿的一揽子经济刺激计划，而是中央政府很难抑制的主要来自地方政府的庞大投资欲求。实际上，正如日本学者渡边利夫指出的，地方政府与开发商、中介机构、投机资本、辖区内的国有企业以及商业银行已经结成了一个利益共同体，任由投资规模无限扩大。[③]

（2）扭曲发展的房地产业

中国的房地产市场在2009年间经历了一场惊天大逆转，从上半年的冰冷寒冬到下半年的畸形繁荣。而这种情形的出现，应该说多少与国家此间陆续出台的“保增长、扩内需、调结构”一揽子政策举措相关（尤其是相对宽松的货币政策）。但是，如果说在过去十多年的基础设施建设和房地产开发征地中，存在的主要问题是剥夺或掠夺农民权益的社会问题——据官方统计，在征地的利益分配中，地方政府占3成，开发商占4成，乡村基层政府占2成多，而农民最多占到1成，[④] 那么，到2009年底，中国民众所面对的已经是一个严重畸形膨胀的房地产市场：9～10

① 澳大利亚《悉尼先驱晨报》等：《中国努力纠正经济“倾斜发展”》，2009年9月16日《参考消息》。

② 日本《东洋经济》周刊：《“一窝蜂”致中国风力发电过剩》，2009年11月3日《参考消息》。

③ 渡边利夫：《中国扩大内需应避免低效投资》，2009年4月8日《参考消息》；理查德·麦格雷戈：《中国银行系统“热情放贷”造成经济隐忧》，2009年7月12日《参考消息》。

④ 史英强：《中国须防新一轮低效益经济过热》，2008年11月24日《参考消息》。

月，全国房价的年化涨幅达到9%，远远高于2.25%的一年期储蓄利率和5.31%的一年期贷款利率；在上海，浦东的新公寓住宅价格全年上涨了57%，达到创纪录的每平方米4061美元，而该市的总体住宅价格上涨了26%。这种非生产性泡沫不仅严重影响到中国经济的长期发展潜能，而且迅速成为一个广受关注的社会热点问题——中国社科院蓝皮书分析认为，楼价涨幅早已偏离基本的居民供求关系，全国85%家庭买不起房，而《福布斯》则把中国内地楼市评为仅次于中东迪拜的全球第二大金融泡沫。①

房地产业畸形繁荣的直接原因是国家货币政策放松导致的贷款过快增长。据统计，中国银行2009年第一季度的贷款总额就高达4.6万亿元，前半年达到7.37万亿元，远远超过2008年全年。在政府预定投资4万亿的刺激计划中，中央政府以国家拨款形式出资不到一半，其余的要由省级政府配套，而后者并非都具有这种能力。然而，第一季度的贷款总额中已有一半流向了短期贷款，其中2/3是以企业发行的财务票据的形式。更为糟糕的是，相当一部分短期贷款被用于投机、股市和房地产。② 但就其深层次而言，则在于地方政府对于土地财政的严重依赖。据中国指数研究院发布的数据：2009年中国土地出让金总额达1.5万亿元，占全年GDP的4.4%和全国财政收入的6.8%；其中，北京市的土地出让金为928亿元，占市财政收入的45.8%，上海市的土地出让金为1043亿元，占市财政收入的41%。③ 一旦土地出让金成为地方政府的重要收入来源，很可能发生的便是，房地产业与地方政府结成一个“利益共同体”。因而，民间关于房地产业已绑架地方政府、绑架中国经济和中国社会的议论绝非无稽之谈。④

（3）持续加重的生态环境压力

无论是作为短期经济刺激计划的大规模基础建设，还是更具长期性的鼓励消费举措，其直接后果都是难以避免的生态环境压力和破坏。更为严

① 彭博新闻社等：《媒体评中国楼市降温新举措》，2009年12月20日《参考消息》；郑永年：《中国住房政策症结何在》，2009年12月23日《参考消息》。

② 布里斯·佩德罗莱蒂：《中国贷款增长过快须警惕“新风险”》，2009年5月31日《参考消息》；安布罗斯·普里查德：《贷款激增置中国银行业于“危险境地”》，2009年7月1日《参考消息》；法新社等：《中国资金搅热周边楼市》，2009年7月28日《参考消息》。

③ 参见吴杭民《廉租住房建设也该“水涨船高”》，2010年2月1日《齐鲁晚报》。

④ 新加坡《联合早报》等：《抑制房价，政府须认清自己角色》，2009年12月22日《参考消息》。

重的是，在应对经济危机的名义下，我们往往有意无意地降低本来应该有所提高的环保门槛。据统计，中国在2009年内批准了包括天津滨海新区、黄河三角洲开发区等在内的一大批国家级开发区；目前中国农村还有85万家小型农业、工业、砖窑和运输企业，就业人口达3000万人，而为了解决高达1500～2000万的返乡农民工的就业问题，这类企业在数量和规模上肯定要大幅度增加，而众所周知，这些企业中很多应被视为污染源予以关闭或课以重罚，因为它们污染了水域、空气和土壤，而且工作环境极其恶劣。①

不仅如此，前几年在环保部推动下有所进展的区域环境信息公开化遇到了更大的地方性阻力。2009年6月，一个名为“公众与环境研究中心”的环保团体的工作人员通过电话、传真和电子邮件，联系了113个内陆城市的环境部门，但只有27个提供了某些信息。结果，依据该组织公布的污染信息透明度指数，全国平均水平仅为30分，只有4个城市——宁波、合肥、福州和武汉——在60分以上。②

同样意味深长的是，直到2009年6月，我们才再次看到像环保部叫停大型国有电力公司华电和华能在长江上游的两座水电大坝——它们是中国计划沿金沙江建设的12座水电站（发电量相当于著名的三峡水电站）的一部分——那样的“绿色风暴”。③ 相比之下，倒是公民自发抗议垃圾焚烧厂选址（广州）等的群体环境事件有了显著增加。

2. 经济危机与绿色转型：得失参半

从一种回顾的视角看，笔者认为，中国2008～2009年的经济危机应对在以下两个层面上相对忽视了发展可持续性的考量，或者说，“调结构”这一本来包含着强烈绿色转型意蕴的政策术语没有能够成为各级政府官员的政治共识并付诸行动。

一是对“扩内需”政策内涵的过于狭隘解读，更多地将其界定为相对于国际市场出口的国内市场消费，而不是民众基于可预期收入稳定增加的消费能力提升。结果是，中国的经济刺激计划项目大量集中于交通运输系统（即所谓的“铁公机”），以及有形的摩天大楼、政府建筑群和工业厂区，相

---

① 英国《卫报》等：《中国“绿色投资”面临挑战》，2009年1月7日《参考消息》。

② 香港《南华早报》：《港报称内地污染信息透明度低》，2009年6月5日《参考消息》。

③ 美联社等：《媒体评环保部叫停大坝项目》，2009年6月14日《参考消息》；香港《南华早报》：《中国环保准备与既得利益者较量》，2009年6月17日《参考消息》。

对忽视了同样重要的医疗保险和教育培训等社会性计划，并依此实现了GDP增长的止跌回升，而工人和大部分其他劳动群众的工资/劳动收入增长却落后于GDP的快速增长，并使得国民的消费能力严重不足。对于这种经济与社会、生产与消费之间的投资失衡现象，耶鲁大学教授陈志武解释说："这主要是由于缺少公众对政府预算的监督，中国的政府制度特别偏重有形的大项目，而且，通过征税和国家所有制，政府几乎完全掌控着太多的国民收入和财富，最大限度地扩大了这种偏见的影响。他所提出的改革建议是，将国家财产的所有权向全体13亿人民做更加公平的分配和强化对政府预算程序的立法机构监督与媒体监督，否则，中国就不能实现从外向型经济向依赖内需的经济结构转变。"①

二是相对缺乏对严重超负荷运转的生态环境的修复、补偿和更新的政策举措。部分由于中央政府4万亿元刺激经济一揽子计划中包括了鼓励支持生态环境改善的项目投资（用于节能减排和生态建设的为2100亿元，占总投资的5.25%，用于自主创新和产业结构调整的为3700亿元，占总投资的9.25%）②，中国的绿色产业领域基本上没有受到金融危机的负面影响，反而有着较大发展。但是，中国的绿色产业及其投资依然面临着以下三个方面的挑战：一是来自成本的压力。虽然中国的劳动力总体来说还比较便宜，但中国的商业环境已经充满了令人窒息的竞争氛围。这使得各公司必须不择手段地找到办法生产价格低廉的产品，而这对于绿色产业的发展非常不利。二是来自人力资源的压力。虽然中国并不缺乏高素质的劳动力资源，但那些高素质的人才更愿意进入利润较大的金融和信息产业。三是来自环境商品与服务市场不健全的压力。尽管国家正在不断健全相关法律制度与采取更严格的执法，但据国家环保部的调查统计，大约40%的公司未能履行它们在环境影响评估报告中所保证的必要的环境保护措施，已经建成的污水处理设施中只有大约1/3在满负荷运转，结果是全中国报告的严重环境污染事件以每年30%的速度在增长。③ 由于缺乏更强有力的政治与政策支持，我国的绿色产业还不得不与传统产业做依然处于总体劣势的"公平"（指完全服从于不加区分的市场机制与市场规则）竞争，更谈不上对严重超负荷运转的生态环

① 陈志武：《还富于民有助于刺激中国内需》，2008年12月28日《参考消息》。

② 周生贤：《大力研发推广高效绿色环保科技》，《创新科技》2009年第10期。

③ 英国《卫报》等：《中国"绿色投资"面临挑战》，2009年1月7日《参考消息》。

境的修复、补偿与更新。

因而，在某种程度上，中国的经济刺激计划在生态意义上是矛盾的，一方面调整工业结构的要求使政府部分投资于改善环境，特别是城乡基础设施，推广使用可再生能源，尤其是加快实施“十一五”规划涉及的环境与能源项目；另一方面，经济减速与就业压力又使得环境部门被迫放松对新上经济建设项目的环境评估标准，具体表现为由更低层次的环保部门来实施相关项目的环境评估。① 这种内在的矛盾性也就注定了，我们可以收获一个迅速实现的从经济危机中摆脱或复苏，但却很难成功利用“全球经济放缓给予中国进行环保和可持续发展的黄金机会”②，即使我们希望做到这一点。

三　“绿色阿凡达”？一种“红绿”政治生态学分析

尽管中国对2008～2009年世界经济危机的战略应对存在着上述难以回避的“绿色亏空”，2010年新年前后公映的两部美国大片（《2012》和《阿凡达》）却都或褒或贬地把中国与人类的未来命运联系在了一起。因而问题是，中国能够成为制造人类未来方舟的绿色工程师吗？或者换句话说，中国能够率先摆脱陷入困境的现代社会物质/消费主义而成为拯救我们这个星球的“绿色阿凡达”吗？对此，笔者将从国内绿色经济政策、哥本哈根气候峰会和绿色生活消费方式创新三个侧面做一种政治生态学的分析。

1. 国内环境社会政策

从国内政策调整的视角来说，我们的确引入采取了许多具有可持续发展意蕴的战略性举措。比如，中央政府明确规定总额4万亿元的经济刺激一揽子计划，不会直接用于高污染和能源密集型产业。再比如，2008年12月中旬实施的成品油价格与燃油税费改革。这一政策改革的核心内容是使中国市场的成品油价格与国际市场的变化相一致，其基本理念则是有效控制即将进入汽车时代的中国的过高石油消费。

当然，最值得强调的是中国大力发展可再生能源和核能的战略性决策，

① 法国《世界报》：《中国环保受益于经济刺激计划》，2009年2月19日《参考消息》。

② 路透社：《中国经济环保两手抓》，2008年12月21日《参考消息》。

此决策受到了国际社会的广泛关注。[①] 其中到 2020 年，中国计划新建 30 座核电站，是全球最大的核电建设计划，总投资将达到 1.1 万亿元。再比如，河北省保定市的风能发展、山东省德州市的太阳能发展、中国对绿色贵重金属材料的强化控制等。不仅如此，新能源研发与应用已成为东亚区域合作的最重要领域之一。日本在混合动力汽车技术方面已经超越美国，中国在电动车、太阳能和风能生产领域国际领先，而韩国则提出了一个高达 310 亿美元的绿色科技研发计划，涉及非晶硅薄膜太阳能电池、生物燃料和碳收集处理等。[②]

甚至，“中国的绿色经济刺激计划”被美国《时代》周刊网站列为 2009 年的十大绿色理念之一。[③] 其理由是，在不到一年的时间里，中国从超级污染大国转变为一个承诺要赶超美国的清洁技术斗士。美中两国都以包含诸多绿色成分的大规模经济刺激计划来应对衰退，但中国刺激计划的资金 34% 用于绿色行业，而美国只有 12%。它认为，这对于全世界来说是一件好事——意味着，中国或许能够以其他国家乐于接受的价格制造出足够多的太阳能电池板和风电机组。

2. 哥本哈根气候峰会

中国自 2007 年 12 月巴厘岛会议之后更加关注国际社会关于全球气候变化的《京都议定书》后续条约的谈判，并采取了日趋积极的立场。中国政府自 2005 年以来通过了一系列旨在减少温室气体排放的法律，并成立了由温家宝总理担任组长的“国家应对气候变化领导小组”；通过关闭一些造成严重污染的电站、炼钢厂和水泥厂，2006～2010 年能效每年提高 4% 的目标已基本实现。在 2008 年 12 月的波兹南会议上，中国政府一方面继续表达了“中国将继续努力改变自己的发展模式和发展低排放经济”的政治意愿，但另一方面也希望发达国家“通过资金和技术转让”来支持发展中国家，并批评欧美国家“企图在哥本哈根首脑会议上逃避它们的承诺”。[④]

---

① 香港《亚洲时报》：《中国加紧控制“绿色”金属》，2009 年 7 月 1 日《参考消息》；基思・布拉德舍：《绿色能源在中国沙漠扎根》，2009 年 7 月 5 日《参考消息》；托马斯・弗里德曼：《美报担心中国环保技术超美国》，2009 年 7 月 7 日《参考消息》；马克・扎瓦茨基：《中国大力发展新能源》，2009 年 7 月 8 日《参考消息》；奥斯汀・拉姆齐：《中国成为绿色能源领跑者》，2009 年 10 月 26 日《参考消息》；沙伊・奥斯特：《中国渐成绿色技术领导者》，2009 年 12 月 17 日《参考消息》。

② 西泽・巴卡尼：《中日韩联手谋求绿色经济主导权》，2009 年 6 月 26 日《参考消息》。实际上，韩国已经出台了一个内容广泛而全面的绿色发展与生活国家战略，参见《在韩国，“绿色经济”成为时尚》，2009 年 7 月 16 日《参考消息》。

③ 美国《时代》周刊：《十大绿色理念》，2009 年 12 月 30 日《参考消息》。

④ 法国《世界报》：《中国应对气候变化“表现突出”》，2008 年 12 月 14 日《参考消息》。

2009年6月波恩会议前后，中国政府明确表明了对西方发达国家的全球气候变化“减排要价”：到2020年把温室气体排放量在1990年的水平上降低40%，并拿出相当于年度经济产出总值的0.5%～1%，帮助包括中国在内的较贫穷国家实施碳排放削减计划。结果，中美“两国在各自能够以及应当作出什么贡献问题上的立场，显示出一种几乎属于意识形态范畴的鸿沟……这条鸿沟有可能使世界其他国家产生敌对，形成发展中国家和发达国家两大对立面”。[①] 随后，一种被普遍接受的看法是，中美构成的“两国集团”决定着全球在《京都议定书》之后的议事日程。对此，美国全球气候变化特使托德·斯特恩指出：尽管中国或许不是这个国际议程中最重要的角色，但也差不多少。

到2009年8月，中国负责气候谈判的高官于庆泰和苏伟对《金融时报》首次透露了这样的可能性，中国将规划碳排放量的峰值。苏伟说，“2050年之后，中国的碳排放量将不再上升”；随后，包括国务院发展研究中心在内的中国智库推出的《2050年中国能源和碳排放报告》呼吁制定量化指标，“以确保中国的碳排放量在2030年达到峰值”。[②] 尽管引起了国际社会的广泛猜疑，但这是中国政府首次提出关于中国碳排放量绝对值减少的时间目标。

在2009年12月的哥本哈根峰会上，中国政府坚持了不久前提出的减排目标，即“中国将在2020年之前将单位GDP二氧化碳排放量比2005年减少40%～45%”，并坚称这是根据国情提出的自主减排行动，同时，强调哥本哈根达成协议的主要责任在发达国家。[③] 在会议临近结束的关键时刻，中国政府暗示自己的减排行动不需要发达国家提供资助，等于放弃了长期以来坚持的作为发展中国家应获得资金支持的权利要求，并保证更积极地提高减排信息透明度，但最终没有接受有关专家建议的“将2025年作为起点，到2050年时将碳排放量减少30%”的新“出价”。[④] 这表明，中国决意不会为减排牺牲经济增长——其他发展中国家则纷纷效仿中国，也就几乎注定了哥

① 英国《泰晤士报》等：《碳排放问题成中美关系“最大问题”》，2009年6月13日《参考消息》。

② 英国《金融时报》：《英报称中国酝酿减排“大革命”》，2009年8月18日《参考消息》；彼得·福斯特：《“绿色中国”会不会是空谈》，2009年8月20日《参考消息》。

③ 美联社等：《中国减排计划获广泛好评》，2009年11月27日《参考消息》。

④ 威廉·钱德勒：《中国减排承诺意义重大》；法新社：《外媒称中国暗示减排不需别国资助》，2009年12月15日《参考消息》。

本哈根峰会不可能达成一个量化的减排协议。会议前夕发生的所谓“气候门事件”（美国和欧洲气候科学家们之间的一系列私人电子邮件被黑客侵入并泄露，这些邮件使人们对气候变化数据的科学性产生了怀疑）和丹麦作为主办国的许多违规操作（比如秘密起草并讨论显然不符合大多数发展中国家利益的协议）①，至多扮演了一种辅助性角色。

从直接结果上，中国政府在哥本哈根成功地捍卫了自己的最大利益——即避免签署任何包含有约束性的绝对量减排条款的国际公约。比如，罗恩·卡利克就在《澳大利亚人报》上撰文认为，中国经济政治影响力的持续上升是一个必然性现象，“哥本哈根使中国登上了更高、更广阔的世界舞台。中国有理由骄傲。中国一定会更加努力”。② 但即使仅从环境外交的意义上，中国在哥本哈根峰会上扮演的“G2”之一极的角色也存在着诸多“失分”之处：首先，我们在勇敢地作为发展中国家的政治代表“仗义执言”的同时，却有意无意地忽视了那些最脆弱的发展中国家的合理要求。在它们看来，“发展中国家”的帽子对于中国已不那么合适，中国应当承担更大的责任。其次，中美双方虽然政策基点都是捍卫国内利益，但就谈判战略而言，美方似乎更成功些，结果是中国遭到了西方媒体的更多指责。英国《卫报》对此评论说，“中国只配得到这么多的同情。它只顾及自己的利益采取行动，而哥本哈根应是确保制定拯救全球气候计划的地方。中国没能认识到并承担起它在对抗我们人类最大的威胁的全球行动中应该承担的国际角色。从哥本哈根会议中，中国必须汲取一个教训，即它可以决定做一个领导者，还是坏人。因为，当你是世界上最大的二氧化碳排放国时，根本就没有做好人这样的事情。”③ 尽管语言有些尖刻，但其中的意蕴值得我们深思。

3. 绿色生活消费方式创新

应该说，尽管政府官员不遗余力地鼓动和媒体连篇累牍地蛊惑式宣传——从各种形式的消费券发放到所谓的“消费爱国论”，中国大部分民众

---

① 哥伦比亚广播公司网站等：《“气候门事件”冲击哥本哈根峰会》，2009年12月8日《参考消息》；英国《卫报》等：《欧美“气候密约”激怒发展中国家》，2009年12月10日《参考消息》；马丁·克诺尔：《哥本哈根峰会失败不应归咎中国》，2010年1月2日《参考消息》。

② 罗恩·卡利克：《中国总体影响力“不可阻挡”》，2010年1月5日《参考消息》。

③ 日本《读卖新闻》等：《哥本哈根开启“中美主导”新秩序》，2009年12月21日《参考消息》。

依然保持着一种相对收敛的消费强度。但就长期而言，中国社会无疑正处在一个向大众消费社会的成长过程之中。这方面的一个典型例子是私人轿车消费。从改革开放之初人们关于“有路必有丰田车”的慨叹，到2009年中国成为世界第一大汽车生产与销售国（分别达到1379.1万辆与1364.48万辆而超越日本和美国）①，其中凸显的是中国民众生活与消费观念的巨大变化。一直生长在经济高速增长年代的年轻消费者，尤其是三十岁左右的年轻人，如果不寅吃卯粮，也会把全部月收入用于名牌服装、电子产品、娱乐活动或其他消费品。正是基于这样的大背景，尽管主流经济学家和大众媒体所关心的也许是如何使中国社会尽快成为一个像美国那样的消费社会，但我们却有理由担心，如何才能保持甚至复活年轻人阶层的节俭意识与行为。

绿色节俭生活方面的一个积极例子是，24岁的北京青年王皓在2008年6月发起了一个把每周生活费控制在100元的运动，到年底时已有5.5万人签名参加。他说，“金融危机显然给中国年轻人的消费观上了一课，包括我”。为了实现自己的节约目标，他中午吃包子而不是比萨饼；骑车20分钟上班而不是坐公共汽车。除了王皓之外，另一家网站也提出了类似的“一百元过一周”活动。还有一些论坛主动提供一些紧缩开支的小窍门，包括如何用不到十元钱做出一顿正餐。一家网站还推出“过冬十诫”，包括避免辞职、避免创业、不要买车和不要生小孩等。当然，对于像王皓这样的年轻人来说，更重要的不是具体的节省目标，而是体验“以较低成本过有质量的生活”。②

但就总体而言，就像气候应对表现上广泛存在的“一国两制”现象一样——“在中国，保护气候和危害气候并立。中国产生的温室气体最多，但对新能源的高投资也创造了纪录。一些中国企业在开发最先进的环保技术，而另一些企业里老掉牙的设备却仍然在运转；虽然政府通过法律要求转向可持续发展，但广大地区并不认真执行”③，在生活消费领域中，各种形式的绿色生活消费方式创议更像一个个日渐扩展的大众消

① 日本《经济新闻》等：《中国成世界汽车业“新重心”》，2010年1月13日《参考消息》。

② 路透社：《经济不景气，中国年轻人变“吝啬”》，2009年1月6日《参考消息》；迈克尔·谢里登：《勤俭节约之风盛行中国》，2009年2月9日《参考消息》。

③ 德国电台之声网站：《德媒体称中国气候政策“一国两制”》，2009年11月25日《参考消息》。

费汪洋大海中的孤岛。在笔者看来，即使中国能够成功摆脱经济发展的GDP崇拜和严重依赖出口的经济产业结构，也不意味着我们一定能够超越物质主义的生活价值观和大众消费模式。也正是在这个意义上，近来国内外广泛讨论的所谓“中国模式”还缺乏一个真正独立意义上的生态主义向度。

结　论

2009年12月举行的中央经济工作会议，是对中国过去一年来实施“保增长、扩内需、调结构”经济危机应对战略成效的总结。成就当然是巨大的，并为国际社会所公认，但我们也必须看到，中国改革开放以来经济社会发展所面临的深层次难题并没有得到真正解决，反而在某种程度上加重或突出了。正是基于对这种现实的认识，“调结构、扩内需、稳增长”才成为了我们2010年的经济发展主题。而且，这一主题显然不是一年、甚至一个五年计划所能够解决的问题。从大处说，我们必须花大力气充实完善经济、社会和生态复杂综合体中的社会发展与生态和谐向度，也就是追求一种经济、社会与生态之间更加协调的发展；而从经济向度说，我们必须尽快实现一种从外需出口依赖型向内需消费主导型的经济发展。不仅如此，从可持续发展的视角说，我们还必须保持二者之间的合理张力，特别是用前者来统摄后者，否则，我们至多会走向一个美国式的大众消费社会。即便那条道路能够成功，中国的未来也不可能是一个社会公正与生态可持续的社会。同样可以肯定的是，鉴于中国即将获得的世界第二大经济体的地位，这样一种深刻的绿色转型绝不会仅仅发生在或局限于主权国家本身的层面。

因此，在后危机时代的中国，我们特别需要做到的不是自满甚至自负于那些世界著名经济学家们的赞歌式预言——比如，诺贝尔经济学奖获得者罗伯特·福格尔依据10.8%的年增长率预测，到2040年中国的经济总量将达到123万亿美元，[①] 恰恰相反，而是做到善于倾听那些比如来自我们近邻印度总理辛格那样的，也许并非全是善意的“忠告”：“毫无疑问，中国经济增长的表现超过了印度。不过我一直认为，除了GDP的增长以外，还有其

① 罗伯特·福格尔：《中国未来发展让西方“心惊”》，2010年1月10日《参考消息》。

他重要的东西——对人权的尊重，对法律法规的尊重，对文化多样性、民族多样性和宗教多样性的尊重”，“人类公民权利的享有存在多重因素，不仅仅局限在GDP数字上。我认为，即便印度GDP的表现不如中国，我也肯定不会选择中国的道路。”①

本文撰写得到了山东省软科学研究计划资助，项目编号2009RKA058，谨以致谢

责任编辑：宇文利

① 《印度斯坦时报》网站等：《印度总理指责中国“过分自信”》，2009年11月25日《参考消息》。

超越“绿色资本主义”

维克多·沃里斯［著］　巩茹敏［译］

摘　要： 显然并非周期性表现、而且与20世纪30年代那场危机构成鲜明对比的是，当今危机是在环境破坏不断加剧的背景下发生的。资本统治所陷入的危机，不仅仅是金融秩序的混乱，还包括自然基础的萎缩和断裂，而这种自然基础不但服务于资本主义统治阶级的特殊要求还服务于人类的一般生存需要。正是上述背景导致了“绿色资本主义”政治议程的兴起与发展，但尽管不同版本的绿色议程在某些要点上的确存在着融合的趋势，显而易见的是，要想实现这项本质上是资本主义性质的绿色议程和一项试图超越这种绿色维度的绿色议程即生态社会主义的完全合并是不可能的。比如，对于近年来激烈争论的能源议题，生态社会主义的基本立场是：在鼓励使用各种安全的替代性能源的同时，还必须接受这些替代品在能源供应数量上有限的事实，相应地，世界能源消费的数量必须呈递减趋势；一旦确认这一点，我们就应把重点放在如何确定人类真实需要及其优先次序，以及如何重组当代社会，从而保证每一个人的基本福祉。因此，当代资本主义所真正需要的是一场它本身不可能真正意识到，更不可能完成的全面而深刻的历史性变革。

关键词： 绿色资本主义　生态社会主义　世界经济危机　绿色左翼　环境政治

作者简介： 维克多·沃里斯是美国柏克利音乐学院政治系教授、《资本主义、自然、社会主义》资深编辑和《社会主义与民主》执行编辑，他关于生态与技术的论文发表于《资本主义、自然、社会主义》、《每月评论》、《组织与环境》和《社会主义与民主》等杂志并已被译成多种语言（www. victorwallis. com）；巩茹敏是北京大学马克思主义学院2009级博士研究生。

漠视自然环境是资本主义与生俱来的特征。正如马克思指出的，资本滥用土地的程度和它对工人的剥削是一样的。① 对生态环境的践踏内在于资本主义制度本身。如今，几乎所有严肃的评论者都不会否认环境危机的现实严重性，但它还没有被广泛承认为资本主义本身的危机。换句话说，环境危机是一种由资本法则产生和注定的危机，因而不可能在资本主义的体制框架内得到有效的解决。

有必要强调的是，尽管马克思将资本主义的危机趋势置于经济的自我循环之中（尤其是在它的衰退阶段），但他同时也承认，这些趋势也可能通过其他的形式表现出来，比如体现为全球性扩张的动力。② 这些表现形态并不必然是周期性的，但却是持久性的趋势；尽管它们偶尔相互抵消，但只要资本主义占据主导地位，就不能被消除。这些形式具体包括：第一，不断集中的经济权力；第二，不断强化的贫富两极分化，同时在国内和国际层面上；第三，随时准备的军事介入以支持上述两个方面；第四，本文所特别关注的，持续发生的重要自然资源的减少或枯竭。

2008 年开始的经济衰退，被广泛认为是自 1929 年以来经济危机中最为严重的一次，而左翼人士对资本能否通过重新引入 20 世纪 30 年代曾经运用过的举措（其中有些是社会进步性的）来克服危机有着不同的看法。比如有人认为，既然人们仍广泛相信这些调整措施是可以奏效的，这次危机可被视为对新自由主义议程而不是资本主义本身的打击。③ 果真如此的话，我们将会看到一个也许是周期性重现的更大程度政府管制阶段（其中包括对工人阶级有限需求的较积极回应）。

显然并非周期性表现、而且与 20 世纪 30 年代那场危机构成鲜明对比的是，当今危机是在环境破坏不断加剧的背景下发生的。资本统治所陷入的危机，不仅仅是金融秩序的混乱，还包括自然基础的萎缩和断裂，而这种自然基础不但服务于资本主义统治阶级的特殊要求还服务于人类的一般生存需要。资本统治阶级的主要关切包括：（1）原材料和能源成本的上升；（2）灾难性

---

① 分别谈到“大规模的工业”和“工业化生产的大规模农业”，马克思写道：“前者浪费和毁坏了劳动力即人的自然力量，而后者则浪费和毁坏了土地的自然力量。”参见 Karl Marx, *Capital*, Vol. 3, tr. by David Fernbach (London: Penguin Books, 1991), p. 950。

② 参见《共产党宣言》第一部分（以“我们正在亲身经历着类似的过程”开头一长段的末尾）。

③ Rick Wolff, “Economic crisis from a socialist perspective”, *Socialism and Democracy*, No. 50 (2009): p. 3.

气候事件造成的损失；（3）大规模失序，大众不满，并终至社会动荡。

正是上述背景导致了“绿色资本主义”政治议程的发展。尽管不同版本的绿色议程在某些要点上的确存在着融合的趋势，但显而易见的是，要想实现一项本质上是资本主义性质的绿色议程和一项试图超越这种绿色维度的绿色议程的完全合并是不可能的。任何有利于生态环境的切实步骤都是非常迫切的，而不论其发起者是谁。由此产生的一个困境是左翼必须面对的，即这些改良性举措作为发展一种更为激进的长远战略的阶段性步骤是必要的。

一 “绿色资本主义”议程①

就概念本身而言，“绿色资本主义”是试图把两个相互对立的概念糅合在一起。“成为绿色的”意味着要优先考虑生物圈的健康，而这就需要控制温室气体的排放和保护生物多样性。相反，促进资本主义的发展，却需要推动增长和积累，仅仅把劳动力和自然环境当做必需的投入。

然而，矛盾对于资本来说并不稀奇。正如它力图实现市场扩张与工资限制之间的平衡一样，它也必须寻求永恒增长与基本生存条件保持之间的平衡。因此，尽管这两个目标归根结底是不相容的，但资本必须在一定程度上追求两者间的平衡。所以，虽然“绿色资本主义”是一个矛盾性术语，但它依然可以成为一个政策追求目标。因此，其支持者往往会发现自己不得不两线作战：一方面是资本的过于短视的主张，另一方面是基于生态主义原则的生产与消费根本转型的要求。

绿色资本主义的设想往往与小企业相联系，因为后者可以直接落实一些绿色标准，比如使用可再生能源、避免有毒化学品、修理或循环使用旧产品，并尽量减少依赖长距离运输的货物供应或销售。但是，这种做法的应用范围可能会严重受制于市场压力。地方自足的尝试大多出现在食品服务领域，尤其是农贸市场。近年来，它在工业化国家中明显经历了一个复兴的过程，而且，更多地与马克思称为的“简单商品生产”而不是资本主义企业

① See Victor Wallis, “The ‘Green Capitalist’ agenda in the United States: Theory, structure, alternatives”, in Mario Candeias and Sabine Nuss (eds.), *Grüner Kapitalismus. Krise, Klimawandel und kein Ende des Wachstums* (Berlin: Karl Dietz Verlag, 2009).

相对应。这些农业工商业的确存在着一定的发展空间，但与此同时，这种空间也由于如下几个方面而被削弱：（1）食品加工和存储技术所推动的规模扩大；（2）政治力量干预导致的补贴；（3）对接受低于生活成本工资的典型移民劳动力的依赖。由于由此产生的成本差异（以及不便利的交通条件），对农贸市场的庇护将主要是一种政治选择，直至我们做更多的事情来抵消由食品工业集团享有的人为竞争优势。

接下来让我们转向占主导地位的企业部门。可以发现，绿色资本主义主要是由企业自身、行业协会和政府所宣扬的。① 对公司企业而言，“绿色”实践基本上采取三种形式：（1）在任何情况下都对它们有利的节能和其他成本削减措施；（2）遵守那些它们往往有着重要影响的、但由政府制定的规则；（3）更为重要的是，公共关系。而工业协会进一步强调和着力于公共关系方面，并力争在全球舞台上发挥重要作用，致力于影响各种国际协议的共同理论假设基础。它们竭尽全力地去影响联合国发展规划署，同时还进行大规模的游说活动，从而影响了定期举行的首脑会议（1992 年在里约热内卢，1997 年在京都，2002 年在约翰内斯堡，2009 年在哥本哈根）的谈判框架。在里约会议前夕，可持续发展工商理事会（BCSD）应运而生，其在章程中宣布，“经济增长可以提供环境保护得以最佳实现的条件”。在它的影响下，对全球环境措施的监测委托给了世界银行，而世界银行在随后十年中对化石燃料的投资是对可再生能源投资的 15 倍。② 五年后的京都会议倡导同样的准则，把碳排放交易遵奉为对抗全球变暖的最佳战略。在“捕捉与交易”措辞下的这种做法，已成为美国政府建议的核心。它把一种以激励为基础的方法引入企业政策，其中企业参与一个污染信贷市场中的碳交易。然而，由于公司的政治影响力，这些碳信贷的初始成本可能会减少至零。与此同时，严重工业罪犯也许会被允许通过在其他地方的弥补行动（比如支持绿化项目）来“抵消”其过错而不是直接消除恶果。

公司企业对于环境争论的核心观点可以概括为，技术与市场是应对生态危机的基本手段。对技术的崇奉是资本主义发展中的固有现象。长期以来，着眼于最大限度地提高劳动生产率，它持续不断地引入神奇的技术应用，特

① 对于更详尽的阐述，参见 Victor Wallis，“Capitalist and socialist responses to the ecological crisis”，*Monthly Review*，60/6（November 2008）。

② Kenny Bruno and Joshua Karliner, *earthsummit. biz: The Corporate Takeover of Sustainable Development*（Oakland, CA: Food First Books, 2002）, p. 30.

别是在通信领域和遗传工程方面。无休止的技术创新作为晚期资本主义的标志[①]，促成了公众的如下观念，即我们的技术及其创新可以克服任何挑战。这其中隐含的前提是，任何技术的选择必须反映企业的利益，而这就意味着必须符合企业在市场竞争中的目标，即利润最大化、增长和积累。尽管可再生能源等绿色技术也许在一定程度上引起企业的注意（更多是源于社会和政治的压力），经济决策过程中没有什么实质性变化可以阻止企业继续追求已有的非环保的生产方式。它们虽然迫于现实压力不得不施以绿色的伪装，但也会毫不犹豫地曲解相关问题并尝试那些几乎不可能成功实施的技术性“解决方案”。

这方面的一个典型实例是所谓的“清洁煤”宣传。开始，大部分煤炭行业的公关重点放在去除燃煤排放过程中的特定杂质，如硫和微粒等，而忽略了如下事实，即最大问题是燃烧过程本身以及由此导致的大气中二氧化碳浓度的上升。当这一基本事实变得无法忽视时，为了避免受到像碳税等温和惩罚性措施的限制，煤炭工业界比如阿奇公司的首席执行官史蒂文·利尔（Steven Leer）等则宣称，“稳定大气中二氧化碳含量的关键技术是碳捕获和封存，而没有其他选择。”[②] 碳捕获和封存（CCS）是一种未经验证的技术，存在着诸多我们处理有毒副产品时遇到的那样的难题。虽然可以做到分离排放的二氧化碳并把它们注入特定地点（不管是地下或是海洋），但一旦超过一定限度，可能发生的“回向喷发”将是不确定的、无法估量的，甚至是灾难性的。[③]

转向某些取之不尽、用之不竭的能源或再生能源的好处是显而易见的。然而，这些能源在安装、收集、维护和传输方面也需要一定的成本，因而，无论这些能源就数量而言如何丰富，都不能无限制地提供能源供应。[④] 而且，某些替代性能源比如氢气和生物质能源的开发利用本身需要巨大的能源

① Ernest Mandel, *Late Capitalism* (London: New Left Books, 1975), p. 192.

② Alvin Powell, “Mining exec: Coal vital to energy mix”, *Harvard University Gazette*, 9 February 2009.

③ 对该技术及其应用的评论，参见 Craig Rubens, “Carbon Capture & Sequestration”, *earth2tech*, January 2008, http://earth2tech.com/2008/01/07/faq-carbon-capture-sequestration/; Philip Vergragt, *CCS in the Netherlands: Glass half empty or half full?* (Boston: Tellus Institute, 2008)。

④ 对相关内容的更详尽分析，参见 Tom Blees, *Prescription for the Planet: The Painless Remedy for Our Energy and Environmental Crises* (self-published, www.booksurge.com, 2008), pp. 63-86; Gregory Meyerson and Michael Joseph Roberto, “Obama's new New Deal [novo New Deal] and the irreversible crisis”, *Socialism and Democracy*, No. 50 (July 2009): 64n。

输入。生物质能（从农作物中获得燃料）会威胁到可用于种植粮食的土地；氢能则存在着发生泄漏并上升到平流层从而破坏那里的臭氧层的危险；地热能在某些地区可能引发地震，而且，生产成本将随着钻井深度的增加而增加，还会有引发能量无序扩散的风险；风能尽管有着明显的优点，但往往受到地区分布不均匀，以及材料和空间要求方面的限制；潮汐发电比风力发电可持续，但其拦河坝或水下涡轮机的建筑安装成本极高，而且，风力涡轮机往往对周围的居民和野生动物造成一定的不利影响；太阳能是一种在直接本地化使用方面非常有前途的新型能源，但要做到大规模开发，往往会影响到其他用途的空间需求。而如果在沙漠地区运用该项技术，收集器的除尘清洁往往需要长途运输大量的水，这也要支出相当大的成本。

部分除了生物质能技术，所有这些技术都不会加重大气中二氧化碳的净含量。这一结论也适用于核能，前提是它能够做到像最新承诺的那样，不再进一步大规模开采和提炼核裂变材料。然而，除了庞大的时间与金钱成本之外，核能还有其他一些令人担心的问题。即使我们可以假定，就像它声称的那样，核废料可以通过反复利用而减少至几乎没有任何放射性物质，并且，通过技术改进可以避免切尔诺贝利式的灾难或遭受军事打击的危险[①]，也存在着另一种危险，即与核能相联系的核武器制造，而目前并没有实质性的核裁军谈判在进行当中。帝国主义政府不会允许大规模地核能扩散，以满足人类对它的全球性需要。人类长期的生态和政治愿望并不能消除这种限制，而必须将其强加给帝国主义强权，并作为一个全面转型过程的内在部分。

因而，如何在满足世界持续增长的能源需求的同时，减少对产生二氧化碳的化石燃料比如煤、天然气、石油等的依赖，这一关键性问题并没有得到有效的解决。鉴于与替代性能源相关的各种难题，对需求方面的更激进与全面的考虑似乎是必需的。一种社会主义的反应应该是：在鼓励使用各种安全的替代性能源的同时，我们还必须接受这些替代品在能源供应数量上有限的事实，相应地，世界能源消费的数量必将呈递减趋势。一旦确认这一点，我们就可以把重点放在如何确定人类真实需要及其优先次序，以及如何重组当代社会，从而保证每一个人的基本福祉。当然，这已经超越了资本主义的思想所能达到的范围，无论其如何意识到了环境的危险。

---

① 更多的有关争论，参见 James Hansen，“The threat to the planet”，*New York Review of Books*，13 July 2006。

二 减少能源消费的政治

生态运动迄今为止的发展，尚不能提供一个足以促成世界能源消费大规模减少的有说服力的政治议程。概言之，对资本主义增长模式的批判沿着两条路径展开，尽管就其本质而言是互补性的，但它们在现实政治中往往呈现为彼此冲突。一是认同与强调“小而美”的理论传统，更多地与地方主义、乡村主义相联系而在不同程度上拒绝工业社会。这一传统看到了经济增长的危险，但却往往将其与现代性的一般条件比如现代技术、人口增加及城市化相等同。① 二是源于马克思的社会主义传统，不是从人类进化视角而是从资本彰显的特殊驱动力来解释经济增长。然而在其政治体现中，这个传统更多是与普遍贫困国家中产生的革命政权相联系的，而其中的当务之急似乎是一种“社会主义的增长”。由于这种历史性联系——经济的失败离不开有缺陷的制度，经济增长的批评者也往往是社会主义的批评者，认为它们同样拥有资本主义的主要消极性特征。相反，那些把摆脱贫穷视为首要使命的人则拒绝反增长立场，并把这种反增长立场理解为一个特殊群体的政治意识形态表达——他们的物质需要已经得到满足却否认其他人也拥有同样的权利。

这种对立的理论解决方案已经存在。一方面，它暗含于马克思关于自然和人同时是财富的来源与创造者和资本主义的掠夺对象的全面论述中。另一方面，在保罗·伯基特（Paul Burkett）、约翰·贝拉米·福斯特（John Bellamy Foste）、乔尔·科威尔（Joel Kovel）、理查德·利文斯（Richard Levins）等的著述中，这种联系也得到深入讨论。福斯特在其《马克思的生态学》一书中集中驳斥了传统的马克思的生产主义形象，而理查德·利文斯则提出了一个简洁而广泛论证的对发展主义假设的批评，认为马克思论著中存在着大量的辩证思想、生物专业知识和农业经验。② 从这些著述中，人们可以解读出隐含在马克思主义的资本批判中的观点的时代意义，即消除高科技农业、恢复生物多样性、大大减少长途贸易、将技术置于社会或社区控制之

---

① See Herman E. Daly and Jonathan B. Cobb, Jr., *For the Common Good*, 2nd ed. (Boston: Beacon Press, 1994); Clive Ponting, *A New Green History of the World* (New York: Penguin Books, 2007).

② John Bellamy Foster, *Marx's Ecology: Materialism and Nature* (New York: Monthly Review Press, 2000); Yrjö Haila and Richard Levins, *Humanity and Nature: Ecology, Science, and Society* (London: Pluto Press, 1992), chapter 5.

下。实际上，这些也是"零增长"活动分子所追求的目标（他们更强调生活方式的选择和地方行动而不是挑战国家权力）。但这些目标的实现对于马克思主义者来说，则明确地与阶级斗争联系在一起。其基本观点是，如果没有成功的阶级斗争，决定贸易模式和技术发展的主体将始终是资本主义市场的主体。

因此，在生态思想和反资本主义批判之间有着明确的理论互补关系。这两个激进主义理论分支完全可以作为一个整体行动：生态运动就其旨在超越市场统治而言，核心是反资本主义的，而资本主义批判就其旨在拒绝经济增长和资本积累的律令而言，本质上是生态主义的。① 由此产生的社会主义生态学和生态社会主义可以成为对主流意识形态的全面替代。不仅如此，它的政治潜能应该由于2008年的金融崩溃而大大增强，因为后者充分展现了资本主义"繁荣"的虚幻性。然而，在生态学与社会主义之间联系的大众性认可以及对有计划地减少能源使用的支持上依然存在着巨大的障碍。那么，这些障碍具体是什么以及如何才能克服呢？

尽管宏观层面上的增长追求是资本主义制度的特征，但它或多或少可以追溯到人类更久远的历史。实际上，正是由于这一点，增长是人类内在追求的观点才得以产生。像其他一般性概括一样，最初都有精确的涵指，但随着应用的日趋广泛，真理与错误的界限就逐渐变得模糊不清。完全可以说，人类有着不断提高甚至趋于完善的天然动力。对此，我们可以在不同时代的艺术表达中得到验证，同样，不论是个体或作为团队的成员，艺术家都希望创作出最好的产品。增长的目标与上述天然动力相互促动。健康的植物、动物或人类都希望做到全面自由的发展，人们甚至可以说，社区也是如此，因为社区在达到一定的规模和生产能力之前很难为其成员提供基本服务，以保证人们有一种满意和高质量的生活。

但是，任何单位的扩张，必须将最大与最佳区分开来。对于任何生命体而言，最佳增长是构成其实现潜能的一部分，而任何超出最佳规模的增长将是病态的：无论是个体还是社区等有机体，都会从构成部分或者构成部分与整体环境之间（或两者）的失衡中受到伤害。

资本的增长冲动内嵌在其积累的信条中。它的外部性限制在短期内体现

① Victor Wallis, "Toward ecological socialism", *Capitalism Nature Socialism*, 12/1 (March 2001): 132f; see also Michael Löwy, "Eco-Socialism and democratic planning", *Socialist Register* 2007 (New York: Monthly Review Press, 2006).

为市场饱和，而长期而言则体现为资源枯竭。当其生产潜能受到阻碍后，资本将转而投向金融领域，而这只会增加资产阶级和其他生物物种之间的紧张关系。由于帝国主义的国际关系，剥削掠夺在广大南方国家是尤其巨大、普遍而且似乎难以避免的。而这会促成如下一种讽刺性结果，即造成一个特殊群体，他们赞赏一种革命性的再分配，但也把增长作为一种补偿性权利，希望依此缩小其成员与帝国大都市之间在消费水平上的巨大差距。

只要世界上的穷人——以及声称在世界舞台上为他们代言的人，渴望保持与模仿美国所标榜的奢侈生活方式，美国领导层将可以继续援引穷国的发展需求作为其逃避生态责任的借口。相应地，美国政府将和印度、中国等发展中国家的政府彼此依赖地捆绑在一起，共跳死亡之舞，其中任何一方都借用对方的不妥协态度来证明自己立场的合法性。长此下去，其他国家采取的保护生态措施的效果将大大受到限制，世界大部分民众则不可避免地沦为生态崩溃的受害者甚至牺牲品，而这也正是笼罩着即将举行的哥本哈根首脑会议的暗淡前景。

一种不同于上述暗淡前景的可能性——如果确实还有的话，将首先取决于世界各地大众运动的成效。无论在南方国家还是在北方内部，都有沿着这一方向前进的积极性步骤，尽管在政策理念上与社会主义的主动对接还不明确（更不用说形成一个表达与实践这种联系的强大政治组织）。但是，这些初步的努力值得我们注意，就像有助于如何打破国际谈判僵局的概念性分析的进展一样。

三　寻求生态社会主义的大众运动

激进环保意识已经出现在南方国家的农民和土著人民身上。对于这些人而言，资本主义/生产主义的掠夺所造成的巨大环境破坏——具体表现在森林砍伐、鲁莽或故意的污染、全球变暖导致的海平面上升和滥用淡水资源（大坝引起的洪水或蓄水层枯竭）等，是对他们家园的直接攻击。[①] 因而，他们的愤怒和绝望是无法估量的。而且，对于作为社区一部分的民众而言，正是一种被剥夺了一切的社区感，使他们自觉地拒绝外来力量的整个议程。只有在

① Numerous cases from Latin America are analyzed in *Nacla Report on the Americas*, 42/5 (Sept. – Oct. 2009) and in Gerardo Rénique, ed., *Latin America: The New Neoliberalism and Popular Mobilization*, in *Socialism and Democracy*, No. 51 (November 2009). See also the Joseph Berlinger's 2009 documentary film on the struggle in Ecuador, *Crude: The Real Price of Oil* (http://www.crudefilm.com/).

资本主义发展的初期，我们才能发现如此团结一致的反抗剥夺者的集体行动。

尽管这种愤怒及其清晰表达并非没有先例，但当前运动的基础至少在两个方面上不同于早期的抗拒，其中一个使其变得较弱，而另一个则可能赋予其更大的力量。使其较弱的因素与它的可转嫁性相关。纵观资本主义的所有发展阶段，资本总是在不停地寻求必要的投入，包括人的劳动力——在这方面，它早期公开的奴隶制已经让位于大规模地虐待移民甚至是囚犯。与此并行的是随着劳动节约技术的发展，出现了日益强化的资本密集倾向，结果使某些人群被视为是可以牺牲的。由于这些人群处于资本主义生产的边缘而缺乏经济影响，他们的要求，更不用说他们的疾苦，都没有任何政治分量。就资本来说，它完全可以与对民众的疾苦甚至死亡的冷漠共生。

那么，这一社会群体的潜力何在呢？他们确实拥有其被剥削前辈所缺乏的一张“王牌”，那就是他们与土地的长期可持续性的直接联系。如今，当这种可持续性遭到史无前例的严重破坏时，他们便获得了一种与资本所赋予其的无足轻重地位截然不同的战略有利位置。他们自身的“狭隘性”需要体现的是整个人类共同的需要——更不要说其他濒危灭绝的生命形式，而他们的使命就是阻止这些无休止破坏生物圈的行为。因此，具有讽刺意味的是，尽管按照资本主义的富裕标准（个人财产拥有数量）和大众通信工具技术，这些人民是世界上最贫穷的，但他们与古巴人民一起，已经成为全球生态社会主义运动的先锋。①

这种领导作用的展现迄今还是零星的，更多呈现为一种直接与现场对抗，特别是最近几年在拉丁美洲和印度的一系列事件中，但最近也正在通过土著人民国际会议②、联合国干预行动③、世界社会论坛年度聚会等进入国际视野。借助这样的平台，他们得以提醒世界民众，人类基于错误的生物物种生存理念的历史发展是如何荒谬。值得提及的是，《世界社会论坛宣言》（2009 年），包括了如下的内容：

---

① 古巴作为一个生态范例的重要性，包括其比例高达 80% 的有机农业和大规模的城市花园，可参见 2006 年出版的文献片：*The Power of Community: How Cuba Survived Peak Oil*（http://www.powerofcommunity.org/cm/index.php）。

② 比如，2009 年 5 月在秘鲁举行的第四届北美大陆土著人民峰会就吸引了来自 22 个国家的 6500 名代表出席（http://cumbrecontinentalindigena.wordpress.com/）。

③ 联合国干预行动突出表现为 2007 年联合国大会通过的《土著人民权利宣言》（http://www.un.org/esa/socdev/unpfii/en/declaration.html），其前言包括了如下条款：“承认尊重土著人民的知识、文化和传统习俗有助于可持续与公平的发展和环境的适当管理。”

现代资本主义始于数个世纪之前，并随着1492年10月12日的侵袭而强加于美洲。它从此开始了全球性掠夺，并发明了辩护在美洲的种族灭绝、在非洲的奴隶贸易以及对其他大洲掠夺的“种族”理论。

资本主义危机的实质是欧洲中心主义，具体体现为它的单一民族国家模式、文化同质性、西方式权利、发展主义和生活的商品化。

我们从属于地球母亲。我们不是她的所有者、掠夺者，也不是她的销售商。今天，我们正处在一个十字路口：帝国主义的资本主义实践已经表明，其危险不仅在于它的统治、剥夺和结构性暴力，还在于它正在杀死地球母亲，并导致整个星球的自杀。这些既不是“有用的”，也不是“必要的”。①

这种观点显然表达了一个更大群体而不仅仅是直接参与者的意见。约三亿人口的土著民族遍布世界各地，占世界人口总数的不足5%。从社会学的立场来看，它们仅仅是一个民族与语言的种类，由于远古时代的一个特定区域位置而与其他民族区别开来。但是，鉴于我们生活在一个生态环境即将崩溃的时代，他们所表达的集体声音，更好地代表着人类共同生存的整体利益。

我们的理论所面临的挑战是界定一个谈判舞台，并最终达成一种政治上的和解与妥协。一方是土著民众所代表的全球观点，而另一方是人口更多的社会主体（其中的绝大多数是工人阶级）的并非毫无道理的需要——21世纪的人们已经被拖入一种严重破坏环境的生活方式，并且远离土著民众试图保持的正确方向。

前文已经阐明，人类的能源总消费必须大幅度减少。对此，土著社区可以为我们提供一些有益的启示。他们对自然界的尊重，在物质方面的自足追求，对个人财产权利的拒绝，财富分配上的平等主义，以及相互间的责任意识，都是我们学习的榜样。

那么，这些更多体现在自治社区中和低密度人口状态下的美德，如何才能够被高达95%的其他人口群体大规模接纳呢？后者已经生活在密集的城市社区空间并因而脱离了自然界，他们在享受着能源密集与生活舒适的服务的同时，又不得不参与激烈的生存竞争。

---

① http：//www.indigenousportal.com/News/Declaration－of－Indigenous－Peoples－at－the－World－Social－Forum－Bel%C3%A9m－Amazon－Brazil.html

这个问题的实质是今天革命性转型动员应该采取的形式。从资本主义时代一开始，抗拒者所面临的挑战就是如何达成一种成熟的阶级意识，从而使得雇用工人能够认识到他们利益的实现依赖于相互间的合作而不是竞争（工人阶级在争取工资权利方面一直存在着竞相杀价的行为，同时存在于一个地区的工人同伴和不同地区的工人群体之间）。从竞争到合作或团结心态的转变，是一种文化性的转变。依此，它可以弱化或消除根深蒂固的偏见。至少在一定程度上，它预示着一种与社会主义相一致的新心态。

这些转型过程中的初步尝试已经在许多国家中展开。当然，在许多情况下，也存在着相反的例子，而这主要是由于庞大的跨国公司的经济影响。昔日强大的劳工运动如今其成员已急剧减少，侥幸存活的领导人往往被迫接受屈辱性的让步，否则的话情况只会更加糟糕。以美国为例，劳工运动与全球资本在二次大战后形成了相互间的联姻，而现在，它的地位更加虚弱。结果，劳工领导人挑战资本主义的领导能力比以往任何时候都要差。相反，他们常常无视其成员的温和要求，而无条件地支持两个资本主义政党的轮流执政。①

基于上述背景，任何潜在工人阶级团结意识的觉醒都必须依赖于一种全新文化的熏陶，而这可以借助多样化的来源来实现。再次以美国为例（无疑是最坚决抗拒这种变化的），一种可能性是有着母国阶级斗争经验的移民工人的到来；② 另一种可能是各种社会运动的影响，包括来自工作场所之外的激进青年。但是，一个十分重要的附加性来源，将是迟早会产生的环境危机意识，尤其是认识到环境危机不能通过个体的自发回应得以解决。

正是在这一点上，土著社区的集体性反应可以与工人阶级的行动产生广泛的共鸣，否则的话，后者很可能会失去应有的方向感和远大追求。尤其是，如果这些社区的斗争能够做到家喻户晓，就会进一步激发工人阶级自我管理创议的复兴。美国最近接连发生的破产，以及 2002 年发生在阿根廷的大量破产，已经给工人提供了接管其工厂的动因。③ 在委内瑞拉，一个类似

① See Kim Moody, *Workers in a Lean World*: *Unions in the International Economy* (London: Verso, 1997).

② 对于这种影响的实例，参见 Héctor Perla Jr.,“Grassroots mobilization against US military intervention in El Salvador”, *Socialism and Democracy*, No. 48 (November 2008)。

③ See Laura Meyer and María Chaves, “Winds of freedom: An Argentine factory under workers' control”, *Socialism and Democracy*, No. 51 (November 2009); Immanuel Ness and Stacy Warner Maddern, “Worker direct action grows in wake of financial meltdown”, *Dollars & Sense*, No. 284 (Sept. - Oct. 2009), and Michael Moore's documentary film, *Capitalism*: *A Love Story* (2009).

的过程已经演进成为对由玻利瓦尔革命的资本主义敌手造成的经济破坏的回应。[①] 生产过程生态化重新设计的潜能为这些举措提供了进一步的动力：工人们不仅可以亲眼看到材料和能源的大量浪费，而且也会发现与附近居民一致的不可妥协的共同利益，即最大限度地消除或中和有毒物质。

与这些以工作地点为基础的行动相补充的是邻里间的社区行动。同样重要的是，土著模式必须通过各种可能渠道做到广为人知。然而，城市贫穷社区新鲜产品供应的日趋衰败，在某种程度上可以为寻求一种新的（也许是更老的）解决方案开辟道路。人们可以追问自己，为什么普通食品供应需要运送很远的距离和通过无数的中介机构来实现。农贸市场是打破这种恶性循环的第一步，而第二步是已经开始广泛尝试的城市花园。所有这些做法在某种程度上恢复了人们之间的相互交往，有利于集体自治并弱化着商品化的影响。这种合作性制度安排所需的基础设施还将有利于促进政治教育，而这是整个转型进程中不可分割的一部分。在这里，土著人民的经验可以充分发挥其示范作用，甚至可以通过相互交往把实践做法与更广泛的精神激励结合在一起。[②]

这其中真正涉及的是一个内容广泛的学习过程。它在很大程度上是每一次革命所必然蕴涵着的东西，尽管不同时期的革命有着十分不同的主题。当今时代存在着一个巨大的矛盾。资本主义已经过时，这并不是一种一相情愿的说法：它“应该”被取代，而是基于对下述事实的承认，资本主义制度下不断加剧的资源枯竭已经超出了生物圈的再生能力。依此而言，资本主义时代最先进的科技成就也已经过时了。[③] 它们在整体上长期而言是不可持续的。因此，这些技术正面临着一种从根本上拒绝它们的新观点的严峻挑战。

在世界范围内，很少人会对生物物种的生存依然选择“一切照旧”的

① See Iain Bruce, *The Real Venezuela: Making Socialism in the 21st Century* (London: Pluto Press, 2008), esp. chapter 4.

② 尽管笔者强调土著居民的教育示范作用，但理论对话必须要在双方之间进行，因为某些土著居民的代言人比如沃德·丘吉尔（Ward Churchill）和“维持生计”方法的代言人比如玛丽娅·麦斯（Maria Mies），就已广泛传播了一种对马克思思想的严重误读，把马克思视为资本的主要弊端（混淆了价值与真正财富）的排斥了自然的价值观念强加于马克思。对于上述误读的批评，参见 John Bellamy Foster and Brett Clark, “The paradox of wealth: Capitalism and ecological destruction”, *Monthly Review*, 61/6 (November 2009): pp. 7 – 10。

③ 对此更详尽的讨论，参见 Victor Wallis, “Socialism and technology: A sectoral overview”, *Capitalism Nature Socialism*, 17/2 (June 2006)。

方案（斯特恩报告中最为糟糕的未来图景）[①]。但是，世界上高达95%多数的非土著居民已经被挟持进一个内在性结构，而它严重妨碍着我们建立一种新的范式。仅仅是善意的劝诫并不能让我们抛弃那邪恶的生产模式。作为一个物种，我们必须实现一种超越日常习惯的“战略”性自我解放，依据轻重缓急和规模等标准，限制甚或终止某些习惯性做法——无论是特定的运输方式、长途贸易商品，还是某一能源密集型的消遣。[②]

在这一过程中，那些不属于土著社区的人们需要向对方学习很多东西。然而，土著社区的生活正在受到威胁，他们的成员也许不愿意去拜访“异己的”区域。但是，他们也许开始认识到，自己的未来生存取决于外面的世界是否发生根本转变，而如果他们能够促进这样一场革命的话，他们自己的利益也能得到更好的保证。

四 打破世界舞台上的僵局

土著人民在世界舞台上的组织化展现，为人类其他种族提供了特别的机会。前文已经阐明了使这些民族赢得生态实践领导者作用的那些特征，以及这些特征如何与他们对资本主义增长冲动下的财产体制相对立。同样重要的事实是，无论是这些土著人民作为一个整体或其中的任何社区都不构成民族国家。相反，民族国家这种形式背离于他们的存在本质。实际上，世界土著民族分布在许多国家和地区，只有在例外情况下他们的利益才会以有限的国家政府的形式来表达。[③] 因此，他们在全球层面上作为一种跨国压力团体来行动，维护他们自己的利益，但也同时作为一种道德力量，提醒着其他国际组织分享保持生命的共同责任。

全球维度中的这一新元素与生态议题本身一起，共同构成了超越民族国家界限进程中的一丝曙光。这也使得我们可以重新思考现存的应对世界重大

① 英国政府委托尼古拉斯·斯特恩（Nicholas Stern）主持撰写的研究报告《气候变化经济学》可能是典型“绿色资本主义”观点的一种最系统表达，参见 *The Economics of Climate Change: The Stern Review*（Cambridge University Press, 2006），而对此观点的批评，参见 John Bellamy Foster et al.,“Introduction”, *Monthly Review*, 60/3（July-August 2008）: pp. 3 – 6。

② 对这一观点的更详尽阐述，参见 Victor Wallis,“Vision and strategy: Questioning the subsistence perspective”, *Capitalism Nature Socialism*, 17/4（December 2006）。

③ 在那些他们的确获得代表权的国家比如玻利维亚，政府往往难以做到平衡相互冲突的利益压力，尤其是围绕石油开采产生的与土著居民的利益冲突。

关切的利益代表组织框架。有关环境政策的国际谈判所遭到的挫折人所共知：各国政府仅代表各自国家的主导利益而发言，在生态问题上的立场往往取决于国内社会中工人阶级和进步运动的政治压力。① 而且，全球生态的总体结果往往是那些经济强权们生态漠视政策的体现，而它们由于资本主义制度的竞争法则，大多存在着巨大商业竞争优势的同时也产生严重的生态疏忽或破坏。因此，由其他国家提出的雄心勃勃的生态建议很可能是无果而终。②

最放纵的发达经济体（美国）和人口众多的发展中国家（中国和印度）间的谈判之所以依然陷于僵局，就是因为政府间谈判这种机制平台。这种动力机制让人联想到那曾经牵引着美国与苏联持续数十年军备竞赛的逻辑，即“相互确保的摧毁”（MAD），结果是，在这两种情况下竞争逻辑阻止任何让步。从前的死亡之舞只是随着其中一个对手的解体而终止，而如果没有一系列的大规模政治崩溃发生的话，这一轮环境劫掠竞赛看来也很难得到实质性缓和。苏联消失后，美国的进步力量未能准备好推动期待的“和平红利”（将巨额军事开支转移到社会重建），因为他们未能认识到，美国全球军事化扩张的动力即所谓的苏联军事威胁不过是个借口，而一些新的替代不久就会被捏造出来。

在全球层面上，对如何应对环境危险的讨论需要一个新的框架。世界范围内土著运动的非国家实体形式为我们提供着有益的启示。在国家间的环境争论中，那些不满现状的主张以国家为单位（以人均计算为基础）的平等消耗地球资源的权利。只要我们接受民族国家的政策代理人地位，这似乎就是公平的，而其中隐含的是每个民族国家内部的环境成本及其盈亏核算不必接受国际机构的监督审查。但是，这正是我们面临的难题所在。每一个国家都有自己的必要性和浪费性开支的计算，而后者往往与一个国家的经济和军事实力相匹配（以及相应的过度消费方式）。③ 某些类型资源的使用必须在全球范围内加以遏制，但与此同时，较富裕国家中更为普遍的资源过度消耗

① 这并不意味着，工人运动在生态问题上必定拥有进步立场，而是说，它们只有在拥有进步立场的前提下才会真正具有力量。

② 具有讽刺意味的是，曾经在布什当局时期坚持较激进立场的欧洲国家政府到奥巴马时代已经发生了立场退却，同意美国政府提出的由个体国家自主决定减排目标的方法，参见 Naomi Klein，“Obama's bad influence”，*The Nation*，2（November 2009）。

③ 对于确定浪费性支出项目的初步尝试，参见 Victor Wallis，“Toward ecological socialism”，*Capitalism Nature Socialism*，12/1（March 2001）：135ff。

往往使人们更为关注富裕和贫困地区之间的平等。

如今，全球共同体不仅要在地区之间、而且要在地区内部来促进这种公平。当然，这种外部驱动下的重新选择肯定会遭到强烈的抵制，其核心论点是违犯国家主权。然而，国家主权应该被正确理解而不能超越基本人权，这是环境论辩中的一个关键性问题。环境破坏造成的后果会超出国界是人所共知的，但人们还没有为此达成一致的政治意见。一个典型例子是，对于某一个国家可能采取或不采取的措施——无论是由政府还是由私营部门，整个世界有着自己的合法利益关切。尽管目前实现这种利益关切的正式手段依然是非常脆弱的，但这种普遍性尺度的政治潜能已经充分体现在反对种族主义的斗争历史中（例如，20世纪60年代的美国和80年代的南非）。

在环境政策方面，全球温室气体排放量的辩论需要发生一个根本性转变，将焦点从民族国家转向经济部门，① 首当其冲的应该是军事部门。对于每个部门来说，亟待解决的关键问题是需要弄清楚（通过公开而广泛的社会辩论）：该部门经济活动及其能源消费在多大程度上不是在致力于满足人类的需要，而是追求资本和资产阶级的扩张。

仅仅期待会产生一套被普遍接受的标准并迅速付诸实施，是不切实际的幻想。像所有的革命过程一样，环境革命将会受到一系列障碍和突发事件的困扰。对于绝大多数人来说，鉴别和消除社会浪费这一时代挑战将会被证明是一种强大的统一性力量，因为它试图在追求恢复环境的同时保证人类自身需要的满足。这个过程也会着力于实现一些暂时性目标，特别是在能源浪费方面，但却要求绿色活动家们始终胸怀长远绿色变革的大局。

本文初稿提交给2009年11月3~6日在巴西Campinas大学（圣保罗）举行的“第六届国际马克思、恩格斯论坛”并刊发于《每月评论》61/9（2010），现经作者授权发表

责任编辑：宇文利

① 对于这种转变的必要性笔者在较早的另一篇文章中已有所涉及，但对于推动这种转变的政治动力至少那时尚不十分清楚，参见 Victor Wallis, “‘Progress’ or progress? Defining a socialist technology”, *Socialism and Democracy*, No. 27（2000）: p. 56。

新政还是全球化滥调

艾瑞尔·萨勒［著］ 史海泉［译］

摘　要： 为了回应全球气候变化危机和国际金融制度的困境，“绿色新政”正在地区、国家和国际层面上加以讨论。但是，无论是联合国环境规划署主持撰写的《全球绿色新政》报告，还是其跨大西洋的、澳大利亚的和英国的区域性或国别性版本，都并没有多少新意，而只是试图维持旧的狭隘政治议程的政策建议方案。就其实质而言，绿色新政所推崇的是盛行于20世纪90年代的过于乐观的生态现代化战略——倡导一种建立在技术革新基础上的绿色福利国家，因而其基本旨向是一种节约型资本主义，而不是致力于解决根本性的问题即健康生态系统中的健康民众。相应地，新殖民主义的南方、北方内部，以及物质自然，在绿色新政话语中仍然只是从属性的存在。

关键词： 绿色新政　世界经济危机　跨大西洋　澳大利亚　全球/英国

作者简介： 艾瑞尔·萨勒是澳大利亚悉尼大学政治经济学系教授，长期担任《资本主义、自然、社会主义》编辑，欧美生态女性主义的代表性学者，主要著作有《生态适量与全球正义：妇女论政治生态学》（2009）和《作为政治学的生态女性主义》（1997）等（www. arielsalleh. net）；史海泉是北京大学马克思主义学院2009级博士研究生。

为了回应全球气候变化危机和国际金融制度的困境，“绿色新政”（Green New Deal）正在地区、国家和国际层面上加以讨论。但是，所谓“新政”并没有多少新意，大多是试图维持旧的狭隘政治议程下的政策方案。与其英格兰和澳大利亚的版本一样，“跨大西洋绿色新政”和“全球绿

色新政”看起来更像一个霍布斯式的社会契约，因为与以往相比，处于全球资本主义时代的生活现实更加肮脏、粗野和浅薄。虽然社会契约的概要已经拟就，但真正体现其中的却只有一种声音。阶级差别只作为就业统计状况的一个侧面，而支撑着全球经济的体制化种族与性别剥削则被完全忽略了。新殖民主义的南方、北方内部，以及物质自然，在绿色新政话语中仍然是从属性的存在。

罗莎·卢森堡已认识到，资本主义的地理边缘，即今天所谓的“全球南方”是资本积累过程中新的劳动组织和市场不可或缺的源泉。后来，北方国家的女权主义者把妇女无偿提供的再生产劳动时间视为资本的“国内的边缘化存在”。正如对殖民地人民的剥削一样，妇女在资本主义生产体系中的被剥削被视为理所当然的前提。此外，长期提供生态服务的生态系统也是如此——就像“生态足迹”和“生态债务”等概念所表明的那样。上述三种生命存在形式都在生产主义经济中被默默地殖民化。

绿色新政的第一要务应是帮助人们理解主导性的全球体制如何依赖于这种滥用，理解每时每刻发生的非正义如何被旧观念合理化，即认为人类与自然之间存在着根本性的矛盾或对立。经济学与生态学的人为分裂就是这种文化矛盾的一个结果。自觉意识到这一点并承认它从一开始就是欧洲中心主义的和性别取向的，是能够自信地抵制错误的制度与政策的第一步。

然而，迄今为止的各种绿色新政计划中却很少有社会文化分析或政治反思。像经济危机一样，环境危机也往往被视为政府干预市场的失败而付诸凯恩斯主义的应对。绿色新政所推崇的是盛行于20世纪90年代的过于乐观的生态现代化战略——倡导一种建立在技术革新基础上的绿色福利国家。其基本旨向是一种节约型资本主义，而不是致力于解决根本性的问题——健康生态系统中的健康民众。

一 《跨大西洋绿色新政》

《跨大西洋绿色新政》报告是2009年由世界观察研究所（Worldwatch Institute）为联邦德国波尔基金会准备的①，对全球气候变化危机的主要方面

---

① World Watch Institute, *Toward a Transatlantic Green New Deal: Tackling the Climate and Economic Crises* (Brussels: Heinrich - Böll - Stiftung, 2009).

做了分析。它指出，在工业化国家经济中，占温室气体排放比例较高的分别是：建筑物35%，钢铁工业27%，交通运输23%，水泥和纸生产紧随其后。其基本测量依据是，冶炼一吨钢就要排放两吨的二氧化碳。另外，世界观察研究所援引国际能源署（IEA）的一份评估报告称，人类要想摆脱对石油能源的依赖需要耗费45万亿美元，而国际能源署把这一报告作为支持核能发展的依据。

《跨大西洋绿色新政》所提出的洲际蓝图核算，美国和欧盟作为世界贸易领导者消耗了全球近1/3的能源，并排放了大约1/3的温室气体。这个数字与来自全球南方的估算形成了鲜明的对照，后者声称，它们占世界60%左右的人口，却只排放了1%的全球温室气体。

世界观察研究所报告宣称，它支持一种“根本性绿色转型”并反对依赖消费刺激的做法，但是，它也诉诸“一种可持续经济进步新范式”的夸夸其谈。举例来说，它认为，适当设计的碳市场可以同时成为满足社会目标的有效工具，又能利用市场机制和效率所带来的益处。但又承认，生态系统保护的市场，无论是针对空气、水还是物种的市场，都还没有提供令人满意的解决方案，因为，市场运行的经济逻辑与生态保护的科学需要并不总是吻合的。

不幸的是，前文最后一句话的含义并没有清晰地体现在《跨大西洋绿色新政》蓝图的总体设计中。如果市场运行的经济逻辑与生态保护的科学需要并不总是吻合的话，基于数学原理的工程学逻辑也不可能真正吻合生态系统的科学需要。在人与自然对立观念的影响之下，经济学或工程学的这些学科抽象分离就意味着很难对自然过程进行准确的量度。尽管如此，这种方法论上的弱点并没有影响到《跨大西洋绿色新政》中对技术进步的自信与迷恋，其中充斥着科学和管理词汇上的不吝赞誉。

比如，“每年为减少气体排放至可控水平所花费的成本将只占全球国民生产总值的百分之一”。试问，这一判断的经验性根据是什么？目前，航空业、工业化农业生产中温室气体排放的精确数据依然很难得到，因而对全球排放量的估计在很大程度上仍依靠科学推算；所以，抑制气体排放成本向美元的转换就像国民生产总值建构本身一样主观、武断。

世界观察研究所建议强化对科学家、工程师和技术人员的教育培训，主张通过绿色工作增进公众福利，实现向更有效的生产方式的“跳跃”，发展可再生能源、水收集、智能电池、高效制冷设备、自制交通工具、轻轨与自

行车道、可回收的碎品、优先租借而非购买日常用品，等等。此外，该研究所还表达了通过去物质化来实现能源节约的信心，比如发展微型宽带和网络会议。当然，它也承认，计算机这个当代知识生产的主要媒质在消耗着大量能源并排放很多的有毒物质。

该报告作者建议，碳市场和水银行的做法值得鼓励，但也承认政府缺乏向生态系统保护提供直接资助的政治意愿。《跨大西洋绿色新政》报告引用来自“千年环境评估”（Millennium Environmental Assessment）的数据称，自第二次世界大战以来全球60%的生态系统服务遭到了破坏，但它的下列表述也清楚地体现了其工具理性的特征：“生态系统是‘自然基础条件’”。总体而言，这种绿色新政表述中浸透着一种强烈的（人类对自然的）否定情感，而对资本主义积累与生态系统整体性之间的不相容性一无所知。

如果说跨大西洋新政所依托的生态学概念化比较虚弱的话，那么它的社会框架化也是如此。虽然新社会契约的文本已经拟就，但其条款的主要内容却听命于全球北方的企业家、工人和消费者。因此，虽然一些欧盟国家正在尝试征收环境税，但正如作者们指出的，政府减少税收豁免或资助不良工商业同样重要——在使当代税收制度合理化方面还有大量的工作要做，其主要缺陷是使自然资源的开发利用太便宜，而劳动力又太昂贵。实施生态税来减轻劳动税负（通过生态税而不是工资税来资助国民保健或社会保障项目），将会有助于间接降低劳动成本，在不损害工人利益的同时创造就业机会。

在欧盟内部，欧洲工会联合会（TUC）和环境非政府组织正在走向联合，并广泛致力于技能培训和支持转产工人。在美国，塞拉俱乐部（Sierra Club）、钢铁工会（USU）、全国资源保护理事会（NRDC）、交通工会（Communications Workers）和服务业工会（Service Employees）之间正在协商讨论。但依据世界观察研究所的分析，迫切需要纳入其中的还有“消费者和工商业者”。鉴于资本主义的利益正操纵着整个社会，对于工商业这只巨手打着“特定利益团体”的旗号随后插手进来我们还有什么可奇怪的呢？

总体上说，世界观察研究所的分析没有能够对技能方面的机会或差异在阶级、种族和性别上的表现给予充分注意。南半球的廉价资源化，以及难以统计的家务劳动部门投入，也都被排斥在外。这等于屏蔽了占地球80%人口的声音表达。唯一接近于承认地理的和国内边缘性存在的例外，是当乙醇被拒绝为一种替代性能源、因为那将意味着农民的大量可耕地被掠夺时。

值得注意的是，南半球自足供应所蕴涵的气候变化减轻的积极效果并没有被承认，尽管它提到，这些环境友好的行为更多与劳动密集型的而不是资本密集型的工业相联系。不幸的是，这种符合再生性经济（不同于生产主义经济）原则的说法，只是在论述中一带而过。位于首都边缘工业区中的工人劳动，仅仅是一种哲学意义上的“他者”。在这种绿色契约中，除了金钱利益关系之外并无其他的经济和政治主体存在。

二　澳大利亚的《联合声明》

2009年，澳大利亚保护基金会（ACF）、社会服务业联合会（CSS）、气候研究所（Climate Institute）、私产理事会（Property Council）、澳洲工会联合会（ACTU）、澳大利亚绿色基建理事会（Australian Green Infrastructure Council）和退休金托管人研究所（Institute of Superannuation Trustees）等，共同发表了《联合声明：走向绿色新政》。[①] 它们大都是历史悠久的政治介入性组织，尽管澳大利亚绿色基建理事会是一个相对较新的机构。澳大利亚绿色基建理事会的主要成员有环境顾问公司（GDH）和隧道专家雪山工程公司（SMEC）。值得注意的是，全国最强大的公司游说团体“矿业协会”（Minerals Council），以及所有的土著性澳大利亚团体，却没有出现在联合声明之中。

撇开《联合声明》中大量充斥着的政治宣言式陈述不论，这份报告的主旨仍显然是生产主义的。其主要目标包括：一是通过对全国范围内居民、商业和公共部门建筑物的翻新改造，提高能源和水的使用效率；实施家务劳动效率审计并优先向低收入家庭提供帮助。二是发展可持续的基础设施，像公共交通、货运铁路和小型可回收的能源装置比如太阳能、风能、地热能器械等，以便减少碳足迹，尤其要关注建筑业和原材料工业。三是组建能够生产具有国际竞争力产品与服务的绿色工业，争取创造50万个绿色工作，并立即着手澳大利亚工会成员的绿色技能培训。

这项联合声明被解读为促进澳洲繁荣和避免未来经济震荡的一个“工作刺激一揽子方案”。然而，当“经济”本身被描述成一个社会主体时，作为由银行家、工程师、股民和开发商等组成的一个阶级的道德代理人身份，

① Australian Council of Trade Unions, *Green Gold Rush: The Future of Australia's Green Collar Economy* (Melbourne: ACTU, 2008).

就被掩盖了。尽管经济也许确实需要避免震荡，但在笔者看来，该报告的作者并未承认生态系统也需要获得同样的保护，尤其是考虑到人们的身体不断地与自然之间进行着物质代谢。

就像在《跨大西洋绿色新政》中一样——社会正义被淡化成为一个就业比率问题，在这里，环境被解读为“能源效率”。与人与自然相对立的传统观念相一致，自然被看成“外在的客体”，仅仅将其视为一种资源并简化为一个数字。此外，从狭隘的经济学立场看，能源效率之所以有效率，是因为它会降低 CPRS 的成本。这项计划被认为会同时带来技术推动和市场拉动，也就是说，工商业部门可以同时从绿色建筑转换和排放物交易中获取利润回报。

澳大利亚《联合声明》把同时发生的碳污染减少和绿色工业增加当做“自然和社会资本”的双赢。资本主义的即新自由主义的逻辑和“国内竞争力”的观念，也体现在 ACF 和 ACTU 的下述声称中：澳大利亚的目标应该是能够占有未来可能高达 2.9 万亿美元的这一全球性工业的适当比例，即 2500 亿美元左右。

这是一个对青睐出口取向的增长和高效技术的国际自由贸易的再清楚不过的表白。优先考虑的仍是城市消费主义、制造和交换价值。大量的就业选择性方案并未得到应有的考虑，比如致力于自然景观重建项目的青年“绿色监察”（Green Corps）等，尽管这种工作具有再生性“物质代谢”价值。此外，农业也被忽略了，虽然工业化农业排放了大量的温室气体。基于地方食品自主的可持续小规模农业就业可以产生巨大的社会效益，尤其是在像沃龙贡（Wollongong）那样的旧矿产区，其青年失业率高达 30%。

环境危机的确是一种“无担保的生态信贷”，但并非世界各地的每个人都在滥用这种环境信贷或拿地球做抵押。这种抵押行为的主要驱动者是那些全球金融的掌管者及其他们的顾问——一个十分特殊的阶层。遗憾的是，时至今日，甚至工会主义者和保护主义者也都相信，资本主义能够成为可持续的。

如果绿色活动分子和政策制定者真想寻求社会生态重建的有效战略的话，那么保持社会和文化的多样性就是一种明智的选择。阶级、种族和性别等结构性指标，不仅表明了现实中歧视和剥夺的所在，而且也显示着与生命自持系统保护相关的特殊的技能手段。学者、公共知识分子和政治领导人能够通过检视所谓的“土著科学”的转型潜能，来实质性重构当今有关气候变化的政治辩论。对此，我们可以想想那些来自土著区域的关爱性习俗或母亲的预警性能力等的“另类知识”。

既然全球60%的温室气体排放是由工业生产造成的，20%是由交通产生的和一小部分是由工业化农企产生的，为什么还要着眼于家庭妇女来实现碳减排呢？这不是南辕北辙吗？然而，这正是英国石油公司和其他公司在澳大利亚精心策划的所谓“百万妇女”运动的所作所为。

与此同时，陆克文工党政府放弃了向煤矿公司有偿发放排放许可证，代之以征收碳税来资助向清洁经济的转型。陆克文政府还支持森林采伐，而80%的砍伐木材出口到日本作为计算机用纸原料。在“植被脆弱地区碳减排”（REDD）计划下，工党政府还尝试利用海外资金支付来保护东南亚的原始林地。而事实上，那些受到补贴的“碳排放恶行”（森林砍伐）进一步助长了由澳大利亚煤炭出口引起的全球变暖，而当地居民在这场新时代的“圈地运动”中失去了他们的生计来源。

此外，近来把全球人口视为气候变化关键因素的环境主义论调正在死灰复燃。而在笔者看来，这是又一个诡计，目的是转移人们对中产阶级消费和污染责任的关注。人口论点同时是种族主义和性别主义的，企图把澳洲消费者—公民的责任转移到全球南方妇女的肩上。这一论点也完全是非理性的，因为正如已经指出的，如果占人口60%的非工业世界仅仅对1%的全球气候变暖负责的话，为什么还要讨论人口因素呢？

三　英国和联合国的绿色新政

英国2008年由新经济学基金会（NEF）发起撰写了一个报告《绿色新政：综合的政策》。[①] 这个报告要比澳大利亚的报告更有思想性，但像其他新政方案一样，它仍着眼于把经济拯救回一种增长轨道。新经济学基金会的新政框架仍以生产主义的经济学为主导，更加强调的是银行及其安全规制、低利率、可控性借贷、对资本流动征收托宾税、减少税收流失、取消债务而不是优先分红。就像斯特恩评论的那样，该报告包含了一个可以通过由可更新能源推动的能源重组、技术效率、基建改造、森林保护和零浪费来实现的管理主义议程。但与《跨大西洋绿色新政》和澳大利亚《联合声明》不同，

① New Economics Foundation, *A Green New Deal: Joined up Policies* (London: NEF, 2008).

它更多地考虑了社会生活风格和居住密度、公共建筑、地方经济以及食品供应圈等多方面内容，而正是后者挑战着对世界气候影响巨大的僵硬的现行经济配置网络。

同样在2008年，联合国环境规划署（UNEP）的“技术、工业与经济部”发表了一份《全球绿色新政》报告。① 其新闻发布会的标题是，“使全球市场回归正常的绿色新经济创议”。着力于成为各国政府的政策参考，它全面吸取了先前一个“八国集团”、“生态系统与生物多样性经济学”研究小组、国际劳工组织（ILO）、国际工会联合会（ITUC）和国际雇主协会（IOE）等机构的研究成果。此外，这份报告的写作还得到了欧盟委员会、德意志银行和世界银行的全球环境基金（GEF）等的支持。

《全球绿色新政》的目标包括：尊重并量化自然服务进入国际核算体系；通过绿色工作增加就业；为经济转型提供政策和工具。它所提出的主要政策创议有：清洁能源、清洁技术和循环利用；农村能源、可更新能源和生物能源；可持续和有机农业；生态系统基础建设；“植被脆弱地区碳减排”创议；可持续城市、绿色建筑和交通等。与其他建议相比，这显然是一个更加综合性的方案，但是，它仍然与市场紧密地联系在一起。实际上，甚至投机性的超经济（hyper-economy）也被作为新政选项而提出：它不仅论及了美国气象衍生品以及其他与保险关联的产品，而且把一些“跨国”小项目捆绑在一起，以便更好地吸引投资者。

联合国环境规划署的《全球绿色新政》报告列举了一系列的成功实例。它指出，非洲、亚洲和中东以及南美的一些国家已经确定了发展可更新能源的目标；在中国，60万工人从事于太阳能工业，而在印度，大约10万个家庭已经安装了太阳能装置。清洁发展机制（CDM）正在帮助马达加斯加建设一个水电项目，帮助肯尼亚利用甘蔗废料进行能源生产。这份报告谈到了地理边缘地区的“更加安全的生活”，并在某种程度上承认不同阶级之间的收益差异，尽管国家内部层面上的性别收益差异并没有被提及。

与其他建议相比，“全球绿色新政”的确有着更多环境方面的考虑，而这体现在了它的国际化考量，尤其是对农村经济和全球南方的自然生态的关注。它强调值得注意的事实是，全球40%的劳动力是农民，并指出世界每年高达3000亿美元的农业补贴具有严重的生态破坏性影响。事实上，世界

① UNEP, *Global Green New Deal* (London/Nairobi: 22 October 2008).

粮农组织（FAO）无可争辩的大量研究表明，有机农业和有害物综合管理不仅比工业化农业更易于抗拒气候压力，而且有利于改进土壤肥力、生物多样性、水资源控制、碳排放和农作物产量。

进一步的研究表明，实际上有机农业可以养活当今世界甚至更多的人口。在耕作四季作物的地方，获益是双倍的。农民不仅可以从有机生产中获得更高的产品价格，尤其在获得相关证书之后，而且不需要购买化肥、农药或转基因种子，从而节约部分支出。就社会收益而言，有机农业生产是知识密集型的产业并有助于社区整合。更为重要的是，世界食品生产者的绝对主体是妇女。她们的丰富知识如何才能大展身手呢？

联合国环境规划署的大致核算是，主要由北方国家支持的森林过度砍伐要对全球气候变暖承担20%的责任。它估计，除非立即采取必要的干涉措施，到2050年全球累积失去的暗礁、湿地和森林面积将会与澳洲大陆的面积相当。为此，它建议采取像“捕捉与交易”（cap and trade）那样的“巧工具”对濒临灭绝的物种实施保护；它支持海洋保护，指出暗礁对渔业生产、旅游业和防止洪涝灾害都有积极的价值。由澳大利亚新南威尔士州设计实施的“生物银行”（Bio-banking）计划，事实上有助于抑制湿地的退化，尽管在地方层面上该保护计划被批评为一个土地洗劫立法。

从理论上说，生态保护可以创造绿色工作，从而创造使用价值、交换价值和物质代谢价值。正如联合国环境规划署的报告指出的，“全球的10万个国家公园和保护区创造着以自然为基础的、相当于5万亿美元的商品和服务，而不仅仅是雇用了150万工人。”联合国环境规划署估算的“自然服务价值”比国际汽车工业创造的利润还要高1万亿美元，尽管我们不十分清楚它如何得到这个数字。在墨西哥和巴西，成千上万人因管理农业水域而领取报酬。如果自然是一种“自然资本”，联合国环境规划署提及的来自“绿色技术革命”的“无关紧要后果”或许就是一种尚未充分认识其价值的巨大收益，即自然财富管理可能带来的工作创造潜能。人们已经详尽阐述的绿色革命试验的消极性外部性，尤其是土壤肥力的流失，当然不在此列。

联合国环境规划署充满热情地设想，全球环境产品与服务市场将在2020年翻一番，一种将包括转基因工程产品在内的生态现代化发展构型。其执行主任阿西姆·斯坦纳（Achim Steiner）指出：“自然的‘效用’是巨大的，人类只需要较小的机械工具成本来储存水和碳、稳定土壤肥力，就可以维持土著与乡村生活，并创造每年数万亿美元的基因工程产品。”可见，贯穿于联合国环境规划署报告的是一个彻头彻尾的资本主义模式，最终只会进一步加深人与自然的对立以及他们自身的异化。

四 简短评论

那么，上述各种“绿色新政计划”的贯彻落实真的能够带来社会生态转型的希望吗？这种转型确切来说意味着什么？而且，什么样的工作才是“绿色工作”呢？蕴涵在这些新政建议背后的整齐划一的思维令人担忧，因为并非全球所有区域都被同等程度地卷入资本主义经济，而且很多人甚至还在为获得经济自由而奋斗。而且，研究者、公众和政治家需要追问绿色新政的逻辑在何种程度上是民主包容性的。是否会发生一些社会团体由于这些政策措施而被划归“他者”的失落阶层？谁将从绿色新政中获益？谁又将会被殖民和剥夺？这些新政会导致哪些新的生态与身体欠债？某些群体是否会被当做牺牲品对待，或者使用一种象征性的说法，被视为熟练的（人类）再生产劳动者？工业生产又如何能够越来越获得基于自我更新准则的生态自足系统的支持？

无疑，后危机时代的社会契约应该采取一种全球民主的形式，其中人的身体应被视为自然的一部分。母亲、农民和土著居民组成的群体或阶级，由于他们在平衡自然循环中的具体性劳动，深刻地认识到了这一点。在绿色政治经济学看来，这种技术劳动所催生的新陈代谢价值具有使用价值之外的独立地位，而对它的保护将会成为社会经济转型的指导性原则。

为了克服当前的生态和金融危机——同时是资本主义过度生产的表现和结果，上述团体必须展开政治对话。就现状而言，它狭隘地集中于使“经济基础”工程技术化并迷恋于经济增长，这样就会背离自然界的热力学秩序，并耗尽其新陈代谢价值。自我维持性的生态流动被资本主义的股票、可交易的生物群和以赢利为目标的服务所消减，并最终导致生态系统的崩溃和彻底摧毁。同时，资本主义经济还造成了社会衰败，人与人之间本来丰富和复杂的关系被简化成一种单一意义向度。经济增长与更为重要的社会关系相脱节，堕落成一种人与人之间交换的纽带。

令人高兴的是，一种新的社会契约已通过各种全球正义运动团体在西雅图、阿雷格里港（Porto Alegre）和科恰班巴（Cochabamba）等地的聚会而在拟定中。这一契约的前提恰恰是能源、土地、水和大气的“共同主权”。

它将让化石燃料留在地下，主张对生产的社区控制，减少北半球国家的过度消费，使食品生产地方化，提高土著居民的权利，并将生态与气候方面的历史欠债归还给南方。这种致力于“另一种全球化”的计划——一种真正的绿色新政——将同时是与生态一致的和社会包容性的。

本文初稿提交给罗莎·卢森堡基金会会议并刊发于澳大利亚左翼杂志 *Arena Magazine* 总第105期（2010），现经作者和出版者授权发表

责任编辑：郇庆治

当今世界经济危机：一种生态社会主义分析

萨拉·萨卡［著］　杜兴军［译］

摘　要： 大致起始于2008年初，至今仍在持续的金融与经济危机震撼了全世界。有人依此认为资本主义将会土崩瓦解，也有人认为资本主义不可能从这次危机中复苏。但在笔者看来，金融系统只是资本主义借以生存的较重要运行机制之一，并非其根本性“基础”，而只要“基础”依然保持强健，制度便能存活下去。真正值得注意的是，当今资本主义的“根基”即物质资源基础，正在不可避免地迅速走向衰败。因而，这次经济危机并不是简单的资本主义危机，而是整个工业主义的危机，是工业社会在任何社会政治框架下都可能发生的危机。这就注定了当代社会主义已不可能简单地回到传统意义上的古典理论，而必须走向一种承认与接受生态极限的“生态社会主义”。依此而言，当今世界经济危机为践行生态社会主义铺平了道路，而我们的责任就是充分利用当前的形势。

关键词： 世界经济危机　生态社会主义　绿色左翼 环境政治

作者简介： 萨拉·萨卡是印度籍德国左翼环境政治学者，主要研究领域为生态社会主义与绿色运动等，代表作有《资本主义的危机》（2010）、《生态社会主义还是生态资本主义》（1999/2008）等；杜兴军是北京大学马克思主义学院2009级博士研究生。

这场大致起始于2008年1月，至今（2010年7月）仍在持续的经济与金融危机震撼了全世界。政治家、经济学家和时事评论家夸张地将其描绘为20世纪30年代大萧条以来最严重的一次经济危机。尽管从表面上看的确有些类似，但它们的后果却并非同样严重，而且一般意义上的经济危机在过去几十年中也时有发生。当前危机中出现了股票市场崩溃、银行倒闭、金融市场失序、信贷紧缩、经济规模收缩、国家破产，等等。对此，笔者已在2010年出版的《资本主义的危机》一书中做了详尽阐述。[①] 但是，目前这次危机的规模、深度和广度是如此巨大，以至于几乎所有人都陷入恐慌。许多评论者开始担心资本主义的生存前景。因而问题是：它只是资本主义制度下的另一场危机呢，还是马克思主义者、共产主义者、社会主义者和其他资本主义批评者期待已久的资本主义本身的危机？至少，所有人都会同意，危机后的资本主义将绝不可能只是简单地回到从前，也就是说，肆意妄为的全球化的新自由主义资本主义将会从此多少受到一些约束。而且，这方面的工作已经展开。在本文中，笔者将不再重复性地叙述关于本次经济危机的事实性证据，而是着力于阐发一种对它的更深层次与综合性的系统性看法，或者说，一种生态社会主义观点。

一 对经济危机的表面化解释

占据当今经济思想主流的各个流派的经济学家，对这次经济危机的解释并没有太大的区别。而且，他们所提供的各种表面化解释已经广为人知。尽管如此，笔者在此将概述这些阐释的主要方面，以便我们做进一步分析时对照比较。

首先，导致或引发美国危机的是不良债务中被称为“次级抵押贷款”的比重过高。这些贷款是由商业与抵押银行借贷给房屋购买者的，而后者在通常情况下是不能享受贷款的，因为他们收入水平过低或者没有安全的工作。然而，由于美国金融市场的不良架构，这些风险信贷却在实际上发生了。地方银行毫不犹豫地发放这些风险信贷，因为它们知道可以将这些信贷迅速地销售给庞大的抵押银行系统。随后，抵押银行再通过全球化的次级信贷市场出售而规避风险，而那些购买者希望依此投资其闲置资金而获利。

其次，美联储（美国中央银行）长期压低优惠贷款利率，从而使银行可以大笔从其借款并借贷给不当借贷者和投机者（受低利率驱使）。这导致

① Saral Sarkar, *Die Krisen des Kapitalismus-eine andere Studie der politischen Ökonomie* (Neu-Ulm: AG SPAK Bücher, 2010).

了房地产市场的繁荣和随后市场泡沫的形成。

再次，银行家是贪婪的。因为他们实际酬薪的相当一部分由绩效奖励来体现，所以他们有着强烈的动机去冒险——同时在信贷活动和投机交易方面。

最后，金融与银行领域几乎没有什么规制，而它的全球化扩展也是如此。结果，数额庞大的高风险、异常复杂和难以理解的信贷及其安全隐患被销往全世界，尤其是银行。

当然，上述解释不仅适用于美国，也大致适用于其他主要工业化国家。

但在笔者看来，这些阐释是过于表面化的和难以让人信服的。毫无疑问，它们都是危机发生过程中不容否认的事实。但是，它们并没有对如下问题给出令人满意的回答，即为什么这次危机变得如此严重、如此广泛和如此持久？以及为什么它不能像以前发生的经济危机那样容易应对（比如1987年的股票市场崩溃、1997～1998年的东亚危机和2001～2003年的经济危机）？它们也难以解释，为什么危机仍在持续，而且前景仍然如此暗淡？

不仅如此，上述解释中有两点是平淡无力的。银行家是贪婪的，这并不能说明任何事情。因为，贪婪是资本主义经济体制的根本性支柱之一，因而，这一体制中的所有参与者都或多或少是贪婪的。而且，金融领域的去规制化是20世纪80年代以来全球化的新自由主义资本主义的根本性要素之一。

而其他两个解释因素在某种程度上是非同寻常的。银行家总是发放一些具有风险的贷款，而且其中某些往往因为坏账而需要注销。但这一次，次级借贷的规模如此巨大，以至于当美国的住房泡沫开始破裂时，整个商业链条难以为继，住房价格下跌，成千上万的抵押贷款者到期不能偿还贷款。结果，借贷银行无法像以前那样通过销售住房而回笼资金。

此间美联储的政策也是莫名其妙。一般地说，美联储（以及新自由主义资本主义体制下的几乎所有中央银行）当经济出现过热时会开始收缩银根，比如一旦发现有高于平均水平的通货膨胀或股票交易或住房市场泡沫。而通常的政策工具是促进市场利率上升，并且往往通过提高优惠贷款利率来实现。但在此期间，美联储却维持了较低的优惠贷款利率，因而让市场泡沫持续扩大。

经济危机发生后，银行和美联储都因为实施这些不合逻辑的政策而受到了批评。批评者认为，正是这些错误政策导致了这次严重经济危机。但是，仅仅依此来指责这次经济危机显然是不公正的，它会妨碍我们寻找危机的真实原因和理解危机的真正性质。

有报道说，实际上，是当权的政治家希望维持一个繁荣的房地产市场。但是，贪婪并非只是银行家和投机者的性格特征。普通人，尤其是普通的美国人，也都希望自己成为百万富翁，也就是所谓的“美国梦”。而拥有一座房子，是一个普通穷人（看起来）变得富裕的基本途径——尤其是，房屋价格被认为是不同于股票价格将会“只涨不降”。当然，政治家希望促进这一梦想的实现。毕竟，从穷人到中产阶级的公民群体构成了选民的主体。民主党人尤其愿意追求这样一种政策，因为他们相信，工人和其他贫穷美国人属于他们（潜在）的选民。1997 年，比尔·克林顿政府通过了一项法律，使得销售房地产赢利免税，而这更加鼓励了投机行为。而共和党人也希望一个繁荣的房地产市场。小乔治·布什总统（2001 ~ 2008）就曾说过，他希望每一个美国人成为房屋拥有者。因此，总的来说，政治家直接或间接地向银行施加了压力，以便向贫穷阶层提供住房信贷。

但是，如果依此认为只是以自我利益为中心的政治家的狭隘选举政治考虑导致了次级房屋信贷的极度膨胀，却是错误的。我们还需要从宏观经济背景上来分析。需要清楚的是，20 世纪 90 年代初和 21 世纪最初几年，美国都经历了经济衰退。从 1989 年到 1991 年，GDP 增长率从 3.5% 下降到 -0.5%。2000 ~ 2001 年，所谓的“新经济”崩溃。除了持续性的股票交易停滞，实体经济也遭受了重创，GDP 增长率从 1999 年的 4.4% 降低到 2001 年的仅仅 0.8%。2000 ~ 2002 年，仅电信公司就裁减了 50 万左右员工。结果，官方失业率从 2000 年的 4% 增加到 2002 年的 5.8%。（参见 OECD 2000 ~ 2004 年相关统计数据）面对这种严重经济衰退，共和党总统小乔治·布什也必须采用典型的凯恩斯主义措施来刺激经济，并使其在随后的 2003 ~ 2004 年走向复苏。通过次级信贷促动的住房市场繁荣完全吻合类似的凯恩斯主义努力。当越来越多的美国制造业公司向劳动力低廉国家转移或者干脆关闭时，住房市场维持了经济增长与就业。为美国人建造住房既不能转移到其他劳动力低廉国家，也不能像汽车工业那样从其他国家整体性进口，而只能在美国本土上进行。不仅如此，住房是一种必需性商品。然而，2006 年前后，评论家开始警告住房市场泡沫，随后市场开始降温。

二　为什么住房泡沫会破裂

仅仅说任何泡沫迟早都会破裂是不够的。我们需要区分住房市场泡沫和

股票市场泡沫，后者于2008年10月在前者之后也相继发生。

据报道说，在股票交易崩溃的第一个星期之内，超过2.5万亿的财富随之蒸发，而与一年前的峰值相比，股市总值损失了高达8.4万亿（2008年10月10日《华尔街日报》）。但是，这些数据的真实含义是什么呢？有人可能理解为，巨额财富在瞬间消失。但实际上，并没有任何具体的财富比如住房或轿车失去，真正消失的不过是些纸上数字而已。所谓的8.4万亿美元只不过是虚幻财富。一年前股票的市价达到顶点，而现在同样的股票却被大大低估。金融投机曾推动了股票的市场价格上升，而在危机发生之后，那些虚幻财富不复存在。

一种股票的真实价值最终取决于某一公司产品的市场需求。而假如这一公司的产品缺乏充分的市场需求，那么，它的股票的市场价格就可能会下跌为零。然而，住房是具有重要使用价值的具体物品。一般说来，它们都不需要担心需求问题，因为几乎全世界的人口都呈上升趋势，而且人们都希望拥有更加舒适的居住条件（只有极少数的房子也许会找不到买主）。

就我们讨论的实例即美国的次级信贷危机而言，并非是抵押者不再希望居住已经通过信贷购买的房屋。至少就其绝大多数来说，他们并不是投机者。这种情况之所以发生，是由于他们无法掌控的外部环境变化使得其无法按时偿付债务。当他们失信违约后，房屋被信贷银行追回并在市场上销售，随之引起一连串的连锁反应：住房价格下跌，新建房屋供应减少。因此，理解现存危机的关键是，为什么那些通过信贷购买住房的普通人变得无力偿还其借贷。

住房市场危机引致股票市场停滞，而暴跌的股票价格又通过否定性财富效应减少了成千上万股票拥有者的借贷和购买能力。这种收缩性发展的总体后果是进一步加剧了美国经济学家认定的2007年12月就已开始的实体经济衰退。住房和轿车等都是有着重要使用价值的具体物品。尤其是，美国人不太可能会突然改变拥有与驾驶大排量通用公司轿车的爱好。因而真正可能的是，很多人变得无法支付这种轿车的高昂价格，而不断攀升的油价更是增加着其驾车成本。也就是说，他们只是变得无力支付这种轿车的相关费用。

三　经济危机的更深层原因

因此，我们需要进一步分析变化了的外部环境，正是它使得那些通过信贷购买住房的普通人无力偿还其借贷。

1. 增长的极限

尽管诸多的相似性，时下的经济危机与从前的相比有一点很不相同。目前的经济危机产生并持续于一种根本不同的总体背景。从前的经济危机应对者都大致相信，无限增长是可能的——笔者称之为增长范式，而目前的危机发生于如下一种知识与公共舆论环境中，其中连世界重要政治家和政府领导人也都非常担心我们这个星球的生态平衡和工业社会日益短缺的资源基础。当然，罗马俱乐部的第一个报告即《增长的极限》的作者们，早在1972年就已做出了这样的预测。但是，人类社会长时间对此漠然置之。但如今，很多政治领导人看起来已经醒悟。因此，美国前副总统阿尔·戈尔（Al Gore）长期致力于促进人类社会切实努力以阻止地球变暖。而美国新任总统巴拉克·奥巴马（Barak Obama）在他2008年11月4日的竞选获胜演说中也谈到“危险中的星球”。

这个星球面临的真正危险并不只是全球变暖。地球的生态平衡长期以来一直遭到诸如森林砍伐（尤其是对热带雨林的持续破坏）、生物多样性的不断减少、日益增加的各种形式环境污染等的威胁与蹂躏。

工业社会的资源基础渐趋萎缩的一个重要标志，是大多数学者所公认的，石油开采量已经达到或超过其顶点。这就是为什么，作为大多数现代工业国家最重要资源的原油的价格在危机爆发前几年持续攀升。2008年7月，原油价格达到了每桶140美元。此外，其他重要资源比如能源类的煤炭、天然气和铀以及工业金属像铜、锌、铁和钢、钼的价格也直线上升。甚至连食品这一千百万人赖以生存延续的基本能量来源的价格，也大幅度升高。随着衰退的发生与加剧，这些资源的价格相应地发生下滑，但它们并没有降低到历史上的最低水平（比如2000年）。如今，尽管经济复苏的迹象非常微弱，原油价格已经逼近每桶80美元。

与此同时，自然向人类提供的环境服务是所有社会的重要资源：它吸纳部分人为污染物的能力、它使贫瘠土地变得重新肥沃的能力、它通过清洁空气与水源提供的健康服务，等等。工业社会中维持这些资源的成本，也随着开采上述列举的重要资源成本的提高而增加了。

而开采或保持这些资源成本的不断上升意味着，社会大众越来越只能获得这些资源之中的较少部分。只有那些幸运的少数人——他们的真正收入并没有因为外部环境的变化而改变或减少，可以像从前一样消费同样数量的资

源。没有人能准确地知道，这些特殊群体正在消耗着现有资源中的多少数量。但如果有人说失去工作或者只有非全职性工作，如果有人说他/她的实际收入正在下降，那就等于说，这个人正在享有越来越少的资源，其中包括来自其他人的劳动和服务（比如医生或铁路工人的服务）。

这正是我们目前在世界各地所看到的事实。甚至在世界最富裕国家和最成功经济之一的德国，一般工人的实际收入数年来一直呈下降趋势。2006年，也就是本次危机在美国爆发的前一年，德国官方统计数据证实，德国实际标准工资已然呈现为不断下降（2006 年 7 月 29 日《法兰克福汇报》）。不仅如此，数量巨大而且不断增加的工人只能找到临时性和非全职性的工作。而在美国，不同学者也都谈到存在着工人主体的实际工资在经济增长时期却不断下降的情况。① 中产阶级普遍感到，与全国性经济增长相伴随的却是个人身份的不断下跌。一位工会领导人将工人的物质生活状况描绘为“底线竞争”——工作越来越多，而收入不断减少，医疗保健越来越差。而更加令他愤怒的却是，大量好职位被削减，那些高素质的技术人员不得不接受低层级的工作，比如在 Burger King 快餐店或沃尔玛（参见 CNN 报道，2006 年 9 月 3 日）。

因此毫不奇怪，美国的住房市场繁荣在 2007 年戛然而止，而住房拥有者无力偿还借贷。它开始于次级抵押借贷者，但很快就扩展到普通的工人阶级，随后中产阶级也开始失去其拥有的房屋。

工会主义者和各种左翼人士也许把工人的不幸遭遇归咎于残酷的资本主义剥削、工人阶级的软弱、丧失良心的投机者、贪婪的银行家、导致大量生产场所向劳动力成本低廉国家转移的全球化，等等。所有上述解释初看起来都有一定道理。但深入分析后我们必须承认，之所以总体上越来越少的资源能够用来分配，是因为从自然中开采它们变得日渐困难（试想在西格陵兰岛海岸的石油开采）。相应地，即使在拥有一个强大工人阶级的资本主义世界，最多也就能争取一个较为公平的财富分配，而很难实现面向所有人的繁荣。因而，我们已有必要在全新的语境下思考：一种范式的转移——从以前的增长范式转向笔者称为的增长极限范式（limits-to-growth paradigm）。

① cf. Paul Krugman, “The big disconnect”, *International herald Tribune*, 2 September 2006; Edward Luce and Krishna Guha, “Summers and Rubin to highlight lagging wages”, *Financial Times*, 25 July 2006.

我们也可以这样来解释：工人在一般意义上通过使用资源（包括能源）、工具和机器来生产商品与服务，而它们的生产也都需要资源。如果由于日益缺乏可支付的可获得资源越来越多的工人失去工作或只做非全职性工作，那么，他们将不再能生产或只生产较少的商品和服务。如今，既然大多数商品与服务最终是通过商品与服务来支付（或交换）的，那么不可避免的是，这些工人将只能从他人那里获得较少的商品与服务。

当然，由于不断提高的自动化和机械化，如今只需要较少数量（或全职）的工人来生产以前同样数量的商品与服务，因而可能的是，雇用更多非全职性的工人依然可以生产同样数量的产品，而将那意味着付薪工作数量在可以（愿意）工作人群中的更公正分配。但是，资本主义的生产体制妨碍着这一观念的真正实现。

2. 持续繁荣的假象：错误的 GDP 指标

在前文提及的文章中，保罗·克鲁格曼（Paul Krugman）谈到了“工资停滞”与“令人满意的经济增长”之间的“脱节”。“脱节”这一术语似乎意味着，这种现象是令人费解的，或者工会组织由于过于软弱而无力利用国家经济增长的有利条件。但在笔者看来，这是由于我们已经触及到了增长的极限。这当然不容易理解，接下来让笔者做些详细阐释。

就像真实工资可能随着名义工资的提高而下降一样，真实国民收入可能随着 GDP 的增长而下降。真实 GDP 一般被当做一个国家繁荣程度的测量手段。但严格地说，它既不能测量一个国家的真实收入，也不能表明一个国家的繁荣水平。它所测量的只不过是一个国家在一年内生产的各种商品与服务的真实价值（即校正由于通货膨胀导致的扭曲之后的价值）。当然，生产出却未经过市场交换的商品与服务价值比如家庭妇女为其家庭提供的服务，并没有计算到 GDP 总量之内，因为它们没有一种确定的价格。但是，如果人们愿意的话，这些商品与服务是可以包括其中的。统计学家们可以赋予其合理的价值并追加到正式的 GDP 数字之中。相应地，同样的 GDP 总量可以体现为更高的统计数字。一切不过如此，但这并不是在此讨论的主题。

3. 防护性和补偿性的支出

当人们考虑一个国家的真实收入、繁荣、财富、安康生活或福利，而不仅仅是名义的 GDP 时，必须审视所生产的商品与服务的性质。实际上，它们中的相当一部分并不增加一个国家的收入或财富，因而不同于个体工商户或公司的商品与服务。例如，一个军人在和平时期的工作，大量武器生产者

的工作，诊治病人的医生们的工作，洪水救助者的工作，GDP总量中的这些方面对于一个国家来说实际上是支出（相对于参与其中的士兵、医生和救助者的服务创造），而不是收入或额外的财富。它们事实上是成本性支出。那些较为客观的经济学家将其称为“防护性支出”。

当一个被洪水毁坏的房屋重建时，其实并没有增加一个国家的财富。此间所发生的只不过是对损失的补偿，而其中涉及的能源、材料和劳动实际上是支出。这一道理也适用于所有的修复性工作。它们被称为“补偿性支出”。但是，所有的防护性和补偿性支出都被计算到了GDP总量之中。用于修复英国石油公司导致的墨西哥湾污染的高达320亿美元的费用，也将被统计入美国和英国2010年的GDP之中。因此，GDP已经失去了其作为繁荣测量指标的某些价值。

值得指出的是，由生态恶化引起的损害更能体现这一点，因为它们往往呈现为同时被视为繁荣创造过程或工业生产的另一个侧面。在中国，据国家统计局官员估算，生态破坏的成本在2004年占到当年GDP总量的3%。要消除（修复）这些环境损害，估计需要高达1060亿欧元的支出，而这相当于当年GDP的7%（2006年9月8日《金融时报》）。尽管这也许并非意指2004年一年之内所产生的环境破坏的修复费用，但笔者想强调的是，看似令人羡慕的经济增长数字并不总是真实收入的真正增长。

中国2010年由于极端气象事件导致的巨大损失——比如持续干旱、引发洪水和泥石流的强降雨等，很可能是全球变暖的结果。具体的损失数字我们现在还不得而知，但可以肯定的是，这些方面的修复性支出将会大大降低其真实的国民收入。

但是，来自单一性事件或特定年份的支出对于我们的讨论并不特别重要，更为重要的是它们所展现出的趋势。1971年，最先研究这一现象的学者威廉·卡普（William Kapp）提出应该扩展“成本”这一概念，以便包含工业生产所导致的对社会环境损害的成本性支出：由于恶劣工作条件引发的职业病、死亡、健康损害和身心伤害等，它们像生态破坏一样是难以避免的。卡普的结论是，“尽管在准确评估社会成本方面存在的困难，可以较为肯定的是，环境危险和社会成本呈现出与生产和消费增长相伴随的上升趋势，同时在绝对与相对的意义上。”①

① William Kapp, *Soziale Kosten der Marktwirtschaft* (Frankfurt/Main: Fischer Taschenbuch, 1979).

克鲁格曼 2006 年指出，在美国，工资停滞与不断下降的实际工资和令人称道的 GDP 增长并存在 20 世纪 70 年代就开始了。而那也正是卡普得出上述结论的时间。社会成本的增加总是要有某些社会成员来承担的。由于在资本主义社会中富人是强权的而工人是贫穷和弱小的，不可避免的是，工人和穷人必须承担更大部分的社会代价。克鲁格曼进一步指出，雇主向工人提供的补贴自 20 世纪 80 年代开始不断减少。因而，社会代价不断增加与停滞或不断下降的工资之间的相关性是明显的。

在笔者比较熟悉的德国，同样的现象也明显存在。举一个例子，保健支出持续增长（这部分来自于精神与心理疾病相关支出的增加）。一方面，雇主拒绝增加对法定医疗保险体系的缴纳额，医药公司拒绝降低药品的价格，医生定期要求提高其工资待遇；另一方面，工人的法定缴纳额正在不断提高。这可以部分解释工人和穷人不断下降的实际收入。

最后值得提及的是英国政府的一个声明。其中，它提出了一种关于绿色未来的观点，并可以视为防护性支出的实例。它声称，英国在未来 40 年中必须减少其温室气体排放的 80%，因而必须使用更多的核能、太阳能和风能。但相应地，公民必须为其照明人均每年多支付 300 镑（2010 年 7 月 28 日《每日电讯报》）。

四　过时的传统经济危机理论

如果认识到笔者的上述阐述对当前经济危机及其走出困境的艰难提出了一个更为深刻的解释，那么，读者也一定会同意，以前被普遍认为相当深刻的其他经济危机理论，即马克思、凯恩斯和熊彼特的理论已经不再有效，无论它们过去曾经拥有何等的解释力。这些理论确曾是深刻的，尽管在某些方面是错误的。但是，它们都是在笔者称之为增长范式的框架下构建的。只要这种范式被视为不言自明的公理，那些理论就是有价值的。但如今，增长范式已经变成一个遭到广泛质疑的信念，就像托勒密的地球中心论在哥白尼令人信服地阐明了其太阳中心学说之后变得过时一样。

这些深刻理论中最早的流派，即马克思主义及其追随者的理论，被一代又一代的社会主义者、共产主义者和工会活动家所广泛宣传。但是，甚至人们在谈到增长的极限之前，就已经对马克思主义危机理论的有效性提出质疑。这其中不仅包括主流理论家，也包括少数马克思主义者，比如保罗·施

韦兹（Paul Sweezy）。[①]

马克思主义的危机理论由两个重要判断组成：其一，平均利润率的下降趋势是造成经济危机经常爆发的主要原因；其二，这是由资本有机构成的不断上升趋势造成的。马克思主义者认为，所有新价值都是由劳动（可变资本）创造的，机器和原材料（固定资本）不能创造任何新的价值。在这篇短文中，笔者不可能深入探讨涉及这个问题的复杂争论。但我想强调的是，这种观念导致了对廉价的自然资源尤其是能源的可获得性对于财富创造重要性的错误认识。

马克思和恩格斯都观察到了工业生产对生态的破坏性。但是，在著名的《资本论》第一卷中，马克思将此归因于“资本主义的生产”，并认为它损害着“一切财富的来源即土地和劳动者”。[②] 人们由此可以得出的结论是，一旦资本主义制度终结，这个问题将会得到解决。对科技发展巨大潜力的信心让人们普遍认为，所有的物质性难题迟早会得到解决。这也是马克思和恩格斯没有过分担心生态问题的原因。恩格斯虽也谈到过自然界的“复仇”，但他却写到：“由于自然科学在本世纪带来的巨大进步，我们已可以比以往更好地认识、进而控制日常生产活动的更为遥远的自然后果。”[③]

就资源问题而言，在马克思生活的年代，甚至直到数十年前，重要自然资源的短缺并不是一个被严肃关注的话题。人们甚至不会想到资源匮乏的可能性。所以，马克思及其追随者根本没有理由去质疑增长范式的合理性。

然而，我们如今见证了发生在墨西哥湾和黄海临近大连海域的大规模石油泄漏事件，在美国、俄罗斯、中国、巴基斯坦等国发生的全球变暖所导致的旱灾、森林火灾和洪水灾害，有人甚至还经历了切尔诺贝利核电站的灾难性爆炸和博帕尔农药厂的毒气泄漏事故。此时，当我们阅读前文引述的恩格斯论述时，我们只能难以置信地摇头。但是，马克思和恩格斯生活在19世纪。我们不能责怪他们不知道我们今天所知道的东西。可是，我们却无法原谅那些依然无视增长极限和科技力量局限性的当代马克思主义者、共产主义者和社会主义者。

---

① Paul M. Sweezy, *The Theory of Capitalist Development-Principles of Marxian Political Economy* (New York: Oxford University Press, 1942).

② Karl Marx, *Capital*, Vol. 1, (Moscow: Foreign Language Publishing House, 1954), p. 506.

③ Karl Marx & Frederick Engels, *Selected Works*, Vol. 3, (Moscow: Progress Publishers, 1976), p. 74.

马克思、恩格斯及其追随者的另外一个失败之处在于，他们拒绝接受马尔萨斯在人口问题上提出的观点的真理性。马克思认为：马尔萨斯的《人口学原理》是“对人类的诽谤”。恩格斯则写到：“经济规律…… [仅仅] 是从产生走向消亡的历史规律。”恩格斯和列宁还断言，科学和技术永无止境的发展将会抵消部分支撑马尔萨斯理论的收益递减规律。[①] 人口增长，以及人均资源可获得性（最重要的是粮食和水资源的可获得性）的减少或停滞，导致了人类如今在各方面所面临的危机，这一点在今天已经变得显而易见。如果世界各国人民必须在粮食和水资源上花费更多的收入（2010 年 8 月发生的就是这种情况），那么，对其他相对不重要产品的需求将会难以增加，这也就难怪如今的经济危机不见尽头。

马克思资本主义危机理论的另一个要点是消费不足理论，或者可以说生产过剩理论。凯恩斯的危机理论与之类似。他也认为，经济衰退、萧条特别是长期停滞的关键原因在于总需求不足。依据凯恩斯的理论，工业社会中的富裕人群越多，人们在消费上的支出占收入的比例就会越低，结果就会挫伤企业家投资的积极性。凯恩斯提出的所谓“节俭悖论”，就是要鼓励发达工业化社会的国家和民众尽量多消费少储蓄。人们可以借钱消费，日后用预期增长的未来收入来偿还这些债务。不幸的是，今天的凯恩斯主义者仍然坚守着这一政策建议。可是，在资源变得越来越匮乏而且昂贵的情况下，未来如何产生更多的收入呢？

如今，凯恩斯以及马克思的消费不足（生产过剩）理论必须基于如下两方面的理由而被拒绝。首先，两种理论对当前危机的解释无法令人信服。长期以来，富裕工业国的民众根本不是消费太少和储蓄过高。当今危机爆发之前，美国的储蓄率已降至 1% 以下，甚至工人和穷人都长期依靠借款享受高消费生活。众所周知，这些人甚至依靠借贷购买负担不起的豪宅。其他的富裕工业国也都面临着相同的境况，虽然它们的储蓄率都高于美国。房屋生产过剩并不是美国房地产市场危机（2006/2007）的元凶，急切的买主购买了所有建成的房屋。

其次，标准的凯恩斯主义者和马克思主义者时至今日都没意识到，富裕国家民众的高标准消费才是导致全球变暖和其他生态恶化及破坏的元凶。对于人类而言幸运的是，能源短缺及由此导致的世界经济长期停滞稍稍缓和了

① See Ronald L. Meek (ed.), *Marx and Engels on the Population Bomb* (Berkeley: 1971).

生态危机。这正是我们目前所经历着的。20 世纪 90 年代初，工业化生产在前苏联和东欧诸国几近破产，这些国家的温室气体及其他污染物排放水平也随之降低。无疑，工业化生产和地球环境健康之间存在着难以克服的矛盾。

熊彼特把经济危机和经济萧条视为经济发展过程的内在组成部分。与凯恩斯不同，他不建议采用任何政策预防经济危机。相反，他甚至认为，经济危机和经济萧条具有积极功能，即“创造性破坏”，没有经济危机及萧条，经济发展及繁荣将无法实现。因此，今日的熊彼特主义者视当前危机为一次巨大的机遇。他们希望，正如熊彼特界定的那样，所谓的“破坏”可以开启新一波创造，一波由有远见卓识和热情活力的企业家所开拓的改革创新。他们希望，这是新一轮“长波”的起点，此长波的第一阶段便是高增长率及持续增加的繁荣。

他们重点讨论了化石燃料作为工业化经济主要能源基础的双重性难题：即资源枯竭（石油达到峰值价格上涨）和二氧化碳排放成为全球变暖的主因。他们相信，在不久的将来，由于不断的研发努力及活跃企业家的自主创议，太阳能、风能、生物能和地热等可再生能源正在迅速取代传统能源。已有足够的例子说明，绿色工业革命即将到来。

这方面的最新例子是，大约一年前，美国三大汽车公司，尤其是通用汽车公司，濒临破产的危险。熊彼特主义者秉持“创造性破坏”的信条，建议政府放任三大公司破产。对此，德国时事评论员托马斯·斯坦费尔德（Thomas Steinfeld）评论说：“熊彼特曾让我们认识到，危机对于资本主义就如同轮子内在于汽车……过去，成百上千的大公司破产倒闭，并对其员工造成了极坏的后果。随后，新公司不断地取代了它们的位置。但问题是，为何某些公司如今却得到了生存担保？为何单单是这些公司？又为何偏偏是现在？”在该文章最后，论及对汽车工业前途的最大担忧，即石油供应和油价问题，斯坦费尔德写到，“如今，整个经济领域必须彻底改造。政治家不应对此过程横加阻碍……资本主义不需要任何特殊资源。它需要的只是资源。它甚至也许不需要石油，但必须准备好利用石油行业的盈利转移到替代性能源领域，只要后者的赢利可观。资本主义对物质材料类型上的漠不关心，使企业家的未来发展存在着巨大空间”。①

对此，笔者将在后文中做进一步的阐述。

---

① Thomas Steinfeld, “Aid for the automobile industry?” *Süddeutsche Zeitung*, 18 November 2008.

五　当今凯恩斯主义的两难困境

主要工业国政府对目前危机的应对都带有典型的凯恩斯主义色彩。央行向金融领域投入大量资金，以便向银行和其他金融公司提供急需的资产流动性。这一情况在1987年股市大崩盘之后曾出现过。这次，政府也直接参与其中。政府投入数千亿美元供濒临破产的公司自由支配，并从政府支出中大量拨款（美国为7900亿美元）刺激经济，希望依此避免灾难性衰退。在某些情况下，政府还暂时性接管了一些濒临破产的大公司，比如美国的房利美/房地美、国际集团和通用汽车，英国的苏格兰皇家银行和德国的Hypo Real Estate等。

这种做法几十年前就已存在，只不过规模较小。然而，政府的这次行动有两个新的特点：一是资金数额巨大，导致了人们对无法接受的高通货膨胀的恐惧，因为这次投入巨款的大部分是央行新造（行话叫印钱）。二是发生在国债数额已达顶峰的状况下。比如，2010年5月，国债总数占GDP的比率，德国为76.7%，美国为92.6%，英国为78.2%，希腊为124.1%，日本为227.3%（2010年5月19日《南德意志报》）。

即使国家不像公司那样容易遭受重创，破产也是可能的，尤其是在大额债务由外国持有、经济结构又不被看好的情况下。历史上这类事件层出不穷，甚至最近也时有发生。2001年的阿根廷事件就是一个国家严重管理不善的案例。欧盟和欧元区都拥有严格的条例规章，但其成员国希腊于2010年5月达到了破产的边缘，至今仍未完全摆脱困境。希腊99%的巨额国债由外国持有，基本经济面很差，其中预算赤字高达8.9%，由此导致该国在世界金融市场的信用等级跌至谷底。同为欧盟和欧元区成员国的葡萄牙、西班牙和爱尔兰的信用等级也已被降低。这些国家在出售新政府债券和偿还到期旧债券方面都遇到了困难。因此，它们只能制定更高的利率。

这意味着，这些国家已不再能主动地采取措施来摆脱衰退。它们只能削减支出以防止破产。但是，如果这些国家在衰退期间削减支出，衰退就会变得更加深重。比如，西班牙遭受经济深度衰退，失业率高达20%，政府因此被迫削减公共支出，因为7.3%的财政预算赤字过高。但是，这一举措并没能在世界金融市场上助它一臂之力。信用评级机构再一次降低了该国的信用等级；而这次的理由是，大规模削减公共开支会使复苏的希望变得渺茫。

这种两难困境引发了美国和欧盟决策者之间的争执。美国决策者希望采用凯恩斯主义政策，增加公共支出直至令人信服的复苏出现，而以德国为首的欧盟决策者则担心，成员国不断增加的国债将会造成其他的不利后果，尤其是害怕投资者丧失信心。现在，欧洲诸国已决定采取降低预算赤字的政策。凯恩斯主义经济学家发起了一场反对欧盟保守的紧缩政策的运动。保罗·克鲁格曼最近写到："我担心，我们已经处在第三次萧条的初始阶段。比起后果更加严重的大萧条（20世纪30年代），这次更像持续最长的那次萧条（1873～1896）。但是，对整个世界经济，尤其是对因失业而面临绝境的数以亿计的人民而言，它的代价将是巨大的。"而戴维·莱奥哈特（David Leonhardt）则写到："富国正引导着一次危险的试验。它们正在重复着20世纪30年代的政策——在实现复苏之前削减开支并增加税收……"[①] 在他们看来，如果多国同时在预算赤字上寻求空间，这些国家只能将自己陷入更深的危机之中。

强加在希腊人民身上的严厉紧缩措施，已经引发了大规模的抗议游行、暴动和罢工，使该国的经济雪上加霜。西班牙也发生了同样的游行和罢工。当然，这些国家的绝大多数民众似乎明白，政府别无选择，唯有勒紧腰带。人民只是要求将必要的牺牲公平分配，富人也应分担紧缩政策带来的负担。

当然，美国决策者希望最艰难的时期尽快结束，强有力的复苏及繁荣接踵而至。然而，美国人的这种希望缺乏依据。2009年中期，美国经济的确开始再度增长。但是，2010年第一季度经济增长率达到3.7%（按年度计算）后，第二季度的增长率仅为2.4%，而且无新增就业人员（2010年8月2日《南德意志报》）。居高不下的失业率（本文撰写时为9.5%），令有关各方大失所望。

很明显，人们如今不能无限期地花还未赚到的钱来维持生计。个人借贷是有限的。与此类似，国家也不能长期依靠借款/印钞来刺激经济。到某种界点后，应偿还的旧债券将无法兑现延续，因为可能的借贷方不再追加新贷款给那些经济停滞不前甚至遭受衰退的国家。如果经济增长速度温和而且不确定，比如2010年7月大部分国家（中国、印度、巴西等国除外）所面临

① Paul Krugman, "The third depression", *The New York Times* (reprinted in *Süddeutsche Zeitung*, 12 July 2010); David Leonhardt, "Nations cut back, and shadow of the 1930s looms", *The New York Times* (reprinted in *Süddeutsche Zeitung*, 12 July 2010).

的那样，国家出于担心扼制增长的考虑无法增税，又不能指望温和而不确定的增长会带来足够的税收，结果使得新增借款并不必要。此外，正如以上引用美国数据表明的，温和增长不足以创造新的就业机会。

早期的凯恩斯主义者甚至希望，他们的建议所引发的增长将会产生大量税收，从而可以清还、至少减少过去累积起来的债务。但是，他们的策略只有在“真实的”增长潜能先前没有充分发挥的情况下才能奏效。他们（现在的凯恩斯主义者）仍旧完全没意识到增长的极限，及大部分 GDP 增长所扮演的防护性和补偿性的角色。这种情况在他们的年代并未大量出现。但在今天，我们不仅能清楚看到增长的极限，也能切身感受到财政拮据。当然，确有一些繁荣国家和新兴繁荣国家可在几年间实现平衡预算甚至财政盈余。然而，还没有任何例子表明，累积的债务可以全部清还。

当然，美国和希腊的情况不同。到目前为止，美国是世界上最大的经济体，美元是世界的首要货币，这可以吸引人们投资、购买美国国家债券。而且，希腊没有自己的货币，不能通过货币贬值或印钞的方式解决自身问题。相比之下，美国这两点都能做到。但笔者坚信，美国终将面临希腊今天所面对的问题。

六　理论分析

正如前文所分析的，笔者认为，正是增长的极限导致了世界经济无法走出的当前危机。既然客观的增长极限无法克服，最可能出现的状况就是富裕的工业国将遭受长时期的经济停滞（没有活力的增长或不增长），这与 20 世纪 90 年代日本的境况相似。笔者所说的并不是什么新观点。甚至很多当今主流经济学家也如是说。许多经济学家甚至看到了近期将会出现通货紧缩的危险（2010 年 8 月 7 日《国际先驱论坛报》）。对经济而言，通货紧缩比通货膨胀更加严重。日本已经出现了这种情况，而决策者无计可施（2010 年 7 月 3 日《南德意志报》；2010 年 8 月 24 日《国际先驱论坛报》）。最近，经济学家中持“末日论”的数量持续上升，并正受到广泛关注。不同之处在于，这些专家多数认为经济停滞将持续大约十年，笔者则认为连续萎缩将直至一种稳定状态到来之时。这是增长极限的逻辑。那些不依此逻辑解释当前危机的人，认为巧妙政策组合可以最终克服危机的人，自然企盼着一个新的长期增长与繁荣。

他们中的很多人（乐观主义者）希望，不久的将来会开始一场新型的“绿色”工业革命，从而带来强劲的经济增长，而且，这种增长在生态与能源方面都是可持续的。如果这种希望变成现实，不仅当前的危机可以结束，资本主义也会为其永恒增长找到强有力的基础。那时，能源供应和其他资源可获得性将不成问题。毕竟，太阳还会继续闪耀数十亿年，其免费提供的能源相当于当今世界能源消费的15000倍，据称，其中相当一部分已投入经济用途。随着大量可再生能源的投入使用，近100%回收所有材料将成为现实。

笔者在自己的两部著作中（1999/2010）已阐明了不同的观点，在此就不再赘述。但这里可以提及以下三个方面的事实，表明很多人同样对此不抱希望。第一，没有国家认真去实现所有废弃物的回收，除非在劳动力极为低廉的极贫穷国家，或需要回收的是金银等贵重金属。相反，中国总体说来并不富裕，近年来却努力在非洲和澳大利亚建立自己稳定的原材料供应基地。借用德国1975年出版的一本书的标题，“这个星球正遭受无情掠夺”。第二，尽管关于可再生能源的讨论此起彼伏，世界大量资金还是投向传统发电站的建设，其中包括危险性较高的核电站。对石油和天然气的勘探范围已扩大到包括南极在内的深海。第三，石油巨亨英国石油公司有段时间更名为“超越石油”，意在表明其向可再生能源的过渡，但如今，该公司决定在利比亚海岸附近深水钻井，而不是在利比亚沙漠建立太阳能发电站。而且，这就发生在墨西哥湾漏油灾难不久之后。

这就是今天的现实。奥巴马2009年宣称，美国将走出危机并变得更加强大。现在看来，这种可能性微乎其微。前文中笔者提及了美国的就业危机。2010年第二季度，美国的经济增长率已跌落至低于2.5%，而据美国经济学家所说，那是能保持失业率稳定的最低水平（2010年8月5日《南德意志报》）。那么，经济究竟以多快速度增长才能将失业率减少一半呢？更糟糕的是，就业危机已有转为社会危机的危险。6600万美国人已经超过27周没有找到工作，并因而被定义为长期失业者。其中100万人已失业超过99周，此后，政府将停止向他们提供任何帮助。这些人现已赤贫，很多将露宿街头（2010年8月5日和7日《南德意志报》）。美国的金融业也没有能够完全走出此次危机。2010年前7个月，又有103家银行（尽管是小型银行）宣告破产。这使得大型银行的规模变得更大。这表明美国政府未能实现其既定目标：不允许银行规模过大而免除破产风险。总体而言，第二次金融危机和双谷衰退的阴影正萦绕在美国和欧洲。

德国，这个自诩的福利国家也在衰败。前文中笔者已提及人们要独自承担更高的健康保险费用。至于失业者、穷人和只享有较低养老金的人们，许多福利待遇已经或正在提议被削减。比如政治家提议，由福利机构支付住房费用的失业人员只能享受比法定居住面积48平方米更小的住房。这很容易用宏观经济学理论来解释。当前，商业预期毛利率为25%。如果实际GDP以2%的速度增长，而真实的国民收入（扣除持续上升的防护和补偿性成本）不增长或低增长，那么，这种强烈的商业意愿就只能靠剥削穷人和弱者实现了。

西欧其他国家的福利制度境况同样差，如果不是更糟糕的话。评论家斯蒂文·厄兰格（Steven Erlanger）指出："欧洲人享受大量假期、提前退休、全民保健制度和广泛福利，并对欧洲的社会模式引以为傲。这与相对粗野的美国资本主义大不相同。"但如今，对于西欧来说，"生活风格的示范性、终生保障的假定和收益都突然间遭到了质疑。同时，财政赤字危机也弱化了二战后由左翼政府建立的欧洲社会福利标准的可持续性"。①

这并非只是暂时性现象。谈到未来，厄兰格总结说："欧洲赤字危机对福利国来说意味着厄运。"笔者同意这种看法。以西班牙为例，记者塞巴斯蒂安·朔普（Sebastian Schoepp）写到："这次危机毁掉了西班牙人养儿育女的愿望。与去年相比，2009年的出生率下降了五个百分点。十分之三的西班牙人对未来失去希望。"②

对德国人来说还有个利好消息。2009年，德国在出口及许多方面趋向好转，至少从短期看是如此。媒体报道及评论这次复苏有两个重要原因：第一，德国以出口为目标的复苏是以牺牲其欧盟伙伴的利益为代价的。法国经贸部长就指责德国以牺牲其邻国利益来增长经济的行为。随后的数据证实了她的批评。2010年第二季度，德国GDP增长率为2.2%，但与德国的强劲复苏相比，整个欧元区在此期间的增长率仅为1%，法国只有0.6%（2010年8月14日《南德意报》）。第二，德国经济领导层对世界范围的原材料短缺忧虑重重（2010年8月10日《南德意报》）。需要强调的是，尽管德国经

---

① Steven Erlanger, "Pushed out of the comfort zone", *The New York Times* (reprinted in *Süddeutsche Zeitung*, 31 May 2010).

② Sebastian Schoepp, "Spaniens heißester Sommer", *Süddeutsche Zeitung*, 1 July 2010.

理层对商业尤其是国外商业前景看好，而且股票市场指数不断攀升，个人破产的数量也在增加。据统计，超过600万的德国人严重负债（2010年6月23日《南德意志报》）。

迄今为止，笔者的分析主要集中在富裕的工业国。在一些新兴工业国比如中国、印度和巴西等，情况似乎正好相反。这些国家的经济增长率很高。但需要指出的是，这些国家中高经济增长率的实现，主要源于劳动密集型产业从富裕工业国向这些低工资水平国家的转移。中国在很大程度上是世界的“工厂”，印度则是世界的后院。这些国家的部分繁荣是一种零和博弈的结果。此外，中国经济能在美国和欧洲经济停滞的情况下快速发展，尤其是其庞大的出口市场，是受到国家在危机顶峰时实施4500亿欧元一揽子刺激计划所导致的房地产泡沫的促动。如今，泡沫存在着破裂的风险。很少有人考虑经济增长背后的巨大社会与生态代价，尽管它们显而易见。只有巴西最近的繁荣与此现象关联不大。巴西地域辽阔、人口（相对）稀少、可耕面积广大、自然资源极其丰富。也许只有巴西是个例外。

在印度，一些遭受忽视和剥削的当地人民——他们居住在这个国家被媒体称为“红色回廊”的欠发达地区，被称作“毛泽东主义者”。他们面临被驱逐出家园的威胁，因而拿起武器反抗政府。在该国的较和平地区，最近十年内，大约200000破产小农自杀。孟加拉国拥有最便宜的纺织劳动力并为富裕的欧洲和美国生产服装，如今工人们也为能够稍微提高其生活境况而诉诸暴力罢工。

结　论

现在让我们回到最初提出的问题：这只是资本主义制度下的另一场危机呢，还是资本主义本身的危机。2008年10月在旧金山，一些左翼和自由主义知识分子举行国际会议来讨论这一问题：资本主义会即将结束吗？2008年第四季度及随后的几个月，国际金融危机日趋严重。依此，有人认为资本主义将会土崩瓦解，也有人认为资本主义不可能从这次危机中复苏。笔者并不认同这一观点。在笔者看来，金融系统只是资本主义体制借以生存的较重要运行机制之一，而并非其根本性“基础”。存在缺陷的机制可以修复调整，而腐朽的基础则无法挽回。而只要基础依然保持强健，制度便能存活下去。当今资本主义的“根基”是其物质资源基础，而在笔者看来，它正在不可避免地迅速走向衰败。

前文提到的阶级矛盾的表现——包括在希腊和西班牙的部分地区——让传统的马克思主义者和共产主义者欢欣鼓舞。但他们并不理解，这次危机不是简单的资本主义危机，而是整个工业主义的危机，是在任何社会政治框架之下都会发生的危机。令人欣慰的是，他们其中的一些人已经认识到，不可能再回到善良的共产主义和社会主义传统观念，再也不能否认生态危机和资源可获得性的极限问题。他们中的一部分人不再相信科技进步将可以使人类通过“绿色”技术的发展实现更加繁荣，因而认为有必要对传统的理论及政治实践活动作出必要的调整。他们现在自称为生态社会主义者，或生态马克思主义者。笔者十分欢迎这种进展。

详尽阐述当今生态社会主义者和生态马克思主义者（与笔者不同的）的观点超出了本文讨论的范围。而且，他们内部也存在着生态激进程度的差异。但有必要强调的是，笔者认为，“生态马克思主义”这一术语对于“生态社会主义”的内容来说并不合适。“社会主义”这一说法非常宽泛并且存在着巨大的调适空间。相比之下，“生态马克思主义”在逻辑上必须与19世纪的马克思主义思想紧密相连。而这会妨碍我们今天的理论及实践努力，毕竟马克思的著作已不再被奉为圣经。

笔者注意到，杰出的马克思学家比如约翰·福斯特（John Foster）竭力证明，“可以采用一种不同的方式来‘诠释’马克思主义，那就是将生态学作为其思想的核心”。最后，福斯特甚至“得出结论，马克思的世界观是深刻而系统地合生态的（在该术语当代内涵的所有积极意义上）”。①

虽然福斯特的研究与解释花费了大量精力，但马克思本人有着大量的明确文字表明其对人类解放的理解是“普罗米修斯主义的”或“生产主义的”。比如，“社会劳动力的生产力发展是资本的历史使命和正当性辩护。正因为如此，它无意之中为更高级的生产形式创造了物质前提。”②

明显涉指马克思的上述观点，泰德·本顿（Ted Benton）概括说，马克思将资本主义视为“为人类未来的解放准备条件”，表明其同样具有对“已经存在于19世纪工业主义自发性意识形态之中的对自然极限的无知”。他对马克思的观点做了如下解释：“现代工业生产……是未来共产主义社会的

① John Bellamy Foster, *Marx's Ecology: Materialism and Nature* (New York: Monthly Review Press, 2000), vi.

② Karl Marx, *Capital*, Vol. 3, translated by David Fernbach (Harmondsworth: Penguin, 1981), p. 368.

前提。资本主义的‘历史使命’正是超越人类与自然相互作用早期形式的局限性与有限性……在其他地方，马克思承认，为了生活必需品满足而与自然发生的某些‘斗争’是不可避免的，人类解放的程度取决于将最低限度的时间花费在这方面的斗争。无论何种方式，人类解放的可能性都必须以联合起来的人们超越自然限制的转换与生产潜能为前提，并逐渐扩大人类目的性活动的范围。”① 保罗·伯基特（Paul Burkett）希望通过驳斥这类批评来捍卫马克思，他认为，“马克思对资本主义历史进步性的信念，并非基于他对物质财富先于自然的人类中心主义偏爱。”②

我们没有必要因为马克思在19世纪未能说出我们今天应该说的东西而对其大加诟病。我们的责任是将社会主义与现代科学所揭示的生态学洞见做出令人信服的综合。

笔者的基本观点是，在资本主义以及苏联模式的社会主义制度下，生产力发展速度过快，导致它对于无论自然还是人类来说都成为灾难性的。因此，一般而言，不仅这种发展必须被停止，而且世界经济也必须退缩到生态与资源真正可持续的水平。换言之，世界经济生产必须实现收缩。但是，这种退缩与资本主义及其增长欲望不相容。这就是为什么退缩需要通过拥有社会化生产资料的计划经济来组织。此外，这一定会使人们的物质生活标准受到损失。任何社会的大多数下层阶级民众都会抵制这项政策，而正是这些人群构成了世界人口的大部分。在平等主义的社会（社会主义社会的本质特征），必要的牺牲可以得到更为平等的分配。因此，这种变革较容易得到大多数人民的接受。这也就是为什么我们必须践行一种生态社会主义，无论是否信仰马克思的思想。

如上所述，大多数反对政府近期紧缩政策的游行者已认识到他们必须降低生活标准，但他们要求的是必要的牺牲应当公平分配，富人也必须牺牲一部分收入和利益来分担负担。因此，当今世界经济危机为践行一种生态社会主义铺平了道路。我们的责任就是充分利用当前的形势。

责任编辑：郇庆治

---

① See Paul Burkett, *Marx and Nature-A Red and Green Perspective* (Houndmills and London: Macmillan, 1999), p. 148.

② Paul Burkett, *Marx and Nature-A Red and Green Perspective* (Houndmills and London: Macmillan, 1999), p. 149.

国外毛泽东研究摘录

北大马克思主义研究（第1辑）

【编者按】莫里斯·迈斯纳和卡尔·瑞贝卡是美国关于毛泽东研究著名的“左派”代表人物，前者是所谓的“老左派”，后者则是“新左派”。2007 年莫里斯·迈斯纳出版了一本有关毛泽东的专著：《政治家和知识分子视野下的毛泽东》（Mao Zedong：A Political and Intellectual Portrait）；2010 年，卡尔·瑞贝卡出版了《毛泽东与二十世纪中国》（Mao Zedong and China in the Twentieth-Century World）。这两本书是美国学界关于毛泽东研究的最新专著，可以看出美国学界有关毛泽东研究的一些新动向。为此，经作者自己推荐，我们特意组织人员翻译了《政治家和知识分子视野下的毛泽东》第七章和《毛泽东与二十世纪中国》第八章。两文在刊发时，都作了适当的删节，其中删节较小的部分没有注明。

毛泽东的文化革命理论与实践*

莫里斯·迈斯纳［著］　程美东［译］

摘　要：毛泽东很久以来就倾向于根据政治意识和政治行为而不是根据马克思主义定义的社会和经济标准来考虑阶级的划分，这导致了当时人们对于围绕"资产阶级"一词而产生了模糊不清的认识，后来成为"文化大革命"中动荡不安、暴力横行的主要根源。培养革命青年，不断公开突出军队政治化的重要性，内容越来越深刻广泛的对于毛泽东的个人崇拜运动的开展，这些做法总体上都是用不同寻常的方式来抨击列宁主义政党和广大老干部的政治运动——"文化大革命"的预示。五四时期中国的第一次文化革命给予了毛泽东一些启示，其中就包括这些对于青年在新社会中使命的信任，这种信念一直保留在他身在，使他形成了自己独有的马克思主义视域。但毛泽东的文化革命思想与马克思、列宁主义的文化革命思想是有差异的。

关键词：毛泽东　文化大革命　中国共产党　刘少奇　邓小平　官僚主义

作者简介：莫里斯·迈斯纳［Maurice Meisner］（1931～），中文名字叫"马思乐"，出生于美国密歇根州底特律，美国威斯康星大学麦迪逊分校的历史系教授。

直到大饥荒最为严重的1960年10月，毛泽东才完全意识到需要放弃大跃进的政策。他不情愿地决定推迟实现他关于用人民公社作为共产主义社会"生活和工作组织"的愿景。农业生产再次回到1950年代由以村为基础的

---

* 文节选自莫里斯·迈斯纳"Mao Zedong: A Political and Intellectual Portrait"第七章。本标题是编者所拟定。

生产队来组织的状态，家庭自留地恢复了，乡村集市重新开张。公社虽然被保留下来，但是它主要是用来监督管理一些初级的卫生保健项目和那些小型社队工业。

在党的政策从大跃进时期的所作所为回退的同时，毛泽东也从中国政治舞台的中心退了出来。他退到了他自己所谓的党的领导人中的“二线”，让他的继承人，不苟言笑的列宁主义者——刘少奇来负责党的日常事务。他把党的第二最高领导人和国家主席的位置一起交给了刘少奇，让刘来负责把当时已经凋敝的经济形势扭转过来，恢复到正常水平。

在1960年代早期，毛泽东的思想——虽然不是经典意义上的“毛泽东思想”，显示出与其一贯风格不一样的悲观论调，主导他的思想的因素更多的是对过去的恐惧，而不是对于未来的乌托邦式的展望和遐想。在大跃进运动早期，毛泽东在展望未来时，认为一个经济富足的时代马上就要到来了。现在他却低调地推断，中国要想达到西方资本主义国家的经济水平，至少要经过一个世纪的光阴。

当经济上富足的目标的实现已经被推迟到不确定的日期，共产主义社会的实现似乎也显得更加困难了，甚至可以说是更加不确定了。

毛泽东在当时则担心中国会遭受资本主义复辟的苦难，这种忧虑困扰着他。而与苏联之间愈演愈烈的意识形态论战更加重了他的这种对资本主义复辟可能出现的预感。随着1964年春天《关于赫鲁晓夫的假共产主义及其在世界历史上的教训》一文的发表，这种争论达到了顶点。十年前中国人满腔热情致力追赶效仿的苏联现在被描绘成完全负面的落后的没有革命性的典型。毛泽东指责赫鲁晓夫的“修正主义”导致了资本主义的复辟，他警告中国也面临着同样的危险。[①]

毛泽东关于“资本主义复辟”问题的担心，较少从现实中的资本主义经济活动的角度来思考，更多的表现在他对意识形态的发展趋势不如意和对共产党是否继续保持忠诚可靠的革命品质的怀疑在日益增加。他注意到那些在革命战争年代里曾经英勇不屈、具有自我牺牲精神的干部在革命后逐渐带有些微官僚气息。他们不仅在政治上趋于保守，而且生活上也趋向腐化堕落。他用鄙视的口吻谈到：“现在几包纸烟就能收买一个支部书记，嫁给个

① 《人民日报》、《红旗杂志》编辑部：《关于赫鲁晓夫的假共产主义及其在世界历史上的教训》，外文出版社，1964。

女儿就更不必说了”①。

毛泽东的这种担心产生的更大的政治后果是他对党的较高层次的领导人，那些在艰难的革命年代里与之并肩战斗的同志的疑虑越来越严重。当毛在过了一年相对隐居的生活，重新管理党务工作时，就提出了这样的理论——在社会主义社会还存在阶级和阶级斗争，而斗争是否能取得有利于社会主义的结果是不能绝对保证的。毛警告说，“我们这样的国家还会走向反面”，甚至变成法西斯。②

…………

但是，毛泽东心中的“无产阶级”“资产阶级”不是具体的社会阶级，而是指不同的思想认识。与资产阶级的斗争就是与资产阶级思想作斗争，而资产阶级思想的传播者并不必然是实际生活中的资产阶级。

当然，毛泽东很久以来就倾向于根据政治意识和政治行为而不是根据马克思主义定义的社会和经济标准来考虑阶级的划分。毛思想中让人吃惊的新理论是他在1960年代提出的资产阶级思想已经占据中国共产党的统治地位。虽然在革命战争年代中国共产党已经成为一个用无产阶级意识武装起来的列宁主义政党，但由于党员中实际的无产阶级严重缺乏，到1960年代时，党就成了资产阶级思想的主要传播者。毛曾经警告过，在社会主义社会，新资产阶级分子仍然会产生。他令人不安地指出，这些新资产阶级成员以伪装的共产党员的面孔出现和活动。根据这些建议，他做出了一个惊世骇俗的结论：中国社会主义的主要敌人是“党内走资本主义的当权派”。③

如果说“资产阶级”一词的含义已经让人困惑难解，那么毛泽东倾向于将“官僚主义”“资产阶级”交互使用就让人有点糊涂了。比如，1965年，他这样指责道：

“官僚主义者阶级与工人阶级和贫下中农是两个尖锐对立的阶级。这些走资本主义道路的领导人员已经变成或正在变成吸工人血的资产阶

① 毛泽东：《关于哲学问题的谈话》，1964年8月18日。资料来源：参见施拉姆《未经修饰的毛泽东：谈话与书信（1956～1971）》，哈蒙德斯沃茨，企鹅图书，1974，第217页。

② 毛泽东：《在八届十中全会上的讲话》，1962年9月24日。资料来源：参见施拉姆《未经修饰的毛泽东：谈话与书信（1956～1971）》，哈蒙德斯沃茨，企鹅图书，1974，第217页。

③ 毛泽东：《农村社会主义教育运动中目前提出的一些问题》（《二十三条》）。参见理查德·鲍姆（中文名：包瑞嘉）和佛里德里克·泰维斯《四清运动》，柏克莱，加州大学出版社，1974。

级分子，他们对社会主义革命的必要性怎么会认识足呢？这些人是斗争对象，革命对象。”①

围绕“资产阶级”一词而产生的模糊不清的认识后来成为文化大革命中动荡不安、暴力横行的主要根源。②

…………

“文化革命”思想

…………

从五四那个知识界和政治界动荡不安的年代中他在《新青年》杂志上发表第一篇文章和在其他杂志上发表的文章开始，他就一直被五四知识分子所提倡的打破偶像、破坏旧风俗的“文化革命”思想所吸引。这种反对旧风俗的思想所蕴含的若干信念影响了毛半个世纪的世界观。首先，富有五四精神使得毛抛弃了许多中国传统文化遗产中被视为无益于中国在现代化中获得新生且在道德上邪恶、堕落的那些内容。他同时也把西方资产阶级文化也扔进了历史的垃圾堆。其次，与他所信仰的新文化运动的启蒙者一样，他也确信人的觉醒是人类历史发展的一个决定因素。文化和知识的转型不能代替政治活动的作用，却是政治活动发生作用的基本前提。最后，五四知识分子所确立的对青年的崇拜，使毛泽东从中受到启发，有点浪漫似地相信青年人是新社会新文化事业的承担者，因为他认为青年人被过去传统东西所腐蚀的程度相对比较小。毛所号召的那些发动文化革命第一场战斗的青年就是毛自己年轻时代的“新青年”，社会给了他们很多的关注和期望。在毛转变为共产主义者的前夕，五四时期中国的第一次文化革命给予了毛一些启示，其中就包括这些对于青年在新社会中使命的信任，这种信念一直保留在他身上，使他形成了自己独有的马克思主义视域。

在马列主义的传统中也有“文化革命”这个术语，但是很显然毛泽东

① 《毛主席著作选读》，华盛顿特区：联合出版物研究服务（JPRS），no. 49826，第23页。

② 关于文化大革命中的社会阶级与含义的模糊性，可参阅理查德·柯特·克劳斯卓越的研究成果：《中国社会主义中的阶级冲突》，纽约：哥伦比亚大学出版社1981年出版。至于激进的红卫兵是在社会阶级的理解上思想上经受了怎样的迷乱，参见林伟然《一场夭折的中国文化启蒙运动——阶级斗争理论和文化大革命》，威斯康星大学哲学博士论文。

的文化革命思想不是根源于此。列宁在1917年布尔什维克革命之后的几年艰难时光里提倡过“文化革命”，对于列宁来说，文化革命意味着要把现代资产阶级文化里的习俗和工作习惯传播到当时还陷在封建落后状态下生活的人民。文化革命的成功最重要的要取决于现代工业化，因为列宁一再强调：“要成为有文化的人，就要有相当发达的物质生产资料的生产。”[①] 而且，和马克思一样，列宁进一步假设，新社会必须要继承过去一切文化成果，而最根本的，他强调，“要掌握资本主义所遗留下来的所有文化，然后借助它们来建设社会主义”[②]

…………

列宁一点也不反感地假设知识分子是现代文化建设的承担者。而对毛泽东来说，尤其是在“文化大革命”时期，知识分子需要向群众学习，而不是教育群众。列宁相信一场成功的文化革命必须要逐渐地开展，最终取决于现代工业化的发展程度。对毛来说，文化革命会相当快地带来人们思想意识的转变，这方面的转变反过来又成为现代经济发展的根本的前提——至少如果经济发展要想结出社会主义的果实来，就需要文化革命作为前提。毛相信“主观能够创造客观”，因此他也相信在精神上“重塑民众”是一个重要的问题。与列宁所预见的社会主义社会将继承过去文化遗产的设想不一样，毛泽东庆幸社会主义的优点是“一穷二白”。

…………

造反：红卫兵运动

…………

毛泽东从1965年1月就一直在政治和思想上准备条件来反对现有的党的组织机构。在北大造反行动爆发前仅仅一个星期，毛就起草了一份文件，指定了一个新的文革小组以代替旧文化革命小组，并以党中央委员会的名义下发。由于担心人们对文化大革命的政治目的是纯洁党的组织这一决定可能有所疑问，《5.16通知》声明：“资产阶级代表人物”已经渗透到了党的各

---

① 列宁：《论合作社》，1923年1月6日。参见《列宁选集》第二卷第二部分，莫斯科，外文出版社，1952，第723页。

② 引自理查德·斯蒂茨《俄国革命中的反传统趋势》，选自雅培格里森等编《布尔什维克文化》，布卢明顿，印第安纳大学出版社，1968，第17页。

个层次，包括中央委员会，警告“例如赫鲁晓夫那样的人物，他们现在睡在我们的身旁”，指责这些修正主义者正在准备建立“资产阶级专政”。

按照毛思想重新组织的文化革命小组激励了北大的造反活动的开展，但对于这场造反运动发展至关重要的是毛泽东个人所给予的祝福、期望。5月末，当他还在杭州时，毛就赞成出现在北京大学墙上的全国第一张“大字报”，这张“大字报”提倡所有的知识分子都“投入战斗”。毛宣布，与1871年的巴黎公社相类比，这个大字报是“1960年代的北京公社宣言”，它预言了一个全新的国家体制将要产生。

到6月底，遍布全国的几百万大学生、中学生加入到这场造反运动当中，用言语（有时也用身体）攻击学校的行政领导和教师，对党对学校的严格控制和陈旧的教学方式表示了抗议。那些出身于革命家庭的以及受惠于这个工农至上的阶级的后代，他们的倾向保守，是现存的党的政治权力形式的支持者。那些在革命中被剥夺权力的人和在新社会中遭受歧视（尤其在教育系统）的地主、资本家、知识分子，他们的子女是毛泽东最激进和最热情的支持者，他们攻击已建立的党的官僚主义体制。

青年学生中的这种分裂现象看起来自相矛盾，事实上却是很理智的行为，这种现象只被那些运动中的参与者朦朦胧胧地察觉到。这种分裂被社会上普遍存在的对于毛的崇拜而进一步遮蔽了。所有的政治派别，无论是党内的造反活动还是在组织状况更模糊、分散的学生运动中，都集合在毛泽东的旗帜下前进，都大量地引用毛的著作和口号，都确凿无疑地相信他们是在按照毛泽东的意愿和指示来开展自己的活动。

这种分歧从学生运动一开始就内在地出现了，不管大家有意识地认识到这一点还是没有认识到这一点。可是，在6月初当负责党中央机构的刘少奇派遣工作组到校园企图把迅速发展的学生运动控制在党的领导之下，他们之间的这种分歧就进一步加剧，形成为矛盾激烈的派系、部门。这种派工作组的做法是标准的列宁主义组织手段，当列宁主义在毛身上占据主体位置的时候，他也随意地使用工作组。

…………

当毛泽东在7月底返回北京时，他谴责了“50天白色恐怖”，命令解散党的工作组，代之以赞成毛主义的学生和教师组成的“文化革命小组”。他还在8月初召集了一次中央委员会议，这是四年内的第一次。到目前为止，毛已经行使自己的权力来指导“文化大革命”——有时以中央委员会的名

义，更经常的是以自己的名义。他现在感到有必要来召开会议批准他发动起来的这场规模巨大、方式激烈的运动。但是为时12天、吵吵嚷嚷的八届十一中全会对这场运动的批准，其合法性按照列宁主义党的程序来看是值得怀疑的，因为充斥会议的基本是精心挑选的支持毛的党员和学生运动的领袖。党中央要做的第一件事情是清理党的上层组织，包括将一些官员降职以确保支持毛泽东做法的人在政治局占据多数。比较引人瞩目的是林彪被选上党的副主席的位置，使他代替刘少奇明确成为毛泽东的接班人。这次大会是刘少奇被贬谪的开始，直至他沦落到顶点——沦为囚徒和死亡。

党中央于是按照毛给集中开会的代表们的指示详细阐述了文化革命的目标。会议结果形成的文件叫做“十六条”，成为无产阶级文化大革命的神圣的纲领。“十六条”将社会主义的敌人定义为“那些走资本主义的当权派”，这些人被指责为阴谋进行“资产阶级复辟”活动，文化大革命的任务就是要提前阻止这个复辟的产生。

于是，毛泽东在1965年1月所提出的理论现在变成中国共产党的官方政策，虽然这是通过有点不正常的中央委员会的会议的形式来通过的。

…………

“十六条”最具有陷阱似的特征是毛所提倡的开展文化革命的准民主化的手段。自从明白宣示“资产阶级复辟”的危险就在党内，尤其是在最高机构里，也就意味着不能指望党自身用常规的列宁主义的方式来纠正自己的错误。开展文化革命的方式只能是“大胆地发动群众”，允许“群众自由地动员起来”，这与惯用的党领导下的全民动员活动方式大相径庭。

在对未来政治结构的安排上，毛雄心勃勃，或许已经深思熟虑。一方面，他强调要按马克思所描述的1871年巴黎公社的民主原则来重新组织政治权力。这个民主原则模式就是，要求民主选举政府官员，他们可以按照普选的原则被罢免，他们领取与普通工人一样的薪水来履行自己的职责，没有任何的特权。刚刚在学校、工厂和各地已经如雨后春笋般涌现出来的五花八门的“文化革命团体”必须要按照这些民主的原则来开展活动，这些团体要成为“永久的、长期的群众组织”。另一方面，这些新出现的普遍存在的文化革命组织不能代替共产党，而只能站在党的一边。毛现在认为，95%的党的干部是好的，或者至少思想是可以被改造过来的。这样他就使党在未来国家政治结构中的位置这个问题公开展示出来了。

人们用构造千年不变的太平圣世的热情来描绘着文化大革命的的目标，

毛泽东声称无产阶级文化大革命的目的就是要带来整个民族思想觉悟的彻底转型，它将是一场触及人们灵魂的革命，它将决定社会主义和资本主义间“生死搏斗”的命运。但毛对于这场运动目标的设定来看他更多是一个改良主义者，而不是革命主义者。这个特点再明显不过地表现在毛在“文化大革命”前夜关于中国阶级力量活动情况的思考。

就在文化革命爆发前两年，毛就抱有这样的思想认识，即中国共产党已经产生了一个新的存在于领导者中的“官僚主义者阶级”，他们在控制国有和集体财产的基础上剥削人民。他开始相信，中国社会主义已经产生了一个新的官僚统治阶级，他们与“工人阶级和贫下中农尖锐对立”，这是一个新的“吸工人血的资产阶级分子”的阶级。①

毛关于实际上的新资产阶级（但是财产较少）的理解把“官僚主义者阶级”与“资产阶级”两个概念混淆了。“官僚主义者阶级”这个概念出现在毛非官方的著作中，由于文化革命期间红卫兵抢夺了党的档案而使之广泛传播。这是对革命后革命阶级结构的生动描绘，它吸引了比较激进的反党积极分子，因为这个判断符合他们的亲身经历和对党的官僚特权阶级的观察。这些激进人士以相当充分的理由争辩道，“官僚主义者阶级”是毛泽东所理解的“资产阶级”的真正含义。

但是当文化革命来临时，毛认识到了“官僚主义者阶级”这个概念在政治上所隐含的后果，所以他从已公开把新统治阶级作为中国官僚阶层的特征这个激进的认识中退了回来。如果他坚持“官僚主义者阶级”这个概念，就要求毛不是简单地进行文化革命，而需要政治革命，那这就意味着要推翻现存的政府，就意味着他所统一的国家可能陷入内战。而且，这个思想会迫使毛要对作为官僚主义剥削阶级的所有成员进行谴责，而这些人事实上都是过去英勇的革命年代里与他一起战斗的同志和干部。所以，他乐于相信95%的党的干部都是好的或者至少是可以挽救的。毛因此决定对党的高层统治集团展开一场整顿，同时开展一场使人民的精神革命化、尤其是让青年人的精神革命化的“文化革命”，重新激发人们为社会主义革命目标而奋斗的热情。从根本上来说毛的这些想法，还是改良主义者的企图，尽管那种方式可能是激进的阶级斗争，或者至少类似阶级斗争。但是，毛没有深刻地思考过要让后革命时代的国家和社会发生质的变化。

① 《毛主席著作选读》，华盛顿特区，联合出版物研究服务（JPRS），no. 49826，第23页。

…………

可是，红卫兵认认真真地对待毛泽东的每一句革命的言论——他们不久就按照毛“造反有理”的指示行动起来了。被“十六条”誉为“勇敢的闯将”的红卫兵第一次以理想的“革命接班人”的形象出现在毛的面前。

可红卫兵活动造成的混乱远远超出了毛的预料，也远远没有达到他所期望的政治结果。这些青年狂热者意识到除了毛主席和他的思想之外，已经没有任何权威可以让他们敬仰的，他们把这种状况作了无政府主义的理解，有时甚至有点神秘化地加以认识。红卫兵们展开了一场疯狂的“破四旧”斗争，不加任何分辨地攻击传统的中国封建文化和西方资产阶级文化。博物馆和图书馆被抢劫了，家被抄了，个人也遭受了攻击。文化革命中首当其冲地遭到攻击的是知识分子，许多知识分子的肉体遭受了折磨，一些人被逼自杀。

…………

1966年夏末和秋初红卫兵的行为不仅是一场人为的破坏和毁灭活动，在政治上也是幼稚和肤浅的。虽然文革的纲领“十六条”已经规定“人民内部矛盾”只能用“说理的方式，不能采用强迫和暴力的方式”来解决，要求“文化大革命”的目的是增加经济生产，而不是阻碍经济发展，但是红卫兵身上的热情使他们很少注意到这些限制。到10月底，毛泽东被他的这些“革命接班人”的行为激怒了，他在党中央工作会议上承认“文化大革命闯了一个大祸……我也没有料到……全国都闹起来了……我这个人闯了这么个大祸，所以你们有怨言，也是难怪的。”[①] 或许更让毛痛苦焦虑的不是红卫兵正在去制造的混乱，而是他们只专注于那些在他看来只是属于“修正主义”威胁中肤浅的方面，诸如思想上有异端的知识分子，学校管理人员，以及那些穿西式服装的倒霉的市民。他发动文革的真正的对象是党的官僚阶层，而大多数红卫兵不愿直接面对他们，使得这些官僚大多数依然安然无恙，尽管就全国来说党组织基本处于半瘫痪状态。

1966年11月和12月，毛和北京的文革小组试图努力将盲目无序的红卫兵运动置于自己的掌控之下，赋予其非常强盛的政治活力，以引导其反对党的统治集团。虽然毛声称文化革命的原则是“群众自己解放自己”，但是

---

① 毛泽东：《在中央工作会议上的的讲话》1966年10月25日，参见施拉姆《未经修饰的毛泽东：谈话与书信（1956～1971）》，第271页。

他自己毫不含糊地使用这些自己控制下的官僚机构，也不排除动用警察部门，以使群众运动朝着自己的目标去发展。现在成立这样的机构就是用来辨别红卫兵所攻击的党和政府的官员，加速他们的下台。许多偏离了文化革命最初原则的人都跟着下台了。

毛泽东将红卫兵运动引导至一定程度的有序化和目标一致化的尝试只是一时的成功。到1967年，红卫兵组织之间的相互竞争已经陷入无止境的暴力冲突和复仇的循环之中。最终，毛决定号召林彪的军队来消除政治舞台上的具有帮派性的红卫兵组织。人民解放军为了做到这一点，有时是采用了流血的方式的，尤其是在1968年夏季。但是，实际上在此之前，当中国的真正的无产阶级加入文化大革命时，红卫兵实际上在政治上就已经消失了。

城市工人阶级

毛时代快速的工业化使得中国城市工人阶级的人数和重要性得到了极大地增长和加强。到文化革命爆发的时候，现代工业里面的城市工人人数已经增加到几乎是原来的5倍，即从300万增加到1500万。在谋划和进行文化革命的时候，毛一开始没有让工业无产阶级参与其中，他们致力于生产的状况是不能被中断的。文化大革命中“无产者”一词指除了实际生活中产业工人外的广大的政治上具有毛主义思想觉悟的人士。

在1966年最后的几个月里，当文化革命的发展因党的官僚的坚决的抵抗而受到妨碍时，毛被迫求助于工人阶级。

1966年11月份，上海工人参加了红卫兵掀起的言语攻击（有时也有肢体上的）上海市委领导和政府官员的造反活动。这预示着在全中国城市无产阶级自己的造反组织出现了一个海啸般的发展态势。经过一段时间的罢工，示威游行，还有时常发生的派别之间的暴力冲突后，上海的工人们设法形成了充分的团结，并在1967年第一个星期推翻了强大的上海市党组织。北京以至全国各地都在欢呼“一月革命”，把它当作是对“修正主义”斗争的一个伟大而普遍的胜利。毕竟，“文化大革命”中中国现实的无产阶级的出现标志着自从1925——1927年大革命高涨时期以来中国城市工人阶级所取得的第一次政治上的胜利。

…………

这些激进的毛主义分子建立上海人民公社所使用的原则和方法之间并非

不是没有矛盾的地方。但是，马克思关于巴黎公社模式的民主原则在大张旗鼓地正式宣布后，在上海市民中产生共鸣的回应，这无疑也部分地反映了他们对旧上海市党的领导专断方式的一种反感。

上海人民公社于1967年2月5日正式宣告成立，100万市民聚集在这个大都市的中心广场参加了庆祝典礼。但是毛泽东却对此表示了沉默。终于在2月中旬他把上海运动的两位激进领导人召集到北京，与他们作了谈话。在三次谈话过程中，毛谴责了上海文化革命的平均主义方案是“极端无政府主义”。他埋怨公社的组织形式在政治上是软弱无力的：“公社在镇压反革命的问题上手软了些。有人向我告状，公安局抓人前门进后门出。”① 毛最明显的担心是巴黎公社政权模式是否会给共产党领导留下空间，建议在以后很多年中国还需要党和党的有经验的老干部。于是，他主张上海公社改为“革命委员会”，即以文化革命中形成的群众组织和军队、党“三结合”为基础。毛现在要求将这个文化革命斗争的成果形式的“革命委员会”在大陆范围内的省、直辖市普遍推广。

上海的领导人很快就遵从了毛的这个意见，上海人民在经历了平静的19天历史后，就变成了“上海市革命委员会”。上海人民公社的诞生和消亡在官方撰写的有关“文化大革命”历史中都没有记载。

上海人民公社的夭折显示出毛的权威已经变得如此巨大，毛主席仅仅几句话不仅能够决定个人的命运，还能决定伟大的社会运动的结局。如果说毛在文革开始阶段因为怀疑党内的列宁主义者而对他们发动了一场普遍的打击，那么毛在上海人民公社问题上的反应则证明他的列宁主义的同志和各级权力机构的思想倾向已经走在他之前了。

上海事件也凸显出马克思主义的“生产者的自我管理”的民主观念对于毛泽东的社会主义的认识的影响是如何之小了，虽然毛泽东在感情上钟情于马克思所描述的巴黎公社图景。

非常引人瞩目的事实是，无论是在毛泽东漫长的职业革命生涯中，还是在他卷轶浩繁的著作中，毛很少真正把政治民主作为理想的目标。毛把民主（如参与或者动员）作为最终集中的一种手段，尤其是按照列宁主义“民主集中制”原则，它只是共产党活动的最终目标的一种手段。

---

① 毛泽东：《三次接见张春桥、姚文元同志时的谈话》1967年2月。参见施拉姆《未经修饰的毛泽东：谈话与书信（1956～1971）》，第277～278页。

只是在文革前夕，毛泽东才考虑将民主作为列宁主义政党的两种革命手段之一。可以从1966年8月通过的“十六条”找到毛关于这种思想的短暂的探索。“十六条”正式规定：“只能是群众自己解放自己，不能采用任何包办代替的办法。”在涉及巴黎公社以及研究马克思主义革命模式的马克思主义思想理论家们所留下的大量文献著作时，毛泽东也越来越频繁地提到要尽量利用民主。

可是，毛泽东在1967年2月拒绝了上海公社这种政治模式，标志着他放弃了曾经短暂试行，用以替代列宁式政党的民主选择。在随后的文革两年时间里（按照1969年4月官方结论公布的这场巨变大事记的说法）的活动很大程度上是围绕毛泽东试图控制他所鼓动起来的社会势力和政治势力而展开的，其目的就是要恢复国家和社会的秩序。现在他开始从1966年夏季他所谋划的文化革命的目标和原则中回退，不过用了足够充分的革命性辞藻来掩饰这样的回退，这些华丽的辞藻达到无所不用其极的程度，以致更加脱离社会现实了。

本文在翻译过程中曾得到了Daniel. tschudi、刘卓等的帮助

责任编辑：王久高

1966～1969 年的中国*

卡尔·瑞贝卡［著］　马恩章　王之　潘松［译］

作者简介：〔美〕卡尔·瑞贝卡，纽约大学历史系教授。

从 1966 年开始，毛发动了一场旨在夺回他自认为属于他的对中国革命和中国马克思主义文化和历史诠释的权威的运动。谁将会代言中国革命？谁将会代言该革命的文化，即毛主义？这些中心问题推动了后来被称为无产阶级“文化大革命”的运动。——作为一场不可预测、超出计划范围内的运动，它是毛的革命哲学与政治有机统一。

…………

序幕：“海瑞罢官”

“文化大革命”的序幕拉开于 1965 年 11 月——一篇关于创造于 1960 年的以海瑞为题材的剧本的文艺评论的发表。该戏剧在大跃进后的恢复时期上演，尽管不是从 1962 年开始。它被认为是个寓言。海瑞是 15 世纪明朝的官员，他正直、诚实、敢于对当权者说真话，几个世纪以来他是戏剧所钟爱的主题。他人生中的一个著名片段即是，在批评了皇帝的土地政策后遭到流放。直到 1959 年庐山会议彭德怀仗义执言之前，海瑞一直是毛喜欢的历史人物之一。之后，海瑞的命运和彭德怀一样直线向下。

1965 年 11 月的戏剧评论是上海的文艺批评者姚文元写的。他对剧本和明

* 本篇节选自卡尔·瑞贝卡“Maozedong and China in the Twentieth-Century World”第八章。本标题为编者所拟定。

代历史认识肤浅，靠的是对意识形态的敏锐捕捉。姚的评论在上海知名报纸发表，直指从关于海瑞的剧作中假想地解码出来的反对革命的信息。这篇评论首先激起了混乱（为什么这部剧作在距其最后一次上演三年之后仍成为评论的对象?），接下来，上海的文艺界和学术界掀起了持续六个月的争论。绝大部分争论参与者的评价是对姚的蔑视和反感。北京的中央“文化大革命”五人小组领导者政治局委员、北京市市长彭真，在 1966 年 2 月权衡了这个议题，认为姚用政治方式对待学术和文化问题是不适当的。这一切看起来似乎无关痛痒。

鲜为人知的是文章是经江青委托和布置的。这是公开炮轰党的机构，而且是从北京之外开始的。毛则保持一定距离，正在几个省旅行。

…………

“五一六通知”

布置海瑞剧作批评，进行文艺争论不是毛考虑的全部。吴晗，剧作家、北京市副市长、北京大学教授，很快地被处理了。接下来，像他晚些时候说的，他希望“灵魂深处爆发革命”[①]。在林彪和军队的支持下，毛利用中国人民解放军《解放日报》的社论，要求从文艺领域清除“资本主义因素”、从党内清除“右倾机会主义”。在 1966 年 5 月初未署名的社论里，宣布了“文化大革命”的两大目标：知识分子和党内干部是需要提防的对象，运动的主要所在地——城市也暗示出来了。

5 月 16 日，在京外的毛发布了进一步指示，以党的中央委员会的名义，攻击了北京市市长彭真，因他抑制政治热情，推崇资产阶级文艺批评标准，庇护“反社会主义因素”。吴晗、彭真被撤职。北京党的组织很快被重组，以彭真为领导的中央文化革命五人小组被解散。

更富戏剧性的是，通知宣称“资产阶级代表人物”混进党内准备资产阶级复辟。通知指责党庇护小赫鲁晓夫式人物——修正主义者和资产阶级的无产阶级叛徒——在大赫鲁晓夫的保护下，没有点名指出。但是谁都能猜得出那是指谁。

事情进展得极快，更富于幻想的政治语言的创造也是惊人。北京市委重组的同时，国家的宣传和信息机器得到整肃，包括党的喉舌《人民日报》的

① 《北京周报》第 24 期（1966 年，7 月 21 日）：8 ~9 页。

总编辑。1955 年胡风反党集团成员和 1949 年以来文化政策的领导者周扬被清除出去。延安时期以来就跟着毛的秘书陈伯达，与江青一道成为中央“文化大革命”小组（CCRG）的核心成员，这一机构掌管着国家信息和文化政策。他们精选了持同样思想的人来助阵，这其中包括姚文元（上海批评海瑞剧作文章作者）和张春桥。后者是姚文元的高一级监督者，同时也是江青的朋友，上海市委秘书长。江、姚、张是后来被称为“四人帮”的三个原始成员。

从很早起，毛和中央“文化大革命”小组制定了运动——正式的名称为伟大的无产阶级“文化大革命”——犹如资本主义和社会主义之间一场生死存亡的斗争，资本主义以各种资产阶级意识形态为指导，而社会主义则以毛泽东思想为指导，就像毛和中央“文化大革命”小组诠释的那样。在这场斗争议程上，无论对毛还是中央“文化大革命”小组当时精神焕发的领导者江青来说，五月都只是个开始。

…………

大字报

“五一六通知”发出，断言资产阶级渗透到党内之后，毛向青年学生发出了号召。他告诉他们：“敢于向当权派挑战”。不久数百万学生响应。

5 月 25 日，北京大学——1919 年五四运动发源地——的学生在学校的墙上粘贴“大字报”。它揭发大学的最高权威——校长，说他压制关于海瑞剧的讨论。大字报号召展开革命知识分子与资产阶级学校官僚之间的斗争。大字报成为接下来斗争的重要武器。它们成为大众政治交流和斗争的工具。它们可以匿名也可以署名。它们可以张贴在任何地方，所以任何有刷子、墨水和纸张的人都能很方便地使用。它们可以是大笔一挥瞬间写就或者左右思索费劲完事。它们可以推翻指控而不提供任何根据，也可以在空闲时详细举证。所有指控几乎不可驳倒，除了通过大字报回应，但回应的也总赶不上原来的激动人心。它们是瞬间变化的：如果还未能立刻阅读，那么指控可能就已经改变了。这加大了快速回应以预先制止毁灭性荣誉谣言传播的难度。

大字报作者利用那些游击型战术来夺得那些平时控制着大众传播机构的人们的所享有话语权。通过发出政治意见，他们把政治变为大众政治。学生以及稍后的所有城乡居民利用大字报大鸣大放，很像现在产品广告占领墙面，而这些墙面曾经属于大众政治而不是现在归个人私有。从那时起，对多数中国人而言，没有大字报和政治就没有生活。

北大的大字报很快被党的当权者撕下来。但没过几天，毛就夸赞了大字报的内容。不久，他继续指出，“青年是‘文化大革命’的大军！要把他们充分地调动起来。”在警醒他的同僚不要打压青年们的政治热情时，他说：“你们要搞政治挂帅，到群众中去并和他们在一起，把无产阶级“文化大革命”进行到底。”[①] 一个人民日报的编辑接下来很快宣布，“革命的大字报，是暴露一切牛鬼蛇神的照妖镜。”[②]，这被认为是由毛亲自书写的，或至少经过毛同意的。毛的支持为接下来的学生闹革命点了一把火。

刘少奇及其他领导人控制学生的努力失败了。运动靠它自己的动力急剧上升，把教授、管理者、作家及其他人用意志而非逻辑裹挟其中。

教育、当权派、资产阶级以及红卫兵

教师、教授以及通常所谓的知识分子被指责为资产阶级思想的主要窝藏者和传播者。教育，在生搬硬套、考试、书本知识和抽象原则的伪装下，因其远离革命大众的实际需要而被认为是有缺陷的。学校等同于资产阶级的传播者。城市精英对机构和教师的偏爱被责怪为生产了一代不关心政治的野心家青年群体，他们没有关于革命奉献和实践的概念。毛试图使所有这些人振作起来。他动员他所称的“革命继承人”——学生去做这项工作。

教师、教授和学校管理者遭受大字报的攻击并被学生逮捕。他们被扣留起来强迫写自我批评，公开他们被指控的罪行。一些人被侵害甚至被打至死，一些人选择自杀而不愿面对严酷对待。另外一些人长期忍受了数天数周乃至经年累月的屈辱。在他们头上戴上纸帽子，在脖子上挂上写有所谓罪名的牌子，被拉出去在大街上游行。他们被强迫参加批斗会，必须公开承认他们的罪行。他们虽然按要求去做所有事情，但通常仍不会被释放。革命的关键是证明所有当权派的虚伪，无论是官僚行政权威还是有知识的教学权威。目的就是给当权派以这样的印象：他们可以被轻松打倒。目的就是为了表明曾经压迫群众的当权派现在被群众的权力压迫了，让曾受压迫的群众有话

① 毛泽东：《与中央领导的谈话》1966 年，7 月 21 日，施拉姆编《毛主席与人民谈话》，第 255 页。

② K. H. Fan 编《中国的“文化大革命”：文档选集》，第 308 页。

说。或者说这就是他们的思想。

在武汉远观的毛于 1966 年 7 月 8 日写给江青的信中说，他希望通过“天下大乱”来最终达到“天下大治”。①

随着由北京高校学生组成第一支红卫兵，革命从大学蔓延到了高中和初中。运动变成了一场攻击、派系、控诉以及惩罚的潮流。连 13 岁的年轻人都驱使老师、校长和父母去做文字或体力工作。他们中没有任何人敢反击。红卫兵派系急剧增加。昔日的朋友变为敌人；而敌人变为朋友。宿舍被占领并设置了路障。暴力频发。表面上的事情就是要政治正确和解读毛泽东思想。大字报贴满了大街小巷，争论成了晦涩难懂的文本分析练习。

暑假来了，课堂暂停。但是学生们没散开，他们继续战斗。党的工作组派驻到学校解决事情，但他们只是增加了进一步的派系分化并被赶出学校。7 月，毛批评工作组阻碍革命。

…………

接见红卫兵

到 1966 年 8 月初，戴着写有“红卫兵”字样臂章的学生们开始在全国城乡各地串联。他们在彼此之间或者其他人中颂唱口号、监督革命行动。在多种场合，毛写信给红卫兵要求他们继续造“反动分子”的反，同时，也鼓励他们联合“一切可以联合的人”。他提醒红卫兵马克思曾经说过的话：“无产阶级必须不仅解放自己而且也解放全人类。”

8 月 18 日拂晓，毛在北京天安门广场接见了狂喜的红卫兵。约有一百万学生在场，挥舞着手中的小红书（它是世界上发行量仅次于《圣经》的第二大书籍）。当毛站在看台俯瞰广场时，他接见了一名女红卫兵代表，她送给毛一个红臂章。他把红臂章戴在了穿着军服的左臂上，象征着他统帅红卫兵并和他们团结一致。

军队服装成为流行的红卫兵服装，左臂上缠着红袖章。服装制作的样式和性别特征都是充满男子气和军事气息。女孩子着装尽量宽松下垂，不那么容易被识别为女性。她们头发剪得很短，有的就是在街上草率一剪。红卫兵

① 引自 Roderick MacFarquhar 和 Michael Schoenhals，《最后的革命》，第 52 页。

例行巡逻，拦下那些认为漂亮的人，指控他们怀有资产阶级审美观。唯一的美，那就是革命的美，不是外表上的而是看政治表现。女性化就是资产阶级的，因此所有个人装饰在政治上都是可疑的。

“十六条”和“破四旧”

1966 年 8 月中旬，中央委员会会议正式宣布“文化大革命”是一项推翻“混进党内的走资本主义道路的当权派”的运动。具体的名字没有点出。紧密相关的目的就是消灭所谓“四旧”——旧思想、旧文化、旧风俗、旧习惯。这些是资产阶级自身的工具。

8 月 18 日天安门接见红卫兵大会之后，红卫兵开始以惊心动魄的暴力和彻底性来“破四旧”。诸如寺庙这样明显的目标首先被推倒。接着，破坏活动转移到了家庭，这是一个资产阶级繁衍每天都有可能发生的地方。花园、花盆、宠物鸟、经典唱片、钢琴、外语书和所有发声优雅的以及高雅文化的东西等被拖出来砸碎，至少没收。任何人的家都逃不脱红卫兵的检查和劫掠。党员的住所是首要目标；接下来前资本家（他们的生产资料早就国有化了，但保留了自己的住所）成为目标，以前的地主（他们的房屋和财产比绝大多数人丰富）也成为目标，所有不是革命阶级典范的人都成了目标。多个领导试图控制住破四旧的狂热之情，但是，反过来他们成为言语和人身攻击的目标，因为他们给资产阶级提供帮助。

在毛主义实践的前期，如果一个人有革命意识并按它行事，那么他可以克服个人背景或者实际地位而成为“人民”的一员。在“文化大革命”中这发生了改变。现在，唯一重要因素就是用“血统”来表明家庭成分——贫农还是中农，无产阶级还是军人。

…………

红卫兵身上佩戴着毛泽东的画像，红太阳的画像。如果在这些画像中，毛泽东被描绘成看着右方而非左方，这个艺术家以及拿着画像的人，都会被指控为政治上的犯罪。这本红色的小书被看做奉献的目标，通过诗歌和页码方式被记忆和被引用。城市的街道的名字也用革命的名字来编造，附加在一些旧的标志上（导致邮局的困扰）。前美国大使馆的位置被改名为“反帝路”。

1966 年底，混乱和暴力开始大规模的蔓延。这是中央“文化大革命”小组——江青和她的同伙们——决定开始充分利用红卫兵这个工具了。但在这些学生被解散之前，“大赫鲁晓夫”需要被揭露和被罢黜。

…………

串　联

学生们不用上学，加之学校和父母的管制都弱化甚至消失了，很多学生开始通过公路，铁路走向全国，去考察革命的发展情况。京外的人们抓住这一次机会上京，希望能够在天安门广场受到毛主席的接见，就像他在 1966 年 8 月时所作的那样（他事实上总共八次接见红卫兵）。而同时北京的人们也利用这个机会蹿游到其他地方。有些人决定去朝觐神圣的革命圣地，如韶山（毛泽东的家乡）、井冈山和瑞金（前延安根据地）、延安。几个特别强悍的组织决定去重走长征路。

属于青年们的一场巨大的运动开始了，“串联”成为这一时期的流行语。全国各地开展了各种各样的革命运动。人们乘铁路不需要买票，公交也是这样，其他形式的公共交通也如此。学生们仅仅拿着牙刷就涌上了火车。食物免费发放，学生和红卫兵一起待在大学宿舍或公共场所里。这些人大大超出了小地方的承受能力，大一点的地方也人满为患。

农村地区持续的贫困让来自城里的人感到特别的震惊。他们从未见过或想象过如此的状况。来自城市的女孩们对农村妇女由于性别的不平等需要而面对的困难感到特别震惊，因为她们认为平等是理所当然的事情。城市的特权和农村的弱势变得明晰起来。有些人想继续保持这种不平等以便保持他们的地位，而另外一些人希望尽他们的所能来改变这种状况。

人民解放军

从 1967 年初开始，毛泽东渐渐对这些缺乏团结性的造反组织感到不满。他正在注视着真正使这个国家彻底混乱的根源。现在只有唯一一个保持完整的，在意识形态方面值得信任，并能恢复秩序的组织——军队。

1967 年 1 月底，人为了恢复秩序和稳定性，从 1967 年 2 月到 3 月，军队强制性的解除了学生的造反组织和激进的工人组织的武装。接着，军队重新把“文化大革命”定义为研究毛泽东思想的一场运动，而不是用毛泽东思想来指导的运动。通过劝阻激进主义和鼓励学习，缓解了一些激奋的情绪。[①] 这正是毛当时所期望的。他开始把过去六个月一些更激进的表现斥之为“无政府主义”，坚决反对。他特别强调停止对党和国家领导人的人身攻击，恢复党和政府的机构的职能。

…………

“正常化”

1967年夏，毛泽东外出视察。所到之处，耳闻目睹，毛感到吃惊。1967年9月，中国人民解放军再次被派去打击派性、解除群众武装，恢复秩序。签署这个命令的是毛泽东领导下的中央委员会、中央“文化大革命”(CCRG)、军委，以及政府有关部门，以显示中央的决心和严肃。江青负责发布这个命令，这个过程实际否定了她先前提出的要群众武斗的主张。十月中旬红卫兵被迫解散，学生被要求复课。

…………

1967年底，党组织恢复的同时，周恩来主持国家机构的重建工作。秩序已经开始恢复。

“上山下乡”

1968年的夏天，群众组织和学生团体最后一次试图夺回他们去年的政治势力。唯一能够完全彻底地缓解青年学生情绪和解散学生组织的方式是分散他们。毛泽东决定分散他们。从1968年开始，大学生、高中生、初中生被系统地要求志愿到农村或者工厂去，同农民和无产阶级一起工作。许许多多理想主义的学生自愿地下乡。学生们拥挤在火车、汽车、卡车、拖拉机里，被成批成批地运出城市，安置在远离或是临近他们家乡的地方，在成为国家的工人之前，谦逊地向农民学习，以清除他们身上的资产阶级倾向、思想和习惯。

那些较早的志愿去的学生们经常回想那些当初与农民以及工人们待在一起的理想主义。他们梦想依靠自己的劳动养活自己。向革命的领导者——劳动人民（农民和无产阶级）学习的梦想让很多青少年经历了远离熟悉面孔，到一个陌生地方的非常艰难的转变。

---

① Meisner，《毛的中国及其之后》，第334页。

那些有权，政治上完好无损的家庭的学生们能够依照规定运作他们的关系，在几年之后重新返回城市。那些曾经在政治上激进，现在已经遭到打击，却仍然与这个体制保持着非常好的联系的家庭的孩子们可能会被限制的久一些，但仍然有逃离农村的途径。而那些没有权利或政治上没有关系的家庭的孩子放弃了所有逃离这种境遇的希望；对于期望的落空，他们通过顺从或极度的愤怒来缓和自己的情绪。

对城市的清理就把群众组织中的学生成分清除了出去，这有助于恢复城市地区的安定和秩序。工人们重新返回工厂工作。大学以及城市的研究机构都向农民和无产阶级的孩子们开放，他们以前从未有机会接受大学教育，甚至都没有在城市生活。当学校在 70 年代早期重新开放时，“工人、农民、士兵”是其考虑的主要的目标对象。课程被重新设以服务这些学生，以及“文化大革命”的目标，把文化改造成对于群众革命的日常生活有用的东西。本本主义、抽象的研究、为了学习而学习，所有这些“资产阶级”残余都被抛弃了，取而代之的是实践教育。被允许重新回到课堂的教师们，按照学生的指示教授学生们一些实际的技巧，而学生们每天只花很少一部分时间在教室里，用剩下的时间来进行实际的训练。大学生活被完全革命化和政治化了。这就是毛泽东关于人民大众教育的想法。

中国共产党第九次全国代表大会

1969 年，中国共产党召开了第九次全国代表大会。4 月 1 号，毛泽东在开幕致辞中回顾了中国共产党悠久而曲折的历史，从 1921 年成立时只有 12 个代表，经过艰苦岁月和延安，一直到现在。他高度赞扬了党除去了内部的敌人，主要是刘少奇和邓小平，并表达了他的希望，等到由于敌人的暴露导致的分裂结束后，这次大会将是一次团结和胜利的大会。

毛泽东有理由感到自信。他朝着革命化的目标重新定位了发展的路线、教育和文化政策。研究机构围绕毛泽东的思想被重新改造了，党的官僚干部成群结队的被送往遥远的干部学校进行劳动再教育。工农业生产稳定增长。在世界的很多地方，中国越来越被誉为一种典型的共产主义的领导者，这种模式特别适合非工业化的第三世界国家。中国事实上已经成为全世界左派人士的朝圣地。毛泽东尽可能多的接见了包括非洲、亚洲和拉丁美洲的领导人，以及作家、学者，还有来自日本、欧洲、美国的共产主义者。

然而，事实上还有一些事情困扰着毛泽东，在4月28号第九次全国代表大会第一次全会的演讲中，他发泄了心中的不满。第一，毛泽东抱怨苏联的言语攻击，苏联把中共标榜为“小资产阶级政党”而非一个无产阶级政党。这些攻击若隐若现，特别是在“勃列日涅夫主义”传出之后。该主义正式宣布于1968年，当时苏联的军队正在野蛮的平息捷克斯洛伐克的布拉格之春。这一主义能够帮助莫斯科有权利处置威胁着共产主义原则实施的社会主义阵营里的国家。和处理1956年匈牙利事件时的立场一样，中国也不支持布拉格之春。但是苏联军队进军到其他国家的领土，还有“修正主义者”的苏联自称自己是正确的共产主义领导者，这还是让人相当不舒服。

第二，毛泽东抱怨工厂依然按照旧的物质刺激和利润挂帅的规则来运营。毛泽东指出，最为关键的是，要让工厂成为无产阶级政治挂帅的堡垒。“经济主义”或者用钱来奖励生产，在毛的观点中，这是一种错误价值观的展示；生产应该由（革命）政治来领导，而不是钱。

第三，毛泽东抱怨那些下乡青年们和那些在干部学校的人们正变得和这个世界以及国家的命运相脱离。他主张说，他们应该被重新带回来，通过组织学习班来“谈论历史……以及之前两年“文化大革命”史的课程”。[①]

毛泽东也警告说，中国仍然没有做好开战的充分准备，面对美国在越南，怀有敌意的苏联在北部边界上的局势，毛泽东谨慎地说，“帝国主义和修正主义”（美国和苏联）的进攻很可能仅仅是一个时间问题。最后，毛泽东抱怨这个国家出现的不断增强的不团结的信号，从小规模的争吵，到更大的方针政策。在这一方面，毛泽东提出“解决地方问题的答案在于军队，解决军队问题的答案在于政治工作”[②]。

…………

本文译自《毛泽东与二十世纪中国》第八章，杜克大学出版社，2010。在刊发本文前，事先征得了作者的同意

责任编辑：程美东

① 毛泽东：《第九次全国代表大会第一次全会的讲话》1969年4月28日，施拉姆编《毛主席与人民谈话》，第282、284、289页。

② 毛泽东：《第九次全国代表大会第一次全会的讲话》1969年4月28日，施拉姆编《毛主席与人民谈话》，第287页。

青年视野

北大马克思主义研究
（第1辑）

马克思主义社会发展理论的中国化探索与全球化议题*

漆　思

摘　要： 马克思主义中国化的当代探索，不能只停留在抽象思辨层面，而要沿着中国化马克思主义发展道路，在中国特色社会主义的当代实践中，锤炼和升华出具有中国气派和世界意义的社会发展理论。当代中国马克思主义的社会发展理论创新，需要在中国化与全球化的广阔视野中，深刻总结“中国经验”与回应“全球议题”，以创建中国特色的社会发展理论学派。

关键词： 马克思主义　社会发展理论　中国经验　全球化议题

作者简介： 漆思，甘肃会宁人，哲学博士。吉林大学哲学基础理论研究中心教授，哲学社会学院副院长、博士生导师，主要研究领域为马克思主义社会发展哲学与中国模式。

在中国特色社会主义的历史实践中，马克思主义中国化的社会发展理论得到了与时俱进的发展。马克思主义社会发展理论的当代发展和创新，事关中国特色社会主义道路的前途命运，不能只停留在抽象思辨层面，需要在中国化与全球化的广阔视野中深刻总结“中国经验”，解答当代“全球议题”，创建具有中国气派和世界意义的当代中国社会发展理论学派。

* 本文是2010年国家社会科学基金项目：中国特色社会主义道路和模式的哲学研究（10CZX005）以及2010年教育部重点研究基地重大项目：中国特色社会主义的哲学基础理论研究（10JJD720016）的阶段性成果。

一　马克思主义社会发展理论创新的问题意识

马克思主义中国化的当代探索，在当代中国社会发展理论研究中应该有新的问题意识，需要反思锤炼“中国经验”与“全球化议题”的时代问题。然而，长期以来有两种倾向影响着对马克思主义中国化这一重大时代课题的深刻理解：一种是完全意识形态化的阐释，这容易陷入一种庸俗化和功利化的误区；另一种是纯粹“思辨化”的解读，这也容易陷入脱离时代发展与现实生活的抽象化误区。在前一种倾向中，马克思只是作为革命家和政治家的形象而出现，马克思主义只是一种具有社会政治意义的“革命”理论；在后一种倾向中，马克思主义也只是一种学院化的学术门类。实际上，马克思是兼思想家与革命家于一身的大师。马克思主义作为时代精神的精华，谋求科学认识世界和革命改造世界的统一，最终服务于人类的解放事业。对马克思主义进行脱离时代问题的抽象研究，使学术理论研究与中国现实生活和全球化时代背景相脱节，这既不符合马克思主义的理论旨趣，也无法满足马克思主义中国化的实践需要。马克思曾对思辨哲学进行过如此批判：“哲学，尤其是德国哲学，喜欢幽静孤寂，闭关自守并醉心于淡淡的自我直观。”“从哲学的整个发展来看，它不是通俗易懂的；它那玄妙的自我深化在门外汉看来正像脱离现实的活动一样稀奇古怪；它被当做一个魔术师，若有其事地念着咒语，因为谁也不懂得他在念些什么。”①

从社会发展理论的视野来看，马克思主义是一种全新的社会历史观，马克思主义的中国化就要实现理论与实践的高度结合、学术与时代的深层统一。这就需要对社会发展实践中的“中国经验”进行理论总结，对当代“全球议题”进行理论审视。实际上，作为对马克思主义中国化作出重大创新的毛泽东思想、邓小平理论、“三个代表”重要思想和科学发展观，正是具有中国特色的马克思主义社会发展理论，其中政治哲学和社会理论是马克思主义中国化理论创新的主要内涵，而这些理论创新正好契合了马克思主义中国化的本真要求。也就是说，在坚持马克思主义的理论精神实质的前提下，用发展的马克思主义来回应时代重大课题。正是在这个意义上，马克思主义中国化的当代发展和理论创新，就不能停留在抽象思辨层面，而要

① 《马克思恩格斯全集》第1卷，人民出版社，1979，第120页。

沿着毛泽东、邓小平开创的马克思主义中国化道路，在中国特色社会主义现代化的伟大实践进程中，锤炼和升华出具有中国气派和世界意义的社会发展理论。

当代中国马克思主义社会发展理论创新的“问题意识”的自觉，取决于对马克思主义理论精神实质的把握。对马克思主义的理论精神实质的理解，自马克思主义诞生以来就有着非常复杂的情况。即便是在马克思活着的时代，马克思就不同意有人对他的思想所作的教条化理解，为此他与各种错误思潮进行了斗争。其实，马克思主义是旨在“社会批判”和“人类解放”的历史唯物主义，建构了“注重实践改变世界”的社会历史理论。这正如马克思在《关于费尔巴哈的提纲》中指出的“从前的一切唯物主义——包括费尔巴哈的唯物主义——的主要缺点：对事物、现实、感性，只是从客体的或者直观的形式去理解，而不是把它们当做人的感性活动，当做实践去理解”①，“社会生活在本质上是实践的。凡是把理论导致神秘主义方面去的神秘东西，都能在人的实践中以及对这个实践的理解中得到合理的解决”，②“哲学家们只是用不同的方式解释世界，而问题在于改变世界”③。马克思与恩格斯在《德意志意识形态》中更加鲜明地指出：“……实际上和对实践的唯物主义者，即共产主义者说来，全部问题都在于使现存世界革命化，实际地反对和改变事物的现状。”④ 正是“革命实践性”贯穿于马克思主义的全部社会理论，要求坚持一切从实际出发、理论联系实际、在实践中认识、检验和发展真理的“实事求是”精神。因此，就要用“实事求是”精神来把握马克思主义的理论实质，来坚持和发展马克思主义，并用发展的马克思主义指导新的实践。

苏联、东欧剧变的历史教训深刻表明，如何理解马克思主义的理论精神实质，怎样坚持和发展马克思主义的本土化，的确关系到社会主义的兴衰成败。在中国革命和社会主义建设的实践中，毛泽东将“实事求是”这一中国化的创造性阐发，理解为马克思主义的理论实质，也是马克思主义中国化的毛泽东思想的理论实质。正是由于遵循了“实事求是”的原则，中国革命才取得了胜利；也正是由于后来背离了“实事求是”的原则，中国社会

① 《马克思恩格斯选集》第1卷，人民出版社，1972，第16页。

② 《马克思恩格斯选集》第1卷，人民出版社，1972，第18页。

③ 《马克思恩格斯选集》第1卷，人民出版社，1972，第19页。

④ 《马克思恩格斯选集》第1卷，人民出版社，1972，第48页。

主义建设才出现了重大失误。邓小平指出："什么叫社会主义，什么叫马克思主义？我们过去对这个问题的认识不是完全清醒的。"① 他在《解放思想，实事求是，团结一致向前看》中指出："马克思、恩格斯创立了辩证唯物主义和历史唯物主义的思想路线，毛泽东同志用中国语言概括为'实事求是'四个大字。实事求是，一切从实际出发，理论联系实际，坚持实践是检验真理的标准，这就是我们党的思想路线。我们说重申，就是说把这条马克思主义的思想路线恢复起来。"② 邓小平在高度概括马克思主义、毛泽东思想为"实事求是"的基础上，创造性地增加了"解放思想"这一新的阐发，深化了对马克思主义理论精神实质的理解。因为只有"解放思想"，我党才能不断顺应社会实践的发展要求，真正做到在全部历史进程中坚持"实事求是"。江泽民在"解放思想，实事求是"阐发的基础上，又创造性地增加了"与时俱进"这一阐发，开创了对马克思主义理论精神实质理解的新境界。因为只有"与时俱进"，才能不断顺应历史进步的潮流，真正在把握时代精神的"开拓创新"中贯彻"实事求是"。以胡锦涛为总书记的领导集体确立了科学发展观与社会主义和谐社会理论，提出"以人为本"与"和谐发展"的理念，在新时代创造性地发展了实事求是精神。构建当代中国马克思主义社会发展理论，就要提升"解放思想、实事求是、与时俱进、开拓创新、以人为本、和谐发展"的"中国理念"的地位，以推动当代中国社会发展理论的创新。可以预计，对马克思主义理论精神实质的理解，必将随着中国特色社会主义实践的发展得到新的创造性阐发。因为，马克思主义并非不变的教条，而是行动的指南和科学的方法。只有契合社会实践的要求与时代精神的召唤，马克思主义的中国化才能获得新的生机与活力。

马克思主义中国化的社会发展理论创新，主要在于回答"要什么样的理论指导中国实践，如何将理论与实践相结合"这一决定中国特色社会主义前途命运的重大课题。中国的现代化实践需要马克思主义社会发展理论的指导，把马克思主义基本理论与中国革命、改革、社会主义现代化建设的具体实践结合起来，创造性地发展出当代中国化的马克思主义，用发展的马克思主义社会发展理论指导中国实践。马克思主义中国化既是马克思主义"化"中国的过程，又是中国"化"马克思主义的过程，是理论与实践相结

① 《邓小平文选》第3卷，人民出版社，1993，第63页。

② 《邓小平文选》第2卷，人民出版社，1994，第278页。

合、相统一的过程。因此，既要反对脱离中国实际把马克思主义教条化，又要反对不要马克思主义指导的经验主义，而是要做到把马克思主义真正“中国化”，与中国的历史传统、现实国情、实践需要结合起来，发展当代中国的马克思主义社会发展理论。邓小平明确指出：“把马克思主义的普遍真理同我国的具体实际结合起来，走自己的道路，建设有中国特色的社会主义，这就是我们总结长期历史经验得出的基本结论。”① 毛泽东思想、邓小平理论、“三个代表”重要思想以及科学发展观是马克思主义社会发展理论中国化的重要理论创新成果，随着中国社会实践的发展，其必将为当代中国马克思主义社会发展理论创新铺平道路。

二　马克思主义社会发展理论的中国化探索

马克思主义的中国化与当代化，客观要求结合当代中国社会发展实际与全球化时代潮流进行社会发展理论创新。在中国特色社会主义现代化实践中，马克思主义社会发展理论创新的中国探索，主要体现在如下四个方面。

（一）中国特色社会主义观的理论探索

建国60年以来特别是改革开放30年以来，马克思主义社会发展理论的中国创新主要凝结于中国特色社会主义观的理论创建上。中国特色社会主义主要回答了“什么是社会主义，怎样建设社会主义”这一关乎中国社会发展道路的首要的基本问题，这是当代中国马克思主义的社会主义理论与实践所要解答的核心问题。在马克思主义经典作家那里，只是在批判考察资本主义的基础上揭示了共产主义的指导思想和基本原则，由于没有社会主义的实践经验，对什么是社会主义，怎样建设社会主义，不可能提出具体的理论，而需要各国的历史实践来做出现实的回答。苏联与东欧社会主义建设的历史教训表明，社会主义观关系到对社会主义本质及实现方式的理解，决定着社会主义的兴衰存亡。中国特色社会主义的经验表明，社会主义必须与本国国情相结合，创建有中国特色的社会主义。中国社会主义建设初期由于没有完全搞清楚这个问题，尽管中国走上了社会主义道路，但如何巩固和发展社会主义这一问题仍没有得到彻底解决。毛泽东虽然进行了中国社会主义道路的

① 《邓小平文选》第3卷，人民出版社，1993，第3页。

伟大探索，但总体上来说仍未找到建设有中国特色社会主义的现实道路，其根本原因在于对社会主义观没有从理论上完全弄清。

邓小平在总结中国社会主义建设的经验教训时指出："但问题是什么是社会主义，如何建设社会主义。我们的经验教训有许多条，最重要的一条就是要搞清楚这个问题。"① 立足国内并结合苏联、东欧社会主义建设的经验教训，邓小平对中国特色社会主义进行了认真研究和深入探索。他精辟地指出："社会主义的本质，是解放生产力，发展生产力，消灭剥削，消除两极分化，最终达到共同富裕。"② 其中，解放生产力、发展生产力是根本任务，消灭剥削、消除两极分化是根本途径，共同富裕是根本目的和最终归宿。这是追求效率与公平的统一，是追求发展过程与结果的统一。根据社会主义观与社会主义本质的新理解，邓小平提出了中国社会主义初级阶段理论，对当代中国社会发展历史阶段做出了科学判断。邓小平的社会主义初级阶段理论，指出了中国的社会主义还处在"不够格"的初级阶段，这是中国在生产力落后、商品经济不发达的条件下建设社会主义必然要经历的特定阶段。邓小平指出："十一届三中全会前我们在建设社会主义中出现失误的根本原因之一，就在于提出的一些任务和政策超越了社会主义初级阶段。近二十年改革开放和现代化建设取得成功的根本原因之一，就是克服了那些超越阶段的错误观念和政策，又抵制了抛弃社会主义基本制度的错误主张。这样做，没有离开社会主义，而是脚踏实地建设社会主义，使社会主义在中国真正活跃和兴旺起来，广大人民从切身感受中更加拥护社会主义。"③ 从现实上看，社会主义初级阶段理论构成了中国特色社会主义理论的根据；从历史上看，社会主义初级阶段理论是对马克思主义科学社会主义理论的最新发展，是对马克思在《哥达纲领批判》中所说的共产主义分为第一阶段和高级阶段论断的发展；是对恩格斯在《共产主义原理》中所做出的"社会主义措施"是"引向共产主义的过渡办法"④ 论断的发展；是对列宁提出的经济文化落后国家"过渡时期"具有不同特点论断的发展；是对毛泽东的"新民主主义论"和社会主义建设理论的创造性发展。社会主义初级阶段理论的确是对科学社会主义理论和实践的发展创新：既是对妄图抛弃社会主义逆转到资本主义倒退立场的

① 《邓小平文选》第3卷，人民出版社，1993，第116页。
② 《邓小平文选》第3卷，人民出版社，1993，第373页。
③ 《十五大以来重要文献选编》（上），人民出版社，2000，第14页。
④ 《马克思恩格斯选集》第1卷，人民出版社，1995，第225页。

根本抛弃，也是对“跑步进入共产主义”企图超越发展阶段错误倾向的真实超越。

邓小平在改革开放和中国现代化建设的探索中，比较系统地回答了中国这样一个经济文化落后的国家如何建设社会主义和如何巩固发展社会主义的问题。在邓小平对社会主义观特别是社会主义本质与发展阶段作出的创造性阐发，真正为解决这一问题奠定了基础，由此才形成了中国特色社会主义的基本理论。中国特色社会主义观的理论探索，是当代中国马克思主义社会发展理论的重大创新。

（二）中国特色社会主义改革理论探索

中国要走自己特色的社会主义道路，关键在于对原有社会主义模式进行改革。改革是社会主义制度的自我发展和自我完善的基本方式，在改革开放与社会主义现代化实践中，逐步探索出了中国特色社会主义改革理论，这是马克思主义发展史上的一大创举。马克思主义经典理论更多论述了从资本主义向社会主义的革命过渡问题，对社会主义制度的自我完善、自我发展的改革问题则没有直接论述；毛泽东在中国社会主义建设的初期也意识到这个问题，但没有上升到理论和实践上的自觉。从邓小平开始，循序渐进的改革明确地进入了中国的理论视野，开创了中国社会主义的全面改革理论。邓小平指出：“改革是中国的第二次革命。”① 改革与革命是社会进步的两种基本形式和手段，是变革社会的根本动力，实现社会形态的更替，在这种意义上，革命正是马克思所说的“历史的火车头”。在不根本改变社会制度的前提下实现对生产关系乃至上层建筑的调整，达到解放和发展生产力的目的时，改革就是一场新的渐进式革命。邓小平在1992年南方谈话中指出：“革命是解放生产力，改革也是解放生产力……过去，只讲在社会主义条件下发展生产力，不完全。应该把解放生产力和发展生产力两个讲全了。”② 为此，邓小平明确提出“改革是中国的第二次革命”、“改革是社会主义发展的直接动力”、“改革是决定中国命运的重大决策”、改革是要“解放生产力，发展生产力”、“改革是社会主义制度的自我完善”以及判断改革得失的“三个有利于”标准等论断，这是对中国社会主义制度的发展方式与改革路径的科

① 《邓小平文选》第3卷，人民出版社，1993，第112页。

② 《邓小平文选》第3卷，人民出版社，1993，第168～169页。

学判断。改革要使中国的生产力从社会主义计划经济体制的束缚中解放出来，找到能够促进生产力发展的体制安排，以实现社会主义制度的自我发展和自我完善。在社会主义改革理论的引导下，中国的改革开放经历了从农村改革到城市改革、从经济体制改革到政治体制改革、从对内搞活到对外开放、从经济建设到社会全面发展的历史进程，通过社会体制改革与发展方式创新，正在形成举世瞩目的“中国经验”、“中国模式”与“中国道路”。

社会主义改革理论确立了正确处理改革、发展、稳定关系的辩证发展观。社会秩序与社会发展的关系，是现代社会发展理论家共同关注的重大社会问题。马克思主义社会发展理论着重强调了生产力与生产关系、经济基础与上层建筑交互运动所形成的社会结构及其由内在矛盾所推动的社会变迁，揭示了社会发展的规律与趋势。西方社会理论家如孔德的工业社会理论、迪尔凯姆的“社会团结理论”、韦伯的“合理化理论”、帕森斯的“结构功能主义理论”、吉登斯的“社会结构化理论”等，都探讨了社会结构与社会变迁、社会秩序与社会发展问题，但由于其理论立场倾向于认同资本主义制度，与马克思主义社会发展理论有着原则的不同。在马克思主义社会发展理论指导下，中国共产党对现代化建设中的各种重大关系问题进行了开拓性探索。毛泽东的《论十大关系》是探索中国社会主义现代化建设经验的第一份理论成果，是对中国社会主义现代化建设经验的初步总结。邓小平深入探讨了中国社会秩序与社会发展的关系问题，特别是对影响中国社会主义现代化全局的改革、发展与稳定的关系问题，提出了“改革是中国的第二次革命”、“发展是硬道理”、“稳定是压倒一切的”等著名论断，形成了统筹协调改革、发展、稳定的辩证发展观：不搞改革就无法维持持久的稳定，也无法促进社会的发展，改革开创了循序渐进的发展道路；没有发展就没有社会稳定，发展是改革的最终目的，发展是解决社会不稳定的根本出路；稳定则是保证社会各项事业得以顺利改革与发展的根本保障，是压倒一切的基本前提。把握改革、发展、稳定之间的辩证关系，使得中国在空前深刻的改革、发展中实现了社会的平稳转型。进入21世纪，中国又及时提出了科学发展观与社会主义和谐社会相统一的和谐发展理论，把改革、发展、稳定的关系上升到和谐发展观的高度来辩证把握，为中国特色社会主义现代化建设奠定了坚实基础，为实现以人为本的和谐发展提供了切实保证。

当前社会主义和谐社会的构建，必将引发人们对改革方式进行新的思考。如果以往的改革更多侧重于破除传统体制的障碍，那么当代所进行的改

革更多关注社会主义市场经济、民主政治、社会管理等领域的体制创新和制度建设。正是因为我党提出中国特色社会主义改革理论，扭转了传统社会主义现代化建设中激进的“革命”策略，超越了资本主义制度框架内的“改良”方案，立足于社会主义制度创造性地实现了自我发展与自我革新。在和平建设时期，我党正是通过辩证的改革理论，开拓了中国特色社会主义现代化建设的新局面，实现了马克思主义中国化进程中具有重大时代意义的社会发展理论创新。

（三）中国特色社会主义市场经济理论探索

在我国社会主义改革的实践中，最为重大的理论探索是中国特色社会主义市场经济理论的提出，这一理论创新主要回答了“如何使社会主义制度与市场经济创造性结合”的中国特色社会主义经济体制安排问题。十一届三中全会以来，中国经济改革始终面临着突破高度集中的传统计划经济模式的时代难题，在坚持社会主义制度基础上以市场化为导向的渐进式改革，就成为中国经济体制改革和发展的主要历程和基本经验。

1992年邓小平南方讲话，第一次创造性地提出了计划和市场都是手段、社会主义也可以搞市场经济的划时代论断，为中国社会主义制度与市场经济机制的成功结合扫清了观念和体制障碍。此后，中国进入了社会主义市场经济体制的创建时期。社会主义市场经济理论的提出与实践的探索，是对马克思主义关于社会主义经济体制的重大创新和发展——既将市场经济配置资源的高效率引入到社会主义制度中来，以此增强社会主义制度的优越性；又将社会主义制度的正义性引入到市场经济运行方式中，以便更好地实现在社会主义制度条件下公平与效率的统一。

有国内学者指出：“走向市场经济的改革是世界上大部分国家，包括东西方在内都在走的道路，这是共性。东欧、俄罗斯是在传统计划经济的公有制基础上进行的，这是特性。东欧、俄罗斯的改革不同于拉美、东南亚等国，或者说不同于大部分不发达国家或第三世界国家进行的改革。东欧、俄罗斯的改革又不同于中国、越南等亚洲社会主义国家的改革，它们是在结束了旧体制之后，在议会民主的框架下进行的市场经济改革。”① 改革前的苏

① 金雁、秦晖：《十年沧桑——东欧诸国的经济社会转轨与思想变迁》，上海三联书店，2004，第2页。

联、东欧国家和中国都实行计划经济与公有制，但实际上中国和前者有很大的不同。一些国外学者认为，俄罗斯经济转轨失败的一个主要原因是盲目推行了新自由主义激进的自由化、私有化方案，采取了所谓“一步到位”的“休克疗法”。著名学者热若尔·罗兰指出，俄罗斯的经验基本上可以视为“华盛顿共识”缺点的证明。斯蒂格利茨对俄罗斯和其他转轨国家的重大战略和政策问题进行了重估，对“华盛顿共识”提出了质疑，他认为这些失败的深层次原因是“对市场经济基本概念以及对机构改革进程最基本情况的误解”①。在转型期间，俄罗斯出现了巨大的经济危机和政治危机，出现了严重的经济衰退和社会倒退，推行“休克疗法”的结果是俄罗斯的经济、社会全面休克。俄罗斯在市场方面推行自由化与私有化，在政治方面搞激进民主，最后变成了“街头民主”，不但经济没有发展上去，反而把政治与社会秩序搞垮了。于是，俄罗斯一些具有清醒头脑的理论家开始反思：“俄罗斯在建立市场经济时，不应该盲目地抄袭现有模式（盎格鲁·撒克逊模式、德国模式、瑞典模式等等），而是应当依据市场关系的一般原理，探索自己的、考虑到俄罗斯特点和历史传统的道路。”② 这就启示我们：“市场经济没有统一的模式，只有建立符合自己国情的模式才是最好的模式。”③

社会主义在中国与苏联、东欧的不同命运，正好从正反两方面印证了社会主义市场经济理论创新的伟大历史意义：不引入市场经济机制的社会主义是没有活力、没有前途的，必须突破传统高度集中僵化的计划经济模式以转向有本国特色的社会主义市场经济体制；放弃社会主义制度的市场经济将引发经济秩序的动荡和社会公平的缺失，必须抛弃西方新自由主义私有化的“休克”疗法以转向符合中国实际的社会主义市场经济改革。正是由于我们选择与创建了中国特色的社会主义市场经济模式，才使中国的社会主义现代化事业走上了充满生机与活力的道路。这是马克思主义中国化进程中社会发展理论创新的重要内容。

（四）中国特色社会主义发展观理论探索

中国特色社会主义发展观的理论探索，主要确立了科学发展观与社会主

① 何秉孟主编《新自由主义评析》，社会科学文献出版社，2004，第25页。

② 维佳平、茹拉夫列娃主编《理论经济学（政治经济学）》，经济科学出版社，2005，第172页。

③ 刘凤义：《超越与探寻——评新世纪俄罗斯的〈政治经济学〉》，《读书》2007年第11期。

义和谐社会理论，主要回答“为什么发展，怎样发展”的发展理念与发展方式问题。科学发展观强调“以人为本”，正是把人当做主体和目的，使发展的成果惠及全体人民，有利于实现社会的普遍和谐；强调全面、协调、可持续发展，正是将经济社会的发展，人的全面发展和人与自然、经济、资源、环境的可持续发展有机地结合起来，体现着社会和谐发展的根本要求。因此，发展不能单纯追求片面的经济增长与效率优先，而要促进经济社会的协调发展、公平与效率的高度结合、追求发展方式的科学合理性。这样，科学发展观就应当被理解为与构建和谐社会目标相一致的和谐发展观：改革是和谐社会要求下的改革，是构建和谐社会的根本动力与有效途径，其核心是通过制度完善与体制创新激发社会活力，增强自我发展能力；发展是在科学发展观指导下的发展，是构建和谐社会的首要任务与最终目标，其核心是要实现人与自然、人与人、经济与社会等诸多关系的和谐发展；和谐是改革、发展的价值取向与保证机制，其实质是使改革、发展成为人民的事业，激发人民参与改革的主体意识，让人民共享发展的成果，实现以人为本的社会和谐发展。

科学发展观与社会主义和谐社会理论是继承马克思主义社会发展理论、立足中国历史文化传统与借鉴全球社会发展理论所做出的综合创新。马克思主义的唯物史观与社会发展理论揭示了人类历史发展的规律和趋势，提出了把握和处理发展问题的一系列原则和方法，如人民群众创造历史的观点、实现“每个人全面而自由的发展”的思想等；中国文化传统中也有强调以人为本、注重天人合一、社会和谐等丰厚的思想资源；20 世纪后半期以来全球社会发展观经历了从以经济增长为核心的传统发展观到以人为中心、追求可持续发展的新发展观的转变，这都为当代中国社会发展理论创新提供了思想基础。科学发展观与社会主义和谐社会理论的创建，顺应了全球化时代精神的呼唤，更加注重发展的人民性与和谐性，坚持以人为本是发展的最高尺度，谋求实现以人为本的和谐发展；注重发展的全面性、协调性与可持续性，追求经济、社会的协调发展与人的全面发展，强调发展要惠及子孙，建立发展的长效机制；注重发展的辩证性与多样性，按照统筹兼顾的辩证法则处理发展问题，在遵循发展普遍性要求的基础上追求多样化、多模式化的发展；注重发展的科学性与创造性，既尊重经济、社会发展的客观规律性，又突出人作为历史创造主体的能动性，是科学性与创造性在实践基础上的统一。科学发展观与社会主义和谐社会的理论创新，其根本宗旨在于谋求以和谐发展的方式实现以人为本的发展理念，标志着马克思主义中国化在当今全球化新时代的重大发展，必将进一步开拓中国社会发展理论创新的广阔空间。

三　中国社会发展理论创新需要探索的全球化议题

马克思主义经典理论诞生于人类历史向“世界历史”转变的全球化早期阶段，是对当时资本主义现代性问题的深刻批判和理论表征。工业革命以后，以欧洲为中心，资本与市场的力量开始向全球扩张，把广大的亚非拉地区纳入到资本主义的世界体系之中。按照资本的内在逻辑，市场力量的空前释放，不仅引发了全球各区域、各民族国家的发展失衡，而且导致了早发现代化国家对发展中国家的经济掠夺与政治控制，最终引发了资本主义国家之间的冲突与战争，使得早期全球化以两次世界大战而告终。马克思主义经典理论家主要关注这一资本全球化的历史进程及其社会后果，对资本主义生产关系与社会制度进行了批判性研究，提出了扬弃资本主义的社会发展道路，以推动人类解放与历史进步的观点。然而，马克思主义经典理论家主要对资本主义及其全球化的早期历史阶段进行了分析与预测，没有条件对资本主义的中后期发展阶段和二战以来的全球化新进展进行全面分析，无法对马克思主义在世界范围内的民族化、本土化、当代化问题做出深入解答。这就要求我们在全球化的新发展阶段，从构建和谐世界出发，对当代全球议题进行中国社会发展理论的创新研究。

第一，重建市场力量与社会秩序的和谐关系。人类历史上的早期全球化，从释放资本与市场的力量开始，到谋求重建社会秩序与国际关系而告终；当今新一轮全球化的迅猛发展，由资本与市场实力变化引发的各种社会力量、利益集团之间的对比关系已发生重大变化，原有的社会秩序与国际关系被打破，需要经过长期的斗争与协调来平衡市场力量与社会秩序的矛盾冲突，重建和谐的世界秩序，以实现人类的和谐发展。当代全球化的发展出现了诸多新的趋势与问题，这正是当代马克思主义无法回避和应当解答的“全球化新议题”：全球竞争不再是以商品等物质资本与市场作为竞争重点，而是主要以知识信息、高科技、金融等新型资本与市场来控制全球，“软实力”成为全球竞争的焦点；全球冲突不只是资本逻辑引发的利益斗争，更出现了文化逻辑引发的文明冲突，民族、宗教、信仰问题成为诱发全球冲突

的重要因素；资本主义的阶级关系、社会结构与制度模式不再是第一次全球化阶段的两极对立格局，而是出现了“中产阶级”、“福利制度”、“第三条道路”等许多重大变化；资本主义的生产关系如产权关系、分配制度发生了重大调整；资本主义市场类型与社会管理方式发生了重大转变，市场机制与宏观调控、国家与社会等两极对立格局开始消解，走向融合；特别是资本主义与社会主义两种社会制度在竞争中开始交流和相互学习，如市场与计划、竞争与合作、效率与公平、自由与权威、个人与社会等关系相应发生了重大变化。这些重大变化都要求中国马克思主义社会发展理论进行深入研究并给出合理阐发。

第二，促进全球化与本土化协调的和谐互动。中国作为一个有着悠久历史文化传统的发展中大国，正在进行着快速的现代化转型，面临着与早期全球化进程中内源型现代化国家完全不同的发展背景。中国在新一轮资本与市场扩张的当代全球化进程中，既需要抓住机遇融入全球化体系，与资本主义国家和平共处，又要迎接新的全球化挑战，化解风险与矛盾，以营造中国现代化健康发展的条件与环境。在顺应全球化的同时，又要成功地实现本土化，达到全球化与本土化的良性互动与双向建构。中国当今的发展，显然离不开全球化的浪潮，但必须实现本土化的转化。谁能将全球化成功地转化为本土化，谁将是全球化最大的赢家。然而，当今的全球化仍是以资本主义为核心的资本的全球化，这与中国的社会主义制度与国家利益存在着一定的矛盾和冲突。尽管中国在后发展国家中已经和正在成为受益于全球化的最大赢家，但中国作为发展中大国的迅速崛起，必将因改变大国间的力量平衡而面临成功融入和应对全球化的新挑战：在全球化的浪潮中如何尽快缩小发展差距？如何获得与发达资本主义国家相竞争的比较优势？如何在与资本主义和平共处中发挥社会主义制度发展生产力的更高效率？如何在全球化的同化效应中保持和创造中国自己的特色？这些全球化与本土化的和谐建构问题，是当代中国社会发展无法回避的重大难题，不能缺席当代中国马克思主义社会发展理论的审视维度。

第三，创造市场效率与社会公平统一的和谐制度。当代全球化，并没有改变资本与市场的运行逻辑，仍然以市场经济运行方式为主导。无论是西方资本主义国家还是经济转型国家，都把市场经济作为主导型的经济运行方式。市场经济注重以市场机制来配置资源，具有发展生产力的高效率优势，符合人类社会现代化的客观要求，在当代仍然具有不可超越的意义。改革开放以来，中国在坚持社会主义制度的前提下，开始以市场化改革为导向，将市场经济的效率引入到社会主义制度中来，以完成社会主义与市场经济的创造性结合。这种结合要实现市场效率与社会公平相统一的制度创新，在全球范围内没有先例，是中国正在实践着的崭新创造。在当代市场经济的模式选择中，受到各国国情与制度背景的制约，呈现出具有本国特色的多元化模式，如美国的自由市场经济模式、德国的社会市场经济模式、日本的合作型市场经济模式、瑞典的福利市场经济模式等。中国向市场经济的转型，最大的制度背景是社会主义，最基本的国情是社会主义初级阶段。因此，中国的市场经济必须实现与社会主义制度的创造性结合，以构建具有中国特色的社会主义市场经济模式及其制度安排，达到公平与效率的真正结合。显然，这种创造是全新的，在历史上和现实中没有可以借鉴的现成经验。既要实现公平又要体现效率，在世界范围内都是一大难题。即便是当代发达资本主义国家，也没有很好地解决这一问题。如何在“东亚模式”、“拉美改革”、“苏东转型”之外创造出“中国道路”与“中国模式”？如何在“华盛顿共识”、“欧盟模式”之外真正创造出“北京共识”[①] 与“中国共识”[②]？这取决于将社会主义最大限度实现社会公平的优势与市场经济最有效率配置资源的优势有效结合起来进行和谐制度的构建。这是当代中国社会发展理论亟须解答的真正具有世界意义的挑战性课题。

第四，构建全球和平发展与人类进步的和谐世界。从发展路径上看，全球化成为中国发展模式生成的世界历史背景，中国的改革开放实质上就是中国自主开展的和平发展的全球化战略。中国坚定不移地坚持和推进改革开放，实现全球化与中国化的和谐互动，以和平发展的方式推进中国现代化模式与和谐世界体系的构建。“全球化是民族化与国际化的统一。对于目前中国的特定发展背景而言，全球化意味着现代化加中国化，或者说是现时代的中国式的现代化。因此，要真正保持中华民族的特色和弘扬中华民族文化，就必须积极参与全球化进程，它是实现中华民族复兴的必由之路。”[③] 中国与早期全球化进程中内源型现代化国家发展背景完全不同，早期实现现代化

---

① 舒亚·库珀·雷默：《北京共识》，载于黄平、崔之元主编《全球化与中国——“华盛顿共识”还是“北京共识”》，社会科学文献出版社，2005。

② 漆思：《中国共识——中华复兴的和谐发展道路》，中国社会科学出版社，2008。

③ 俞可平、黄平、谢曙光、高健：《中国模式与“北京共识”》，社会科学文献出版社，2006，第18页。

的一些西方国家主要靠掠夺资源和殖民侵略来推动其迅速兴起，中国的现代化只能在全球化与本土化的互动中以和平发展的方式进行自主创新。事实上，和平发展道路是中国现代化的一贯主张，和谐世界理念已经成为中国对世界负责的大国承诺。胡锦涛在联合国成立60周年首脑会议的讲话中指出："中国将坚定不移地高举和平、发展、合作的旗帜，坚定不移地走和平发展道路，坚定不移地奉行独立自主的和平外交政策，在和平共处五项原则的基础上同世界各国发展友好合作关系。中国将始终不渝地把自身的发展与人类共同进步联系在一起，既充分利用世界和平发展带来的机遇发展自己，又以自身的发展更好地维护世界和平、促进共同发展。……让我们携手合作，共同为建设一个持久和平、共同繁荣的和谐世界而努力！"① 天下为公的和谐世界理念，既立足于中国"大道之行，天下为公"的文化传统，又紧扣全球和平发展的时代主题，是一种当今全球化时代人类真正需要的政治哲学理念。中国在对内的和谐社会与对外的和谐世界战略中，如何构建和平发展的中国模式，如何构建和谐共处的世界秩序，这需要从发展理念上创建一种天下为公的和谐世界观。天下为公的和谐世界理念，蕴涵着中国对全球化时代构建和谐世界的创想，超越了现代性视野中自我本位与民族国家的思维，对全球化时代的世界秩序进行了创造性的理论构建，启示当代人类创建新的和谐世界观。

马克思曾指出："问题是公开的、无畏的、左右一切个人的时代声音。问题就是时代的口号，是它表现自己精神状态的最实际的呼声。"② 因此，当代全球化发展产生的新议题，迫切需要当代中国马克思主义进行研究和回答。马克思主义社会发展理论在当代中国最重大、最现实、最紧迫的议题，就是要回答"如何推进中国特色社会主义"的理论与实践创新问题。在当今全球化的新的发展背景下，当代中国马克思主义社会发展理论创新不仅成为了推动中国现代化和谐发展的先导和前提，而且成为了创建中国发展理论学派的现实途径。

责任编辑：魏　波

① 胡锦涛：《努力建设持久和平、共同繁荣的和谐世界》，2005年9月16日第1版《人民日报》。

② 《马克思恩格斯全集》第40卷，人民出版社，1979，第289～290页。

图书在版编目(CIP)数据

北大马克思主义研究. 第1辑/郭建宁主编. —北京：社会科学文献出版社，2011.12（2012.5重印）
ISBN 978-7-5097-2852-9

Ⅰ.①北… Ⅱ.①郭… Ⅲ.①马克思主义-研究 Ⅳ.①A81

中国版本图书馆CIP数据核字（2011）第223369号

北大马克思主义研究（第1辑）

主　　编／郭建宁
副 主 编／程美东

出 版 人／谢寿光
出 版 者／社会科学文献出版社
地　　址／北京市西城区北三环中路甲29号院3号楼华龙大厦
邮政编码／100029

责任部门／人文科学图书事业部（010）59367215
电子信箱／renwen@ssap.cn
项目统筹／宋月华
责任编辑／王晓鹏　孙以年
责任校对／白桂和
责任印制／岳　阳
总 经 销／社会科学文献出版社发行部（010）59367081　59367089
读者服务／读者服务中心（010）59367028

印　　装／北京季蜂印刷有限公司
开　　本／787mm×1092mm　1/16
印　　张／17
版　　次／2011年12月第1版
字　　数／285千字
印　　次／2012年5月第2次印刷
书　　号／ISBN 978-7-5097-2852-9
定　　价／59.00元